季刊考古学・別冊26

畿内乙訓古墳群を読み解く　目次

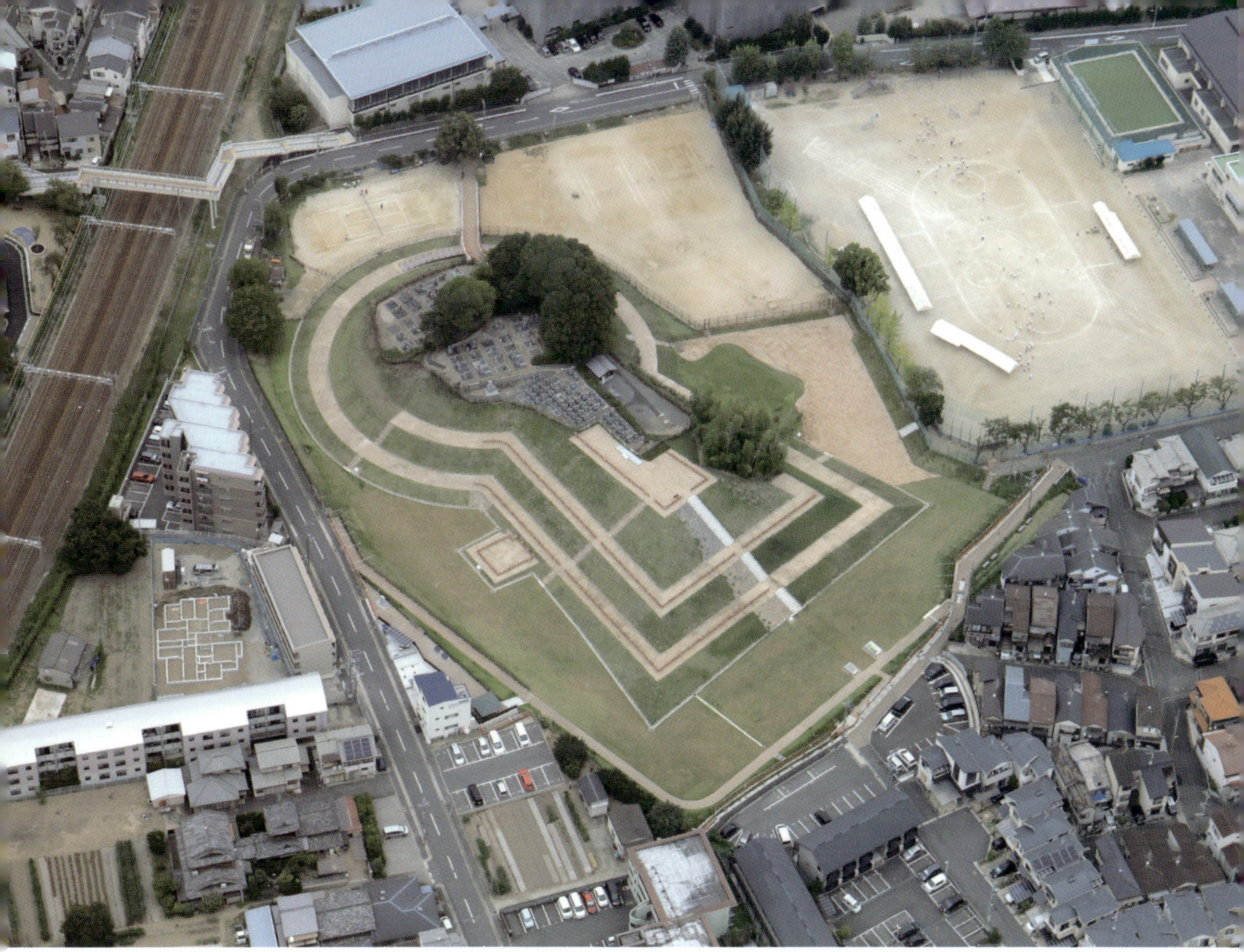

乙訓古墳群最大の前方後円墳 ～恵解山古墳～（長岡京市教育委員会提供）

畿内最大級の前期大型円墳 ～伝高畠陵古墳～（公益財団法人向日市埋蔵文化財センター提供）

前方部の斜路状平坦面 ～五塚原古墳～
（公益財団法人向日市埋蔵文化財センター提供）

前方後方墳の墳丘構造 ～元稲荷古墳西くびれ部～
（公益財団法人向日市埋蔵文化財センター提供）

境野１号墳の墳丘構造と埴輪（大山崎町教育委員会提供）

楕円筒埴輪

異形朝顔形埴輪

五塚原古墳 出土の埴輪棺（放射輝度陰影図）
～妙見山古墳の埴輪を転用～
（大手前大学史学研究所製作・提供
公益財団法人向日市埋蔵文化財センター保管）

寺戸大塚古墳

元稲荷古墳

向日丘陵支群の埴輪
（公益財団法人向日市埋蔵文化財センター・向日市文化資料館提供）

方形壇と竪穴石槨 ～寺戸大塚古墳～（京都大学考古学研究室提供）

乙訓最古の横穴式石室 ～芝古墳～（京都市提供）

畿内型石室と組合式家形石棺 ～物集女車塚古墳～
（向日市教育委員会提供）

前方部の副葬品埋納施設 ～恵解山古墳～
（長岡京市教育委員会提供）

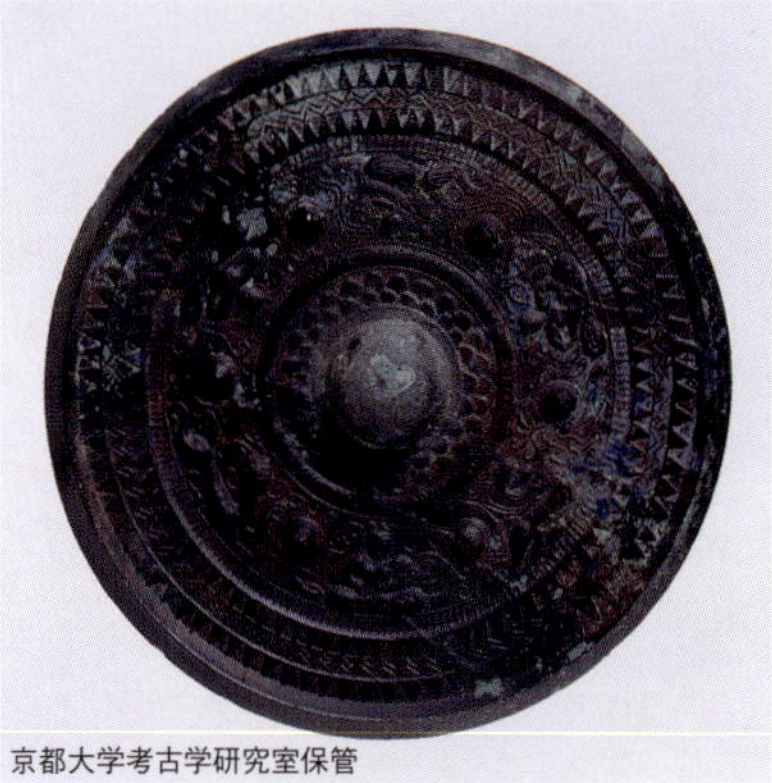

寺戸大塚古墳
（向日市文化資料館提供）

百々池古墳
（東京国立博物館提供）

園部垣内古墳
（南丹市文化博物館提供）

三角縁櫛歯文帯三仏三獣鏡の同笵鏡群

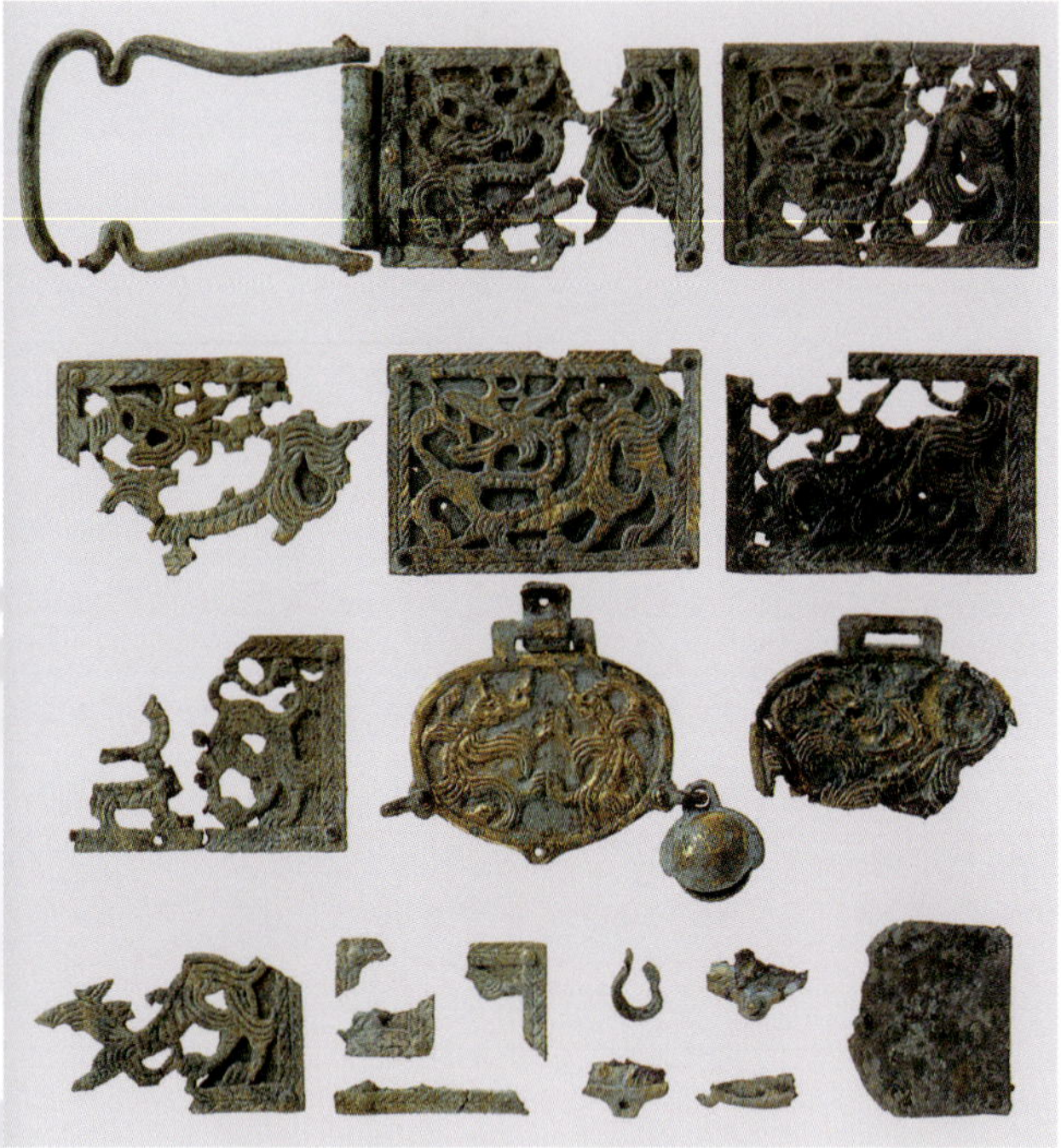

金銅製龍文帯金具 ～穀塚古墳～
（京都大学総合博物館提供）

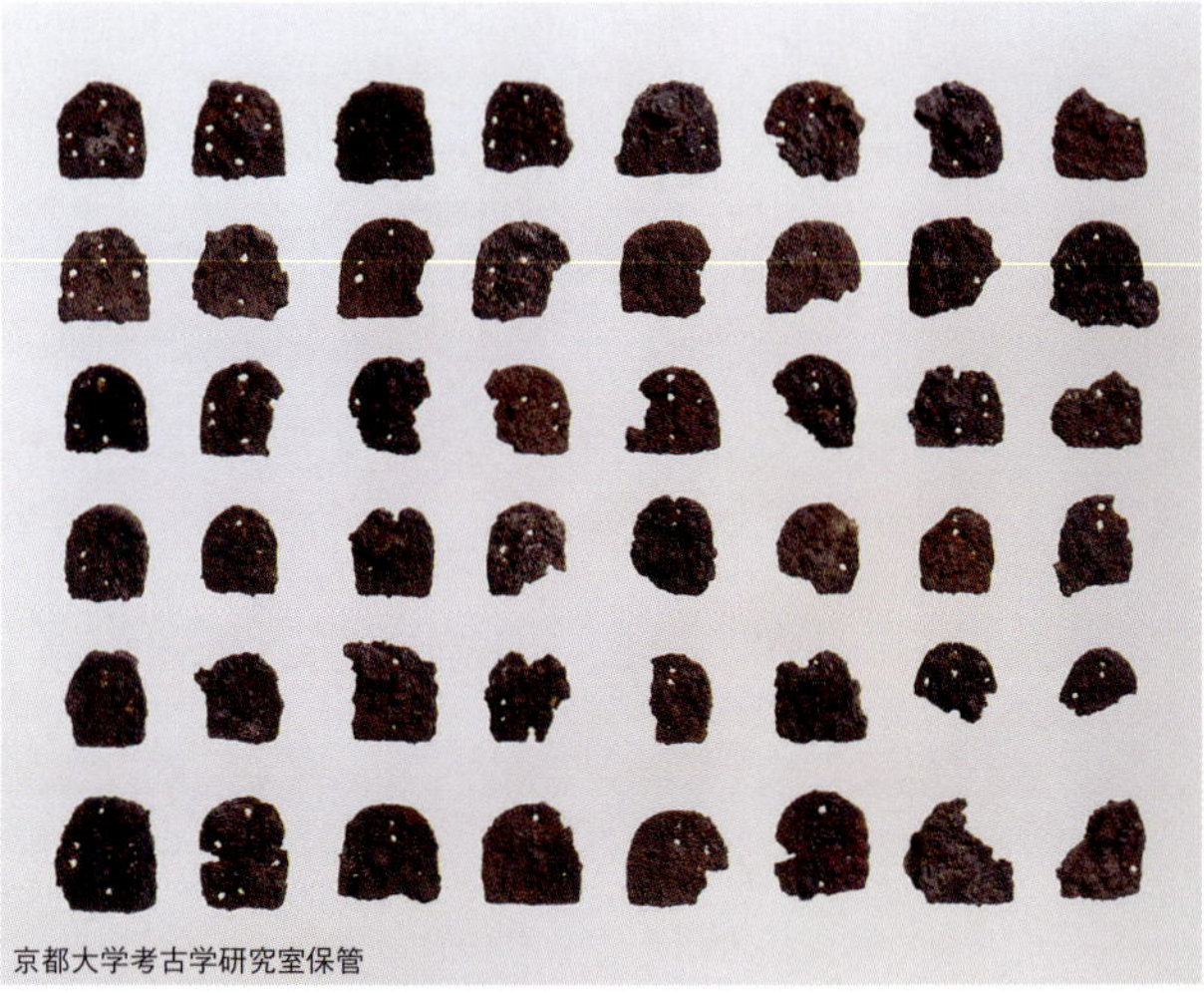

小札革綴冑 ～妙見山古墳～
（向日市文化資料館提供）

巴形銅器 ～鳥居前古墳～
（大山崎町教育委員会提供）

鉄鉾と石突 ～物集女車塚古墳～
（向日市教育委員会提供）

畿内乙訓古墳群
を読み解く

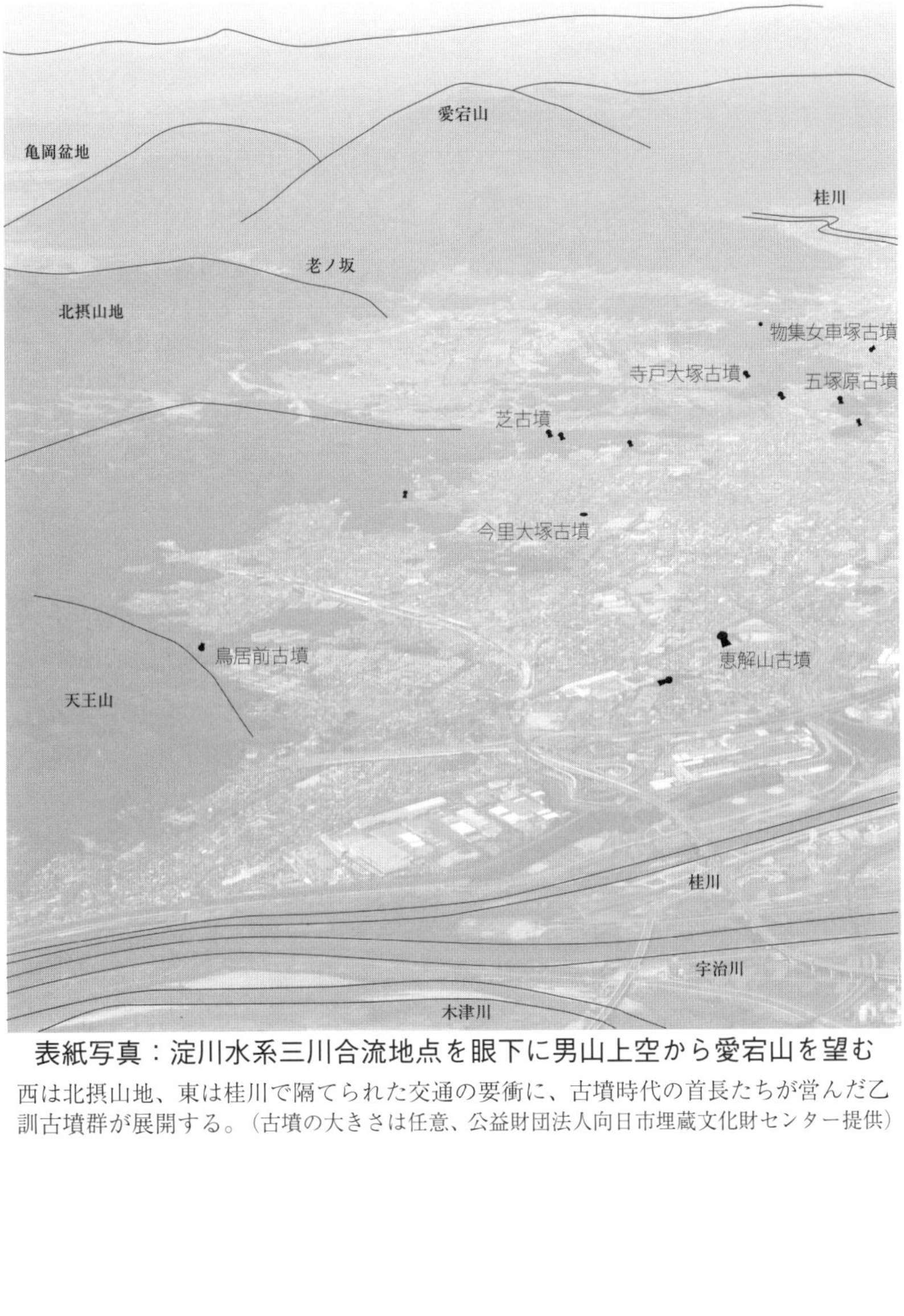

表紙写真：淀川水系三川合流地点を眼下に男山上空から愛宕山を望む

西は北摂山地、東は桂川で隔てられた交通の要衝に、古墳時代の首長たちが営んだ乙訓古墳群が展開する。（古墳の大きさは任意、公益財団法人向日市埋蔵文化財センター提供）

序章

畿内乙訓古墳群とは何か

梅本 康広

一 はじめに

「乙訓」は難読地名であり、〈おとくに〉と読むことは難しい。加えて知名度が高くないため、この地域名称を冠した古墳群については、あまり知られた存在ではないかもしれない。それでも、元稲荷古墳や恵解山《いげのやま》古墳、物集女車塚《もずめくるまづか》古墳など個別の古墳をあげれば納得が得られるはずである。

乙訓古墳群は京都盆地の北西部、桂川右岸地域に位置し、地勢学的には淀川水系の交通の要衝にあり、古墳時代の全期間を通じて継続的に造営された首長墓群に与えられた名称である。

前方後円墳の出現から大型化を経て終焉に至る過程は、畿内の一角にあって王権の統治戦略を全時代的に通覧できる古墳群として、その存在意義はきわめて大きなものといえる。また、盟主的な首長墓は、王権中枢の大王墓もしくは大王墓級古墳と同じ特徴を多分にもちそなえており、それらの造営地から離れても王権を表象する古墳が造営されている点にこの古墳群の性格、ひいては乙訓地域の特質をみいだすことができる。

それがゆえに、大王墓にかかわる知られざる側面が、乙訓地域の首長墓から究明できる可能性をひそませているといってよい。

乙訓地域の古墳研究は一〇〇年の歩みを刻んできた。その前半期は梅原末治、後半期は都出比呂志と和田晴吾が牽引してきた。しかし、その先達が今日までに当該地域の首長墓群をひとつの古墳群として把握し、そこに明確な概念を与えて地域史の再構築をはかることはしなかった。

それでは、なぜいま、乙訓古墳群なのかが問われてこよう。

（一）乙訓古墳群の史跡指定

乙訓地域の首長墓は、総数三七基を確認することができる。しかし、墳丘が遺存するものは、半数にもおよばず一八基を数えるに過ぎない。民有地のため、破壊が危惧される古墳も存在する。

近年の開発の波は完存する古墳にまで押し寄せてきた。管内の行政機関では、現状保存に向けて模索をつづけていた。

こうした状況を打開するために、京都府が主導し文化庁、三市一町（京都市・向日市・長岡京市・大山崎町）の関係機関、学識経験者と連携をはかりながら、保存の在り方が検討された。そこで打ち出された方策は、乙訓地域の首長墓を「群」として広域に史跡指定するというものであった。

しかし、南北八キロ、東西二キロに及ぶ首長墓の分布範囲がひとつの古墳群として史跡化された事例は少なく、これらを一体的に取り扱う必然性について、首長墓群の有機的関係性と歴史的な位置づけを明確に説明することが、指定に向けた課題として認識された。

当該地域ではすでに、国史跡として天皇の杜古墳が一九二二（大正一一）年に、恵解山古墳が一九八一（昭和五六）年に指定されている。また、向日丘陵古墳群でも一九九八（平成一〇）年から寺戸大塚古墳、五塚原古墳、元稲荷古墳の三基を対象に史跡指定に向けた範囲確認調査が進められていた。二〇一五年には、寺戸大塚古墳が史跡の指定を受ける。このほか、京都府指定史跡として、一九八四年に指定を受けた物集女車塚古墳がある。

その後、芝古墳、井ノ内車塚古墳でも史跡指定に向けた調査が実施されたほか、保存目的の調査として今里大塚古墳、境野一号墳、鳥居前古墳、南条古墳、整備目的の調査として恵解山古墳など、二〇年のあいだに総数一〇基の首長墓の実態が、行政主体で次々と明らかにされていった。その成果については、事実関係の報告にとどまらず、分析と検討が重ねられ、個別古墳の評価と相対化を意識しながらまとめられている。[註1]

こうした指向性は、当該地域で醸成された大学主導の古墳研究の蓄積と素地があったからにほかならず、その環境からうける刺激や啓発、人的交流が行政内研究者の意識を誘導させる大きな一因となっている。

とくに、都出をはじめとする大阪大学考古学研究室が手がけた長法寺南原古墳、鳥居前古墳、井ノ内稲荷塚古墳の調査と研究成果報告書[註2]は、以後の古墳調査を教導する役割を果たした。また、和田晴吾が五塚原古墳に着目して調査を進めた一連の調査研究成果[註3]の存在も大きい。同じ頃、京都大学考古学研究室では、紫金山古墳[註4]や七観古墳[註5]の研究成果がまとめられ、これに関わっていた森下章司や阪口英毅らから受けた影響も多大であった。

さて、史跡指定に向けた課題については、二〇〇九年度から七年をかけて検討がおこなわれている。この間に「乙訓地域の首長墓群の歴史的位置づけに関する検討会」が開催され、既述の関係者が一堂に集まり議論を重ね、指導助言者の提言を得るなどして課題解決の道筋が整えられていく。検討会では、史跡の対象を墳丘が遺存する事例に絞り込み、それらの基本情報を集約し、個別古墳の具体的な評価をもとに、これらの分布する範囲の意味や歴史性について、集落の消長と古墳築造動向をふまえた位置づけが固められた。

こうした一連の成果については、京都府が中心となり関係機関の担当者と協力しながらまとめられ、二〇〇頁を超える調査報告書が刊行された。[註6] 桂川右岸地域の首長墓の本質的価値を明確に掲げて、史跡指定にあたっての学術的裏付けが用意されたのである。古墳群の広域指定にあたって、これほどまでに時間と労力をかけ、周到に準備をすすめて具申された事例はわずかしかない。

かくして、二〇一六年にはすでに指定されていた三基と府指定一基を加えた総数一一基の首長墓が、「史跡乙訓古墳群」の指定を受けるところとなった。自治体の枠を超えて、広域指定できたことは文化財保護の新たなモデルケースを創出した点でも現代的意義は大きい。

本古墳群は、一六基で構成される。残る五基については保護が可能であり、順次、指定の追加が予定されている。

（二）本冊の構成とねらい

史跡の指定を受けた乙訓古墳群は、「我が国の歴史の正しい理解のために欠くことができない」、「学術上価値あるもの(註7)」と評価されたのである。しかし、個々の古墳のみならず古墳群総体の潜在的価値は、これからも絶え間なく続く調査研究活動によってさらに引き出されていくことになろう。そうした、学術成果が裏付けとなって、史跡の公開活用も適正な理解のもとに計画され、すすめられていくものと確信する。

本冊の目的は第一に、乙訓古墳群の調査研究成果について最新の情報を発信することにあり、第二に、遺構と遺物に対する多角的な分析と体系的な解釈を提示するところにある。

論述にあたっては、地域の実態をできるだけ克明に描き、細かい分析だけでなく、背後にあるものを考え、一般論にせず畿内との関連や全国的位置づけを心掛けた。つまるところ、乙訓古墳群から古墳時代をどのようにとらえることができるのかという試行である。

全体の構成は、五章に分け序論、詳論、総論とする。序章は、乙訓古墳群の位置と環境、分布や構成、特徴について要点を示す。第一～三章は各時代を代表する首長墓や副葬品等の特性を取り上げ、時空的な相対化を企図した。終章では、乙訓古墳群の体系的歴史像を構築する。また、最新の発掘成果について、三例の調査トピックスを設けた。なお、各執筆者間で用語や時期区分等の表現上の統一はしなかった。

二　乙訓の地勢と歴史背景

（一）乙訓の地勢

近畿中央部には、南北約六〇キロの低地帯（盆地）が京都から奈良まで連続している。平城山丘陵はこれを二つにわけ、分水界となって淀川、大和川の水系を形成する。この北半部に当たる京都盆地は、南北約四〇キロ、東西一二キロの大きさを占める。盆地の最も低いところには、周囲一六キロにおよぶ「巨椋池」があり、桂川、宇治川、木津川が直接流れ込んでいた。洪水時には遊水池になり、その周辺に広大な湿地をかかえた「巨椋池」をはさんで、京都盆地は南北に二分される。こうした地形条件が「葛野県主《かどののあがたぬし》」と「栗隈《くりくまの》県主《あがたぬし》」と称されたふたつの政治勢力を生み出す素地となった。

京都盆地を囲む山地の後背は、水資源が豊富で水運が発達した。また、山地と盆地の境界に活断層が走向し、その凹地を利用して交通路が通された。乙訓は淀川の三大支流河川が合流する狭隘地を南限とする。桂川は北山から亀岡盆地にまわって保津峡、嵐山を経由し、京都盆地に流れ出た先には、桂川の旧河道帯がつくる肥沃な低湿地と自然堤防の微高地がひろがる。こうした地形環境が、当地の人間活動の基盤を形づくった。

北は丹波山地、西を北摂山地、南に男山をひかえ、段丘は西山と向日丘陵で発達し、これらを水源とする中小河川が緩扇状地を形成し地下水にも恵まれた。桂川の支流河川には北から古「寺戸川」、小畑川、小泉川があり、当該地域の基幹用排水路として水資源の利用・調整がおこなわれた。小畑川は上流域に丹波へつながる老ノ坂があり、古山陰道と交差している。

（二）乙訓をめぐって

山背国は、大宝令施行を契機に、葛野・愛宕・乙訓・紀伊・宇治・久世・綴喜・相楽郡の八つに分割、統合された。「乙訓」の表記は、古くは「弟国」であった。

史料上の初見は、『古事記』中巻垂仁天皇条である。『日本書紀』垂仁天皇十五年条にも同様な記事がみられ、「丹波道主王」の子女五名が輿入れしたが、五女の「竹野媛」は丹波へ戻されることになりその途中に「葛野」で命を絶ち、その地を「墜国《おちくに》」、なまって「弟国」になったという。この説話からは、弟国がもとは葛野であったと認識されていたこと、大和と丹波をつなぐ陸路（古山陰道）が、その内部を通過していたことがわかる。

王宮の存在を示す記事は『日本書紀』継体天皇十二年条にみられ、弟国宮が淀川左岸の樟葉宮、木津川左岸の筒城宮とともに二〇年のあいだ、淀川流域に王権の政治経済拠点として展開した。

長岡京市上里遺跡からは、「弟国」と記された奈良時代の墨書土器が出土しており、藤原宮跡からも「弟国評」と記す荷札木簡が確認されている。考古資料からは七世紀後半まで、この地名表記の使用をさかのぼらせて考えることができる。なお、和銅六年の「好字令」により「弟国」の表記は、「乙訓」に変更された。

本冊で扱う桂川の右岸地域は、「巨椋池」北方地域を総称した「葛野」の原領域とみられる。五世紀中葉までは桂川右岸地域に集落と首長墓が集中し、「葛野」のなかでは人口密集地域でもあり、政治経済の中心地であったと考えられる。したがって、五塚原古墳にはじまる桂川右岸地域における盟主的首長の政治圏もしくは支配領域は、京都盆地北部にまで及んでいたとみるべきであろう。この政治勢力が「葛野県主」一族である[註8]蓋然性はきわめて大きいと思われる。

三　調査研究史

現在、私たちが知ることのできる乙訓地域の主要な古墳は、一九一七年に発足した京都府史蹟勝地調査会が実施した、竹藪の開墾などで不時発見された古墳の緊急調査および踏査の記録を通じてである。当地の古墳調査は、一九一七年に京都大学の梅原末治によってはじめられ、これまでに一〇〇年の蓄積がある。恵美須山古墳を嚆矢に、穀塚古墳、百々池《どどいけ》古墳、一本松塚古墳、元稲荷古墳、北山古墳、妙見山古墳、寺戸大塚古墳、五塚原古墳、恵解山古墳、カラネガ岳古墳群、芝山古墳、牛廻り古墳、物集女車塚古墳、長法寺南原古墳、福西古墳が相次いで調査されている。その成果は、すみやかに報告書として刊行されたため、はやくからわが国の古墳研究に活かされ、当地での調査動向は常に注目されてきた。その後も、大学が主導で上述した大型古墳の緊急調査や学術調査を重ねた。

いっぽう、行政の調査体制が整備されると今里車塚古墳、今里庄ノ渕古墳、舞塚古墳、塚本古墳など埋没した未知の首長墓が発見されるようになった。また、整備目的の調査が天皇の杜古墳、物集女車塚古墳、恵解山古墳と続いていく。

乙訓ではすでに長く蓄積のある調査歴に加えて、その成果は古墳時代研究の基礎資料として編年研究をはじめ、墳丘規格論、首長墓系譜論などに昇華され、豊かで深みのある調査研究上の素地が大学主導で形成されていた。

わが国で古墳出土遺物に対する個別的な編年研究がはじまると、その当初から乙訓の資料が使われてきた点は重要で、各種工芸製品の生産と流通の面で、畿内のスタンダードが当該地域でおさえられるという特性を反映したものといえる。

須恵器編年では横山浩一[註9]が古墳出土資料から九つの土器様式を設け、四つの段階に区分して、第一段階の後半に穀塚式（陶邑TK四七型式並行期）を設定する。円筒埴輪は川西宏幸[註10]が元稲荷古墳の事例を祖型と位置づけた上で、寺戸大塚古墳、妙見山古墳、鳥居前古墳、物集女車塚古墳を例示して山城の古墳資料から編年の大枠を組み立てる。馬具でも小野山節[註11]が四期編年をおこない、第二期（五世紀末から六世紀前半）の標識例として穀塚古墳を取り上げる。鏡研究では、小林行雄[註12]が椿井大塚山古墳とのあいだに同笵鏡を分有する古墳として、長法寺南原古墳と百々池古墳を指摘する。このほかにも、吉島古墳と一本松塚古墳、備前車塚古墳と北山古墳、紫金山古墳・花光寺山古墳と妙見山古墳などが示されている。同じ地域で五基の古墳に他地域の古墳と同笵関係が確認でき、畿内の中でもそれが集中する地域として注目される。「首長墓系譜論」は、乙訓地域をケースワークとして都出比呂志[註13]が確立させた。当初は、山城北部の地域集団の動向を古墳から探るために、田辺昭三[註14]によって用意された作業概念である。これを発展的に継承した都出は、厳密な古墳編年にもとづく首長墓群の消長から地域形成過程の研究として昇華させている。

四　首長墓の分布と構成

現在の京都市、旧乙訓郡がひろがる京都盆地北部（「巨椋池」・宇治川以北）、いわゆる「葛野」の範囲には、総数九〇〇基以上の古墳が確認される。桂川右岸の古墳築造動向をみると、総数三六〇基以上が分布し、前方後円墳二九基、前方後方墳二基、円墳三〇二基、方墳二七基の割合となっている。首長墓は三九基を識別でき、時期別にみると前期は一五基、中期は一三基、後期は一一基の内訳となる。

古墳の分布からは前期段階で、京都市西京区樫原の塚ノ本古墳を北端にして、南端は大山崎町境野一号墳までの直線距離にして約八キロの範囲に首長墓クラスの古墳が築かれている。

規模別にみると墳丘長一二八メートルの恵解山古墳が最大となり、一一五メートルの妙見山古墳がこれに次ぐ。一〇〇メートルを超える古墳はこの二基に限られる。九五メートル前後になると五塚原・元稲荷・寺戸大塚古墳の向日丘陵三古墳でまとまりをみせる。以下、天皇の杜古墳（八三メートル）、今里車塚古墳（七四メートル）、長法寺南原古墳（六〇メートル）、境野一号墳（五八メートル）と続く。五〇メートル以下になると、巡礼塚古墳（五〇メートル）にはじまる山田系譜の中期古墳群でほぼ同規模墳の継起的築造が続く。下山田下園尾古墳、下山田桜谷古墳、穀塚古墳（四〇メートル）、清水塚古墳などである。最後には天鼓の森古墳が、嵯峨野の天塚古墳と拮抗する八〇メートル規模を築いている。また、後期の前方後円墳が近似した規模でまとまりをみせる。物集女車塚古墳と井ノ内稲荷塚古墳はともに四六メートルの同規模墳である。井内車塚古墳と芝古墳は四〇メートルに及ばない。

帆立貝式古墳では、鳥居前古墳（五一メートル）とカラネガ岳二号墳（三六メートル）、今里庄ノ渕古墳（三〇メートル）の三基を確認することができる。円墳は伝高畠陵古墳が直径六五メートルの規模を有し、鏡山古墳は四〇メートル規模に推定され、南条古墳は二四メートルである。なお、最後の首長墓となる今里大塚古墳は直径四五メートルの円墳とみられているが、墳丘長八〇メートルの前方後円

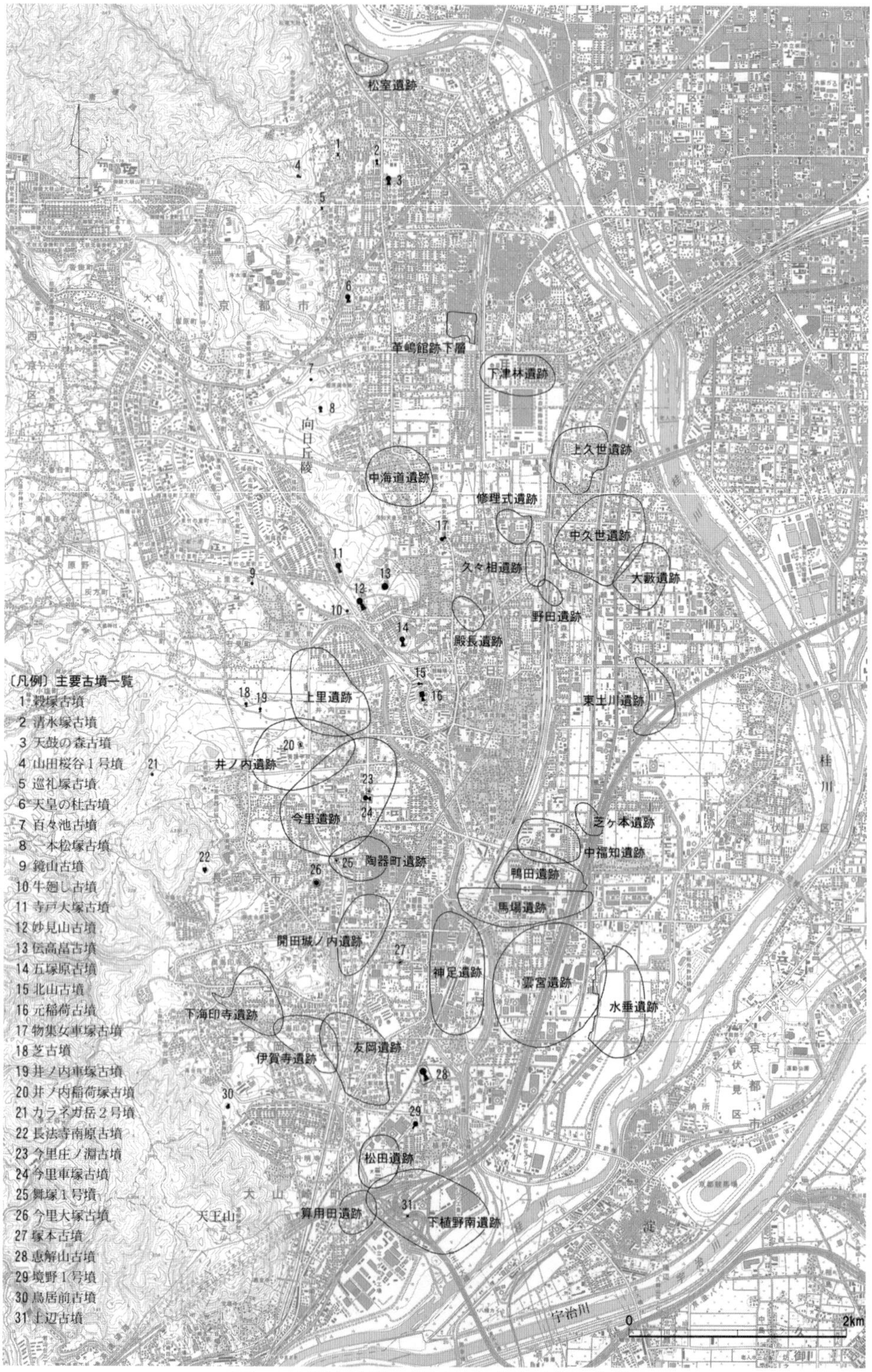

図1 乙訓古墳群の首長墓と古墳時代の集落

墳に復原することもできる。方墳は少ないが中期に入って出現し、一辺五〇メートルの堂ノ上古墳が突出している。鶏冠井山畑古墳群内では、一五メートル規模の方墳群が形成される。開田古墳群になるとさらに小さくなる。このようにみてくると、七〇メートル以上を大型古墳と規定すれば、八基の存在を確認することができる。

五　首長墓の特徴

（一）墳丘

墳丘の規格は、五塚原古墳では東田大塚古墳の三分の二規模の相似形を呈し、元稲荷古墳は西求女《にしもとめ》塚古墳と同形同大であることが発掘成果によって明らかとなる。寺戸大塚古墳はメスリ山古墳の系譜をひく柄鏡形に近似し、墳頂に方形壇を設ける。墳丘の築成にあたっては、すべてが盛土でつくられた五塚原古墳に対し、元稲荷古墳は第一段目の途中までを地山削り出しで成形し、寺戸大塚古墳は第二段目まで馬の背状の地形を利用している。五塚原古墳が丘陵の尾根筋を選んでいるにもかかわらず、周辺地形を一〇〇メートル四方にわたって平坦に造成してから盛土がおこなわれている。中山大塚古墳にみられるような、初期の前方後円墳の造営方法が確認できる

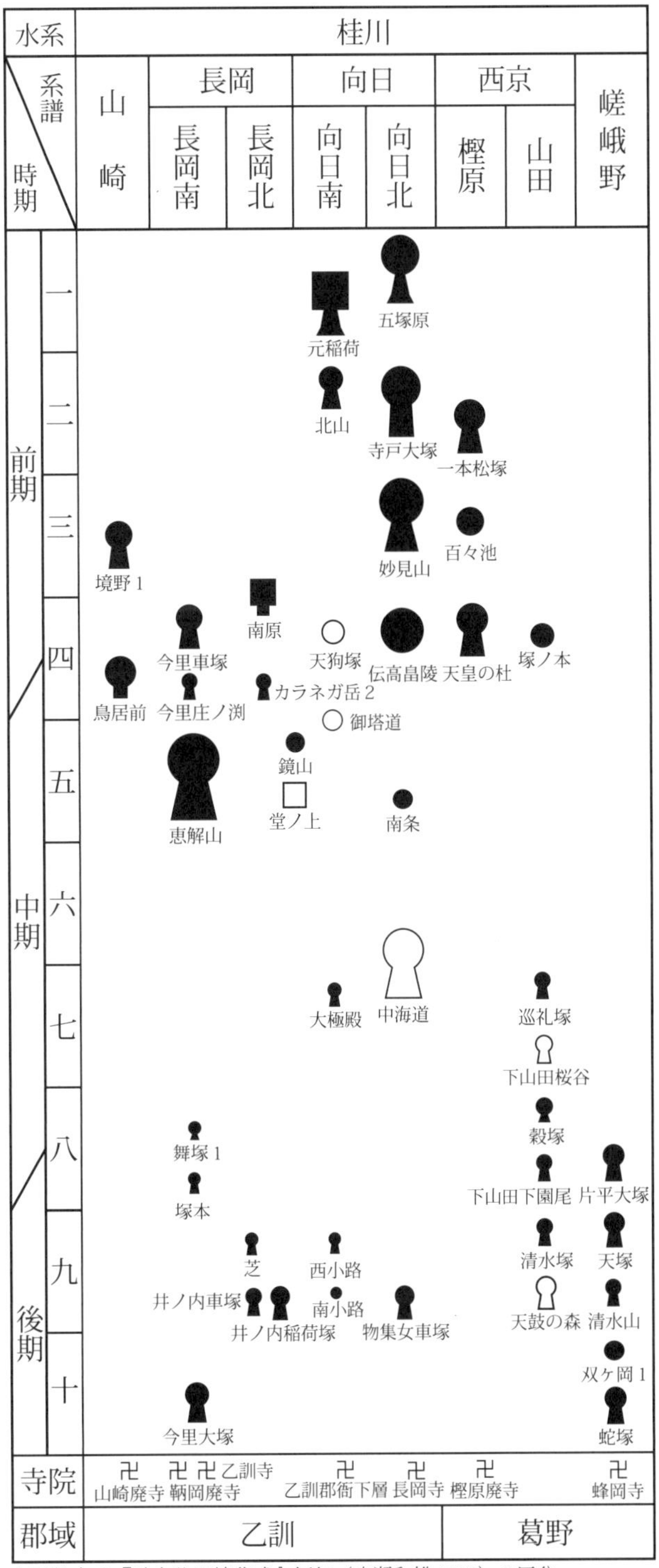

左列数字は『前方後円墳集成』編年（広瀬和雄 1992）の区分
白抜きの墳形は推定
図2　北山背の首長墓の変遷

のである。

なお、寺戸大塚古墳にいたる三基の前方後円墳が九〇メートル規模でそろうことは、特定の首長系譜に与えられた「家格」を示しているようにも映る。箸墓古墳のおよそ三分の一規模で示された王権内の階層序列が、三代にわたり変更がなかったとも考えられる。また、この規模が纒向石塚古墳に近いことから、前方後円墳の成立当初すでに、後代へと継承される墳丘に表示された身分表象がランクサイズによって定められていたことも示唆される。

前方後方墳は、元稲荷古墳（九四メートル）と長法寺南原古墳（六〇メートル）の二基がある。大和東南部では前期前半のなかで前方後方墳は、〈ノムギ古墳（六三メートル）—波多子塚古墳（一四〇メートル）—下池山古墳（一二〇メートル）〉の順に築造された。前方後円墳であるヒエ塚古墳（一三〇メートル）、中山大塚古墳（一三〇メートル）、黒塚古墳（一三〇メートル）と墳丘規模は拮抗している。王権中枢での在り方をみると前期前半では、大王墓級古墳の中で前方後円墳と前方後方墳のあいだに墳丘規模の格差は見いだせない。元稲荷古墳はさらに次位の規模にはなるが、初期の大型前方後方墳に位置付けられる。

前方後円墳の段築成については、その出現当初から後円部三段、前方部二段が成立しており、五塚原古墳は前方部後半の途中から平坦面が現れ、後円部とつながらない点で箸墓古墳の築成法と同じである。元稲荷古墳になると、くびれ部で同じ高さの平坦面が双方と連結し墳丘を完周させている。同じ段数には寺戸大塚古墳、境野一号墳、長法寺南原古墳がある。鳥居前古墳については後円部四段、前方部二段を確認しているが、それぞれの最下段は眺望のきく東側半分にだけめぐらされている。ともに三段が築かれるのは、確実なものとしては、恵解山古墳一基だけである。規模の上からは、妙見山古墳もその可能性が考えられるが詳細は不明である。そのほか、ともに二段を築く天皇の杜古墳と物集女車塚古墳、後円部のみ二段に築く芝古墳、段築のない井ノ内車塚古墳と稲荷塚古墳が知られる。

寺戸大塚古墳までの三代については、重厚な葺石が施される。従来、「裏込め」と呼んで葺石背後の控えとも理解されてきた構造は、二・三重に葺き足したものである可能性が高い。五塚原古墳や元稲荷古墳では葺石の背後にも小口積みが確認される。このような施工をさらに重ねたのが、中山大塚古墳でみられる〇・九メートルの厚さにおよぶ葺石である。(註15)

前期後半に出現する大型円墳のなかでも畿内で上位の規模を占める伝高畠陵古墳は、直径六五メートル、高さ七メートルで二段に築かれている。この大きさは、妙見山古墳の後円部直径が五八メートル、天皇の杜古墳の後円部が直径五一メートルであるから、これらよりも大きなものといえる。また、大和の大型円墳をみても、三期段階では富雄丸山古墳だけが一一〇メートルと傑出した規模を有するが、マエ塚古墳は四八メートル、衛門戸丸塚古墳は四五メートル、別所下古墳では六〇メートルである。伝高畠陵古墳は、四期の中でコンピラ山古墳の九五メートル、近内鑵子塚古墳の八五メートルに次ぐ規模を誇る。

(二) 埋葬施設

五塚原古墳は竪穴系埋葬施設の存在が想定でき、元稲荷古墳では竪穴石槨の上部が持ち送りで家形を呈し、最上部は粘土を用いず礫で被覆するなど中山大塚古墳の例に近似している。寺戸大塚古墳では壁体は垂直に積みあげられ、〈桜井茶臼山古墳―メスリ山古墳〉と続く石槨構造の系譜に連なる。

前方部埋葬は寺戸大塚古墳にはじまるが、後円部と同様な石槨を安山岩の板石を使って築いている。この種の石材利用は、後続する妙見山古墳にあるほか山城では椿井大塚山古墳に限られる。竪穴石槨はほかにも北山古墳、一本松塚古墳、百々池古墳、長法寺南原古墳、鳥居前古墳、恵解山古墳、穀塚古墳で確認されている。穀塚古墳ついては、長さ五・四メートルに対して幅が二・七メートルもあり、朝鮮半島系の埋葬施設である可能性が高い。

組合式石棺の採用は妙見山古墳からで、墓坑内に石棺と副槨を先につくり、蓋石を被せてから壁体が築かれている。それまでが木棺の棺身の高さまで壁体が積み上げられ、埋葬後に棺蓋を閉じてから石槨の上部を築いていたのに対し、妙見山古墳では石槨下部の構築が省略されていることになる。甲斐大丸山古墳も同様な構造をとる。また、長法寺南原古墳でも前方部に竪穴系の小石室が築かれている。

粘土槨は妙見山古墳の前方部埋葬から採用がはじまり、恵美須山ノ古墳、カラネガ岳二号墳、鏡山古墳で確認されているほか、境野一号墳でも想定が可能である。

中期後半になると穀塚古墳で粘土床を伴う埋葬施設が設けられるが、墳丘構築前につくられており、後円部墳頂近くに築かれた竪穴石槨と合わせて朝鮮半島の要素が強くうかがえる。

「畿内型」横穴式石室は、芝古墳で採用され、物集女車塚古墳、井ノ内車塚古墳、井ノ内稲荷塚古墳、今里車塚古墳などが代表事例としてあげられる。なかでも、今里大塚古墳は、玄室長六メートル規模の石舞台式石室をそなえており、大和東南部を離れてこの種の石室が築造されるのはきわめて異例である。なお、中・後期の前方部埋葬には、穀塚古墳と井ノ内稲荷塚古墳がある。

(三) 埴輪・土器

当該地域での埴輪は六七地点で確認されているが、確実に古墳に伴う事例は六一基である。時期別にみると前期一五基、中期二六基、後期二六基である。埴輪を採用する古墳は、都月型の特殊器台形埴輪をそなえた元稲荷古墳にはじまり、中期前葉の前半まで首長墓に限られたが、同後半から古式群集墳の築造がはじまり、埴輪をもつ古墳が中小規模墳にまでひろがる。横穴式石室を内蔵する新式群集墳の成立後は、首長墓に限られ物集女車塚古墳と東井戸古墳が最後となる。埴輪の大量配列は、前期では妙見山古墳、中期には恵解山古墳が頂点に達したが、後期では物集女車塚古墳に示される部分的な樹立へと終息していく。

墳頂での葬送儀礼に伴う土器類については、元稲荷古墳、寺戸大塚古墳、カラネガ岳二号墳、鳥居前古墳で確認できるほか、ミニチュア土製品が境野一号墳に伴い、アケビを模した食物形と籠目土器が確認される。

(四) 副葬品

未盗掘で副葬品の配置と組み合わせの全容が判明する事例は、寺戸大塚古墳前方部石槨と長法寺南原古墳の二例だけである。

鏡は総数四八面が確認されており、確実に古墳から出土したことがわかる事例は一四基で三二面を数える。画文帯神獣鏡四面、舶載三角縁神獣鏡九面、仿製三角縁神獣鏡四面などがもたらされた。寺戸大塚古墳と百々池古墳は、園部垣内古墳とともに三角縁櫛歯文帯仏獣鏡の同笵鏡を共有する。画文帯神獣鏡と三角縁神獣鏡の共伴例は、百々池古墳一例だけである。長法寺南原古墳は船載鏡のみを六面副葬する。

鉄製農工具は、短冊形鉄斧の保有量が全国で最も多く、地域全体で一〇点の出土は突出している。小札革綴冑と筒形銅器は、妙見山古墳で確認されるのみである。

碧玉製石製品は、寺戸大塚古墳後円部（石釧七点）、同前方部（琴柱形石製品一点、紡錘車形石製品一点）、妙見山古墳後円部（紡錘車形石製品四点）、同前方部（車輪石一点）、百々池古墳（石釧一六点、車輪石二点、紡錘車形石製品一点）、境野一号墳（石釧一点、車輪石一点）の出土が確認される。鍬形石は出土例がない。長法寺南原古墳では、葬送儀礼に使用された臼二点と杵一点（微斑糲岩製）が確認できる。

以上の品目は、乙訓古墳群の前期を代表する各種の製品であり、調査事例の多い大型古墳の内容が一定程度うかがい知れる。大和・柳本、佐紀古墳群の主要品目と共通性が高い。

中期で大型古墳の内容がわかっているのは、恵解山古墳だけである。この中心主体に伴う副葬品は不明であるが、前方部に埋納された多量の武器類の内容が知られている。この中には、蕨手刀子や滑石製斧が含まれている。ほかの多くは中規模古墳の内容で、鳥居前古墳には画文帯神獣鏡片、帯金式甲冑片、巴形銅器（八点）が伴う。巡礼塚古墳は小札鋲留衝角付冑、小札鋲留眉庇付冑、横矧板鋲留短甲、小札威甲など[註16]の中期甲冑を二セット以上をそなえている。

石製模造品は鏡山古墳で鏡（一点、緑色岩製）、鎌（一点、緑泥片岩製）、刀子・斧・臼・杵（滑石製）、紡錘車（二点、泥岩）、履（三対、蛇紋岩製）がそろう。

穀塚古墳の竪穴石槨の副葬品は多彩で、なかでも銀象嵌鳳凰文環頭大刀、金銅製龍文帯金具、金銅製冠、鉄製楕円形鏡板付轡、木芯鉄板張輪鐙、まさかり状の斧などの朝鮮半島製遺物が際立つ。

以上の品目には、佐紀、馬見古墳群や百舌鳥・古市古墳群で確認されるものが散見できる。

物集女車塚古墳は広帯二山式冠、捩り環頭大刀、金銅装馬具、など当代随一の優品をそろえるほか、加耶の重層騎兵が手にした銀装鉄鉾[註17]を有し、朝鮮半島との交流も可能とする王権中枢の一角を占めた被葬者の政治階層が示されている。

六　おわりに

乙訓古墳群は、墳丘の規模こそ大王墓とは懸隔があるものの、墳丘構造や石室構築方法、葬送儀礼の方式を同じくし、数量には劣るものの共通性の高い副葬品をそなえる点で王権中枢の大型古墳と同じ特徴を有している。また、それぞれの古墳の消長や各時期の動向には、王権中枢との親疎関係に基づいて当該地域の諸勢力が秩序づけられ、古墳時代を通じて政治的な統制を受けてきた過程が凝縮されている。

乙訓古墳群の特質は、王権の政治体制が変動してもなお新秩序へ編成され続ける地域首長たちの動静を、古墳がつくられた全時代におよんでみることのできるところにある。

本冊は、乙訓で古墳の調査研究と保存に携わった経験や想いが、執筆の原動力となって成り立っている。乙訓古墳群の現段階における調査研究上の到達点を示すことになるが、まだなお探究すべき課題は多く残されている。

（註1）梅本康広・森下章司編『寺戸大塚古墳の研究Ⅰ』向日丘陵古墳群調査研究報告第一冊、財団法人向日市埋蔵文化財センター、二〇〇一、古閑正浩編『境野一号墳』大山崎町埋蔵文化財調査報告書第三四集、大山崎町教育委員会、二〇〇七、岩﨑　誠・木村泰彦・中島皆夫・原　秀樹・山本輝雄・西村　康・金田明大『長岡京市文化財調査報告書―国史跡恵解山古墳の調査―』長岡京市教育委員会、二〇一二、岩﨑　誠編『史跡恵解山古墳保存・整備事業報告書』長岡京市教育委員会、二〇一五、梅本康広編『元稲荷古墳の研究』向日丘陵古墳群調査研究報告第二冊、公益財団法人向日市埋蔵文化財センター、二〇一五、中島皆夫「井ノ内車塚古墳第九次調査概要」『長岡京市文化財調査報告書』第七〇冊、長岡京市教育委員会、二〇一七、熊井亮介編『芝古墳（芝一号墳）調査総括報告書～乙訓における後期首長墓の調査～』京都市文化市民局、二〇一八

（註2）福永伸哉編『鳥居前古墳―総括編―』大阪大学文学部考古学研究報告第一冊、大阪大学文学部考古学研究室、一九九〇、都出比呂志・福永伸哉編『長法寺南原古墳の研究』大阪大学文学部考古学研究報告第二冊、大阪大学南原古墳調査団、一九九二、寺前直人・高橋照彦編『井ノ内稲荷塚古墳の研究』大阪大学文学部考古学研究報告第三冊、大阪大学稲荷塚古墳発掘調査団、二〇〇五

（註3）和田晴吾「向日市五塚原古墳の測量調査より」『王陵の比較研究』京都大学文学部考古学研究室、一九八一、和田晴吾・高　正龍・廣瀬　覚『五塚原古墳第1・2次発掘調査概報』立命館大学文学部学芸員過程研究報告第一〇冊、立命館大学文学部、二〇〇三

（註4）阪口英毅編『紫金山古墳の研究―古墳時代前期における対外交渉の考古学的研究―』京都大学大学院文学研究科、二〇〇五

（註5）阪口英毅編『七観古墳の研究―一九四七年・一九五二年出土遺物の再検討―』京都大学大学院文学研究科、二〇一四

（註6）福島孝行編『乙訓古墳群調査報告書』京都府教育委員会、二〇一五

（註7）昭和二十六年文化財保護委員会告示第二号（国宝及び重要文化財指定基準並びに特別史跡名勝天然記念物及び史跡名勝天然記念物指定基準）

（註8）吉川真司「クニグニの形成」『京都府の歴史』山川出版社、二〇一〇

（註9）横山浩一「手工業生産の発展」『世界考古学大系』第三巻日本Ⅲ古墳時代、平凡社、一九五九

（註10）川西宏幸「円筒埴輪総論」『考古学雑誌』第六四巻第二号、一九七八

（註11）小野山節「馬具と乗馬の風習」『世界考古学大系』第三巻日本Ⅲ古墳時代、平凡社、一九五九

（註12）小林行雄「同笵鏡考」『古墳時代の研究』青木書店、一九六一

（註13）都出比呂志「古墳時代首長系譜の継続と断絶」『待兼山論叢』一九八八

（註14）田辺昭三「古墳と県主」『京都の歴史』一、京都市一九七〇

（註15）河上邦彦編『中山大塚古墳』奈良県立橿原考古学研究所調査報告第82冊、奈良県立橿原考古学研究所、一九九六

（註16）巡礼塚古墳の甲冑の種類については、阪口英毅氏から教示いただいた。

（註17）朴　天秀「装飾鉄鉾の性格とその地域性」『国家形成期の考古学―大阪大学考古学研究室一〇周年記念論集―』大阪大学考古学研究室、一九九九

第一章　畿内乙訓古墳群をめぐる諸問題

初期前方後円墳の墳丘構造

梅本　康広

一　はじめに

二〇一二（平成二四）年四月、箸墓古墳、西殿塚古墳、五塚原古墳、元稲荷古墳に対する三次元航空レーザー測量が行なわれ、それぞれの墳丘の形状と段築構造が最先端の方法で詳細に把握された（註1）。とくに箸墓古墳では、前方部の側面に墳頂と同じ勾配で前端が高くなる斜路状平坦面（註2）をそなえ、後円部とは同じ幅や高さでつながらないことがわかった。こうした段築構造の不整合は、出現当初の大型前方後円墳に限られた原初的な墳丘築成法と推測されるが、これまでの古墳の発掘で遺構として確認できた事例はまったくなかった。その後、京都府向日市五塚原古墳の前方部調査で、この種の遺構をはじめて捉えるなど重要な成果が得られている（註3）。墳丘の築成法は箸墓古墳と同じであるいっぽうで、墳形は相似形にはならないことも判明している。従来の墳丘規格をめぐる問題は、遺構実態を加味して再構築が求められる。

本章では、向日丘陵で進められている前期古墳の調査研究成果を軸にして、初期前方後円墳の墳丘をめぐるこれまでの研究動向を整理し、前方後円墳成立当初の墳丘構造について検討をおこなう。

なお、本章では古墳の出現について、三世紀前半の纒向型前方後円墳の成立から始まりを考えるため、庄内式期は古墳時代に含める。三世紀中葉の箸墓古墳出現前後の前方後円墳を初期として扱うことにする。

二　五塚原古墳から提議される問題

ここでは、初期前方後円墳の墳丘にかかわる諸特徴の中から、平面的な要素として「バチ形」前方部、側面観や墳丘築成の点から段築の形成と斜路状平坦面、墳丘造営から構築面の形成、規格では後円部三段、前方部二段の成立をめぐる問題に絞って、五塚原古墳の調査所見をもとに検討をおこなう。

（一）五塚原古墳の墳丘の特徴

五塚原古墳は初期の前方後円墳で墳丘が完存する希有な事例である。これまでに九回の発掘調査を重ね、墳丘の規模と構造が明らかにされている。その結果、墳丘長九一・二メートル、後円部直径五五メートル、同高八・七メートル、前方部長四〇・五メートル、同高二・一〜四・〇メートル（くびれ部付近から前方部頂）との数値が得られている。

墳丘の構造としては、段築は後円部が三段、前方部は二段である。後円部は整った円形に造られている。後円部の平坦面は、後円部前面斜道までで収束し、前方部とは同じ高さで水平につながらない。前方部の形状はくびれ部側は直線的にのび、前端に向かってゆるやかにひらく、いわゆる「バチ形」を呈する。さらに、くびれ部は幅が一五メートルとなり極端に狭いうえに、高さは二・一メートルで前端に向かって四・〇メートルまでせり上がる。細身で低平な前方部が特徴である。また、前方部の途中に設けられた平坦面はくびれ部には無く、「斜路状平坦面」と呼ばれるように、前方部後半の途中から現れ、前端側墳頂の勾配と同じように前方部先端に向かって高さを増していく。

墳丘の構築は、ほぼ全体が盛土で構築されている。また、墳丘の外周には置土、もしくは窪地や傾斜面に造成土を施し、礫が敷かれる。後円部西端には、妙見山古墳から埴輪が運ばれ、棺に転用されている。前方部前端にも小石室とみられる周辺埋葬が伴う。前方部の西側には濠状の窪地があり、その南東側には礫を敷いていた可能性は高い。古墳に伴う遺物は出土しておらず、埴輪は配列していない。

向日丘陵の前期古墳の築造順位は、元稲荷古墳の調査が進んだ結果、五塚原古墳を最初に位置づけることができるようになった。五塚原古墳に伴う遺物がない中で、判断が可能な要素は墳丘の形態と構造である。元稲荷古墳は五塚原古墳に比べて、くびれ部が九メートル太く、鞍部も二メートル高い。前方部斜道の上面はゆるやかに上昇し、前方部の段築は後方部と同じ高さで全周する。前方部の形状は直線的に開き、後方部と前方部の幅がほぼ同じ大きさになる。以上のような、墳丘の型式学的特徴だけではなく、盛土の構築が基底から始まる五塚原古墳と第一段目斜面のほとんどを段丘削り出しで成形する元稲荷古墳といった構築技術の差異も参考となる。

（二）「バチ形」前方部

「バチ形」とは、一九六八年（昭和一三）に近藤義郎が提唱した概念で、「やや狭まりながらのびていく後半の部分、そこから先の前面にむかってひらく前半の部分」に分けて捉えることのできる前方部のことで、岡山市備前車塚古墳を典型とする。（註4）

ただし、こうした特徴を端的に示す名称については、当初から用意されたものではなかったが、一九八一年に和田晴吾が五塚原古墳の検討をおこなう中で近藤が指摘する特徴を「バチ形」と表現した。（註5）いっぽう、近藤の方では一九八五年に至り養久山墳墓群の調査報告段階で、一号墳の前方部の特徴を表現して「撥形」が登場する。（註6）そして、揖保川町金剛山六号墳、たつの市龍子三ッ塚一号墳、姫路市丁瓢塚古墳がその類例にあがった。

この翌年には「最古型式の前方後円墳前方部は、主丘に対しては低く、その上面は狭いが、その前面はひらいて撥形または台形状を呈する」あるいは、「前面に向かって前方部の側面カーヴをなして開く撥形のものが定式化している」などと再整理され、（註7）箸墓古墳、椿井大塚山古墳、浦間茶臼山古墳、七《なな》つ丸《ぐろ》古墳が同じ型式に付け加えられる。以降、「撥形」が最古型式前方後円墳の墳丘を特徴付ける重要な要素として定着していく。

このような調査研究の進展をみて五塚原古墳は、ようやく岸本直文によって「典型的な撥形前方部をもつ」（註8）と認識されるようになった。

五塚原古墳では、葺石基底石が描く外郭線が、くびれ部から約一〇メートルまでがまっすぐにのびて、前面までの約三〇メートルは少しずつわずかな反りをもたせながらひらいていく形状を呈している。前面は直線的で、幅は約三三メートルであり、前方部前半の側面は後半よりも九メートルほど大きくなる程度である。したがって、前方部前端のひらき具合は小さく、細くて長い「バチ形」といえる。この形状は、後述するように纒向東田大塚古墳と近似する。

前方部の隅角については、左右ふたつのいずれかに「隅切」が設けられ、傾斜角度の違いがつけられていたのかを確認する必要がある。五塚原古墳では、右（東）側だけが遺存していたが、側面に「隅切」と思しき屈折はない。また、頂角付近は、墳丘のどの場所よりも斜面勾配が緩くなる。基底石の設置面も頂角に向かって下降し、基底石自体を低く傾けて墳裾を形成している。そこに墳丘への出入りを意識した、「緩隅角」が設けられていた可能性は高い。左（西）側は「急隅角」で、備前車塚古墳や川東車塚古墳のように「隅切」がつくられていることも考えられた[註9]が、崩壊のため不明である。

（三）後円部前面斜道

前方後円墳の墳頂には、前方部上面から後円部上面までをつなぐ斜面が設けられている。このような斜面については、「スロープ」[註10]と呼ばれることもある。前方後円墳の本質にせまる問題として、前方部の起源と機能について究明が進む中で、この斜面が改めて注視され、墳頂へ登る「通路」として前方部後半から後円部頂への「移動を容易にする工夫」とみて、「突出状斜面」[註11]と呼ばれた。また、古墳の祭祀儀礼の復原研究からは、墓壙の出入口の詳細な検討が行なわれ、埋葬施設構築に伴う作業用の出入口と納棺及び埋納儀礼参加者用の出入口にもなった「墓壙の墓道」の存在が明確にされ、これが「後円部前面斜道」の延長に取り付くと想定されている[註12]。

後円部前面の先にある前方部上面はかつて、「通路状のスロープ」とも表現されたように、この場所が「通路」であり「葬送儀礼の一過程を行う場」と考えられてきた経過がある。したがって、鞍部から後円部斜面に取り付く斜道については、「明らかに盛り上げて作られたものである」点を重視すべきである。「突出状斜面」はその後、「後円部前面隆起斜道」に改称されたが、「前方部斜道」とともに「両者があい応じて墳頂の墓道を形成していた[註13]」可能性を考慮する必要がある。

五塚原古墳でもこのような斜道はつくられており、鞍部から後円部第一段平坦面の上から盛土して築かれている。後円部斜面に取り付くように約一〇度の勾配をもたせながら上向きの隆起をそなえる。その平面形は前方部側が幅を狭めて逆台形を呈する。後円部の斜面は前面側と他では勾配が異なり、前面側が緩やかとなる。これは、「突出状隆起」と呼ばれたように、後円部斜面から突き出た形で盛土が付加されるからである。とはいえ、斜道が後円部斜面に突き当たるとその勾配の影響を受けてやや急角度に変わる。本墳では一〇度から二〇度への変化が確認できる。斜道の側面には葺石が施されていたが、上面にも前方部墳頂と同じ小礫を敷いていた可能性は高い。

葺石をそなえた大型前方後円墳の発掘では、斜道の上面を調査対象とする機会は少ない。そのなかで、中山大塚古墳[註14]では改変の著しい後円部側は不明だが、前方部上面には「葺石」が確認されている。また、元稲荷古墳でも前方部斜道の端で礫敷が確認されている。このように、斜道の上面に石を敷き詰める事例もある。

（四）斜路状平坦面

五塚原古墳前方部の構造上の最たる特徴は、斜路状平坦面に象徴される後円部と分離した前方部の段築構造に集約できる。後円部の平坦面はほぼ水平にまわるが、いっぽうの前方部は勾配をもたせて先端側を高くする。双方の平坦面は、ひとつにつながらない。このような側面観の不整合が生じる理由は、前方部頂が鞍部で最も低くなり先端に向けて大きくせり上げた形にするためであり、途中の平坦面もこれに合わせる必要があったためと考えられる。

こうした墳丘の築成法は、箸墓古墳を典型とする古墳出現当初の特徴的な構造ともみられるが、現在までにほかの前期古墳では確認されていない。箸墓古墳の前方部の側面については、斜面途中に二ないし三ヵ所で平坦面の存在が確認でき、その段築構造は前方部上面の傾斜にあわせた角度で築かれている。このうち、上段の平坦面は幅を狭くしながらくびれ部まで続くが、下段は不明瞭になり、後円部と一体的に平坦面がつくられていないことは間違いないものと思われる。

こうした段築構造は、奈良県天理市西殿塚古墳になると平坦面の水平化が指向され、後円部とはくびれ部で短く急角度の斜面を介してつなげられ、奈良県桜井市茶臼山古墳では下段の平坦面で後円部と前方部が一体化する。

顕著な斜路状平坦面は墳丘自体をほぼ盛土で築き上げる方法とともに、箸墓古墳築造後の前期古墳には継承されない要素と考えられる。こうした築造法は古墳出現段階にのみ現れた初源的なものであり、東田大塚古墳にも採用されていた可能性が高い。

五塚原古墳の構造上の特徴として見いだした前方部の段築構造は、箸墓古墳の築造法と共通するものであり、本墳の築造には箸墓古墳の大きな影響があったことを発掘調査によって具体的に確かめられた意義は大きい。

（五）後円部三段、前方部二段

五塚原古墳の後円部は、整った円形を呈し三段まで築かれている。初期の前方後円墳のほとんどは、墳丘の損壊が著しく不明な点も多いため、現在確認し得る範囲ではあるが、後円部三段、前方部二段の墳丘構造としては最も古い古墳のひとつとみられる。それでは、後円部が三段もしくは正円形に築かれた古墳は、出現の過程をどのように説明できるのであろうか。そのためには、箸墓古墳に先行して出現した庄内期の前方後円墳との比較が必要である。

近年の調査研究成果により纒向石塚古墳、纒向矢塚古墳、ホケノ山古墳、纒向勝山古墳は「庄内三式」[註15]段階の可能性が指摘されている。これらの墳丘構造は、いずれも後円部が二段、前方部は一段に復原する見方が有力である。石塚古墳[註16]とホケノ山古墳については、「布留0式」段階の東田大塚古墳[註17]とともに、後円部を三段に復原する試案もある。また、後円部の平面形態については、不整形になるものがあるいっぽうで、勝山古墳[註18]と東田大塚古墳は円形に復原でき、また、ホケノ山古墳も確実視できる二段目に加えて一段目も本来は円形の規格を有していた可能性も指摘されている[註19]。

地形の制約により墳丘下段を円形に築くのが難しい立地の問題も考えられる。しかしながら、石塚古墳のように墳丘基底から盛土であるにもかかわらず不整形になる事例もある。このような差異はたんに施工上の問題で、盛土を採掘して墳丘を築成する際の工法が反映していたとも見なしうる。

いずれにせよ、墳丘の損壊が著しく、調査も十分に及んでいない事例もあるため現状の調査所見の範囲においてではあるが、庄内期の前方後円墳で後円部が精美な円形を描き三段に築かれた確実な事例はないといえる。

やはり、このふたつの要素は現状においては箸墓古墳の築造過程で成立したと考えざるをえない。墳丘長三〇〇メートルにせまる巨大古墳の場合は、墳丘の高さとあいまって各段を安定的に積み重ねるために、後円部が三段以上、前方部は二段以上の多段構成が必要とされる。基盤層を削り出して墳丘を形成した古墳では桜井茶臼山古墳とメスリ山古墳のように、後円部三段、前方部二段でもよかったが、斜面地形を利用しながらも造成を伴い築かれた古墳の場合は、西殿塚古墳や行燈山古墳のように地形に即して非対称の多段構成が結果としてできあがったものと考えられる。しかし、一〇〇メートル級の大型古墳では後円部三段、前方部二段が規準とされた可能性が高い。

東田大塚古墳や箸墓古墳と同時期と考えられる五塚原古墳は、盛土によって三段築成が達成されていることから、墳丘の形状が近似する東田大塚古墳も三段に築かれていた蓋然性は高い。したがって、後円部が円形に三段まで築かれるようになるのは、「布留0式」段階からと考えられる。

(六) 墳丘構築面

初期の前方後円墳は、墳丘全体を盛土で築いた事例が少なくない。箸墓古墳は「段丘面に相当する扇状地の旧河道上に立地し、墳丘のほとんどが盛土で形成された古墳」と考えられている。中山大塚古墳は、丘陵を切断し、「地山成形や盛土による平坦面の造成等によって墳丘基底部が形成され」、「墳丘の大半は大規模な盛土によって構築」する。纒向石塚古墳は、扇状地に立地し、墳丘基底から盛土構築がおこなわれている。

五塚原古墳は、丘陵頂部の南北に派生する尾根筋の先端を造成して、平坦面がつくられている。その範囲は南北一〇〇メートル、東西一一〇メートルにおよぶ。後円部の北側には、北東~南西方位の「掘切り状遺構」があり、平坦面を確保してから墳丘を築いている。馬の背状の丘陵地形を削り出して墳丘の原形もしくは下部が成形された、元稲荷古墳や寺戸大塚古墳とは造営方法を異にする。五塚原古墳の墳丘造営は、中山大塚古墳と共通性が高い。

三　初期前方後円墳の墳丘規格

五塚原古墳の墳丘規格をめぐっては、和田によって、箸墓古墳の三分の一「相似墳」として評価されてきた。また、「古墳の規模に意味をみい出すならば、すくなくとも設計図の段階では墳丘の最も外側すなわち最下段外縁の線が最も重要で基本」という見方を示している。[註20] 岸本は外郭線だけで無く、墳頂平坦面や段築、立面などで一致できるかを課題に挙げる。[註21] 新納泉は、「傾斜や長さに関する基準」があり、「設計図のような面的なものではなく」、「数値的な約束事」、つまり「地形に合わせて、その基準を柔軟に適用」し、「裾を基準につくられたのではなく、完成後の立体的な形が基準となり、裾は結果にすぎない」と指摘する。[註22]

相似墳もしくは同規模墳の認定は、発掘調査によって確認された墳裾を結んで描くことのできた墳丘外郭線をもとにするべきであり、測量図を伸縮させて重ね合わせただけでは、正確に捉えることはできない。

たとえば、元稲荷古墳は、発掘成果によって墳裾を捉え、墳丘の外郭線を正確に復原することができた事例のひとつである。同様な方法で墳丘外郭線が描かれた西求女《にしもとめ》塚古墳と比較した結果、元稲荷古墳と同規模同形態になり、いわゆる「同形墳」であることが明らかにされている。

ところで、北條芳隆によって「箸墓類型」[註23]が設定され、箸墓古墳を基準とする墳丘規格を共有する一群の存在が提示されて以降、五塚原古墳もその範疇で広く知られていき、岸本直文も「箸墓型」[註24]として相似墳の存在を追認している。ただし、これらの多くが墳丘測量図を伸縮させて重ね合わせて導き出された、いわば近似性のある古墳どうしの関係でしかなく、厳密な規格の共有については方法論とともにその是非が問われていた。北條氏は最近、この問題について総括し、自身の新たな試みを提示している。[註25]

箸墓古墳では、墳丘周辺の調査が進み、墳丘内部に対する航空レーザー測量の成果も加わり、これまでの測量をもとにした墳丘外郭線や復原図とは異なる理解が新たに図示されるようになった。[註26]

同じ「バチ形」の範疇で捉えられる前方部でも側面の広がり具合やカーブの強弱、幅や長さに違いがあり、定型化前後で讃岐型や纒向型などに区別できることがわかっている。

定型化以前では、最もくびれる場所が前方部後半の中にあり、前方部それじたいがきわめて細い東部瀬戸内に分布する一群があげられる。養久山一号墳、丁瓢塚古墳、鶴尾神社四号墳などである。また、纒向石塚古墳を典型とする「纒向型」では、くびれ部で屈曲し前端に向かってひろがる形を採る。前方部長は後円部径の二分の一未満と短い。同じ古墳群中の勝山古墳は、後円部二段、前方部一段で「箸墓古墳を四〇パーセントに縮小した形状に近しい」という。[註27]東田大塚古墳と比べた場合、「墳丘プランニング上は類似する」との評価もあり得る。[註28]東田大塚古墳は、遺構実態に即して前方部が細く前端への広がり具合の小さな形に復原も可能である。

定型化は箸墓古墳の築造が契機となって、巨大古墳の造営計画が思索される中で実際の施工を通じて確立したと考えられる。とくに、墳丘を高く築くことが指向されたため、段築構造のそなえ方が重要な鍵となり、規模に応じて段数を多く重ね、各段の高さを調整して斜面の長さや角度を変えるなどの対処がはかられた。その結果、前方部の幅は増大化し、側面のカーブは直線的となった。

したがって、箸墓古墳の三分の一「相似墳」との関係で比較されてきた五塚原古墳とは、後円部の比率が一対三で近似するものの前方部の長さは一致せず、幅が大きく相違している。高さのある墳丘を築くためには、墳丘基底の幅も増大するから、五塚原古墳の前方部は箸墓古墳の二段分を少なくして設計された可能性もある。つまり、地割の枠組み内での改変である。

これに関連して興味深いのは、五塚原古墳の墳丘基底外郭線と元稲荷古墳の第二段斜面基底の外郭線とが一致することである。元稲荷古墳は五塚原古墳の前方部に一段分を付けたす格好となる。

巨大古墳との関係では上記のような説明も可能であるが、中小古墳になると養久山一号墳と備前車塚古墳で比較した場合、前方部の輪郭線は一致点を見いだすことができない。また、黒田古墳については前方部前半のひらき具合が異なるものの、長さと幅の一致をみることができる。さらに、四分の三規模で相似形をなし、前方部の

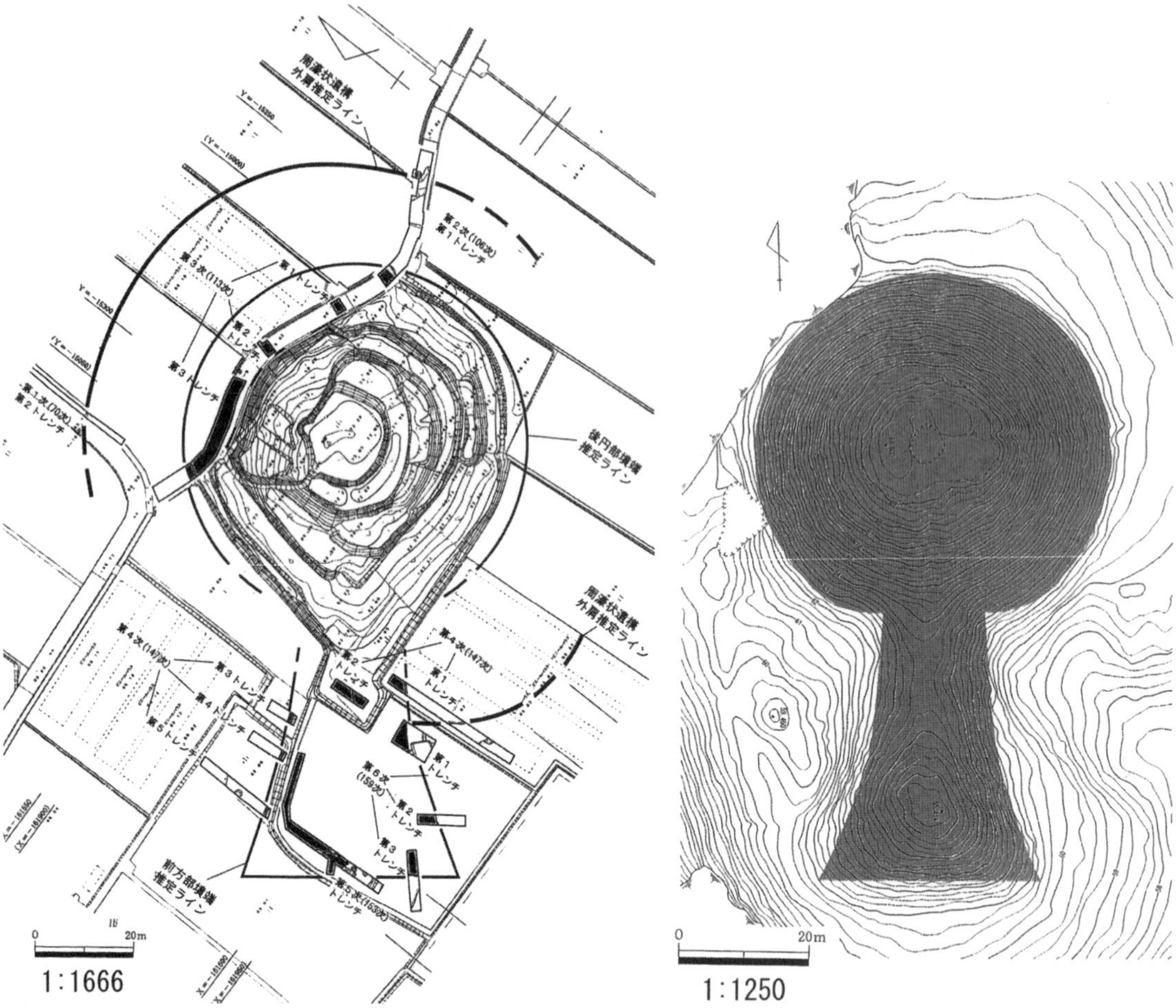

図１　纒向東田大塚古墳と五塚原古墳の墳形の比較

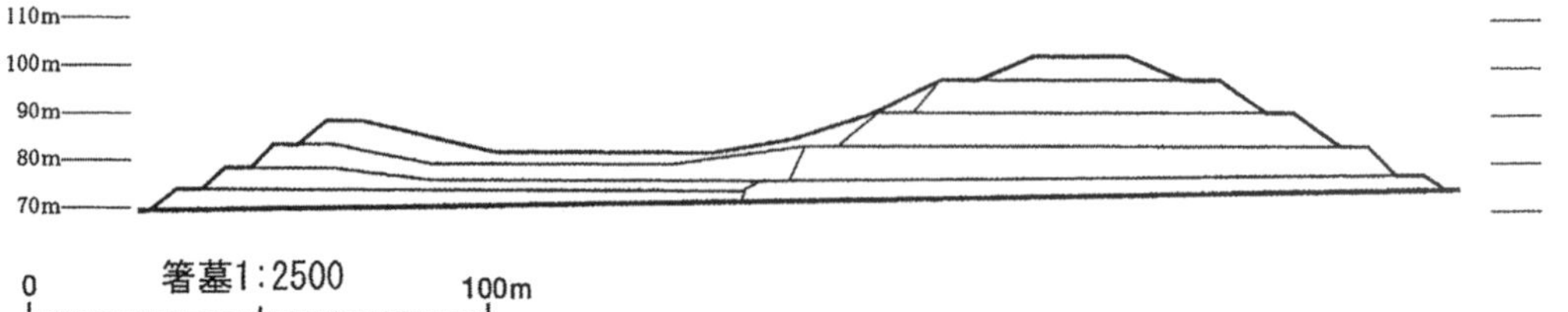

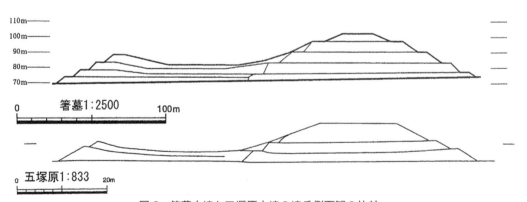

図２　箸墓古墳と五塚原古墳の墳丘側面観の比較

細部にわたりほとんどが一致した事例として、東田大塚古墳をあげることができる。現状では遺構実態から考えて、五塚原古墳と後円部や前方部の比率および前方部の形状が最も似るのが東田大塚古墳であるといえる。なお、寺澤薫は東田大塚古墳と勝山古墳を箸墓古墳へ向かう「定型化」の途上にある類型として把握する。(註29)

したがって、五塚原古墳は墳丘の築造規格は東田大塚古墳と近似し、段築構造は箸墓古墳の要素と同一のものをそなえた古墳と評価できよう。相似た二つの古墳が「布留0式」段階の築造と考えられていることから、五塚原古墳がつくられたのも同じ時期と考えて大過ない。

四　おわりに

本章では、初期前方後円墳の墳丘構造をめぐる諸課題を念頭に置きながら、その究明を手がけてきた五塚原古墳の調査成果から導かれる課題について整理し、検討をおこなった。

その結果、初期の前方後円墳は、築造場所と墳丘の長さに規定され、墳丘各所の幅と高さ、斜面長が古墳ごとに創出されているとの理解が得られた。各地の有力首長墓は、実際には王墓に次ぐ規模の古墳をモデルにつくられたと考えたい。王墓は別格な存在として、規模や構造とともにほかに追随を許さない格別な墳墓であり、王墓の設計思想、地割計画、造営技術にならって、各地で王墓を模倣した大型古墳が築造されたのである。

「箸墓型」は、設計規格を検討する上での作業概念として創出されたが、歴史的にはそのような規格の配布はなかったと考える。

本章で扱った五塚原古墳の墳丘に関わる基本情報ついては、立命館大学と向日市が協同して実施した調査成果であることを記し、関係者のご配慮とご教導に感謝したい。

（註1）西藤清秀・梅本康広「箸墓古墳・西殿塚古墳と向日丘陵の前期古墳の形状」『一般社団法人日本考古学協会第79回総会　研究発表要旨』一般社団法人日本考古学協会、二〇一三

（註2）西藤清秀「箸墓古墳・西殿塚古墳の墳丘の段構成について」『橿原考古学研究所論集17』八木書店、二〇一三

（註3）梅本康広「五塚原古墳第六次発掘調査報告」『向日市埋蔵文化財調査報告書』一〇二、向日市教育委員会、二〇一五／原田昌浩・藤原怜史編『五塚原古墳第五次発掘調査概報』立命館大学文学部考古学・文化遺産専攻、二〇一五

（註4）近藤義郎「前方後円墳の成立と変遷」『考古学研究』一五―一、考古学研究会、一九六八

（註5）和田晴吾「向日市五塚原古墳の測量調査より」『王陵の比較研究』京都大学文学部考古学研究室、一九八一

（註6）近藤義郎「養久山一号墳」『養久山墳墓群』揖保川町教育委員会、一九八五

（註7）近藤義郎「前方後円墳の誕生」『岩波講座日本考古学』六　岩波書店、一九八六

（註8）岸本直文「丁瓢塚古墳測量調査報告」『史林』七一―六、一九八八

（註9）近藤義郎「隅角の隅切と隆起斜道」『川東車塚古墳の研究』吉備人出版、二〇〇四

（註10）白石太一郎・春成秀爾・杉山晋作・奥田　尚「箸墓古墳の再検討」『国立歴史民俗博物館研究報告』三、国立歴史民俗博物館、一九八四

（註11）近藤義郎「前方部の誕生」『みずほ』一九、大和弥生文化の会、一九九六

（註12）和田晴吾「墓壙と墳丘の出入口―古墳祭祀の復元と発掘調査―」『立命館大学考古学論集Ⅰ』立命館大学考古学論集刊行会、一九九七

（註13）近藤義郎「前方部とは何か」『古代吉備』二一、古代吉備研究会、一九九九

（註14）河上邦彦編『中山大塚古墳』奈良県立橿原考古学研究所調査報告八二、奈良県立橿原考古学研究所、一九九六

（註15）寺沢　薫「前方後円墳出現論」『王権と都市の形成史論』弥生時代政治史研究　吉川弘文館、二〇一一

（註16）橋本輝彦「纒向石塚古墳第八次調査報告」『纒向石塚古墳』桜井市埋蔵文化財発掘調査報告書三八、桜井市教育委員会、二〇一二

（註17）福辻　淳「東田大塚古墳の測量調査」『平成二一年度国庫補助事業による発掘調査報告書』桜井市立埋蔵文化財センター発掘調査報告書三四、桜井市教育委員会、二〇一一

（註18）豊岡卓之編「勝山古墳第5・6次調査報告」『東アジアにおける初期都宮および王墓の考古学的研究』奈良県立橿原考古学研究所、二〇一一

（註19）水野敏典「第三部　総括篇　第一章墳丘」『ホケノ山古墳の研究』奈良県立橿原考古学研究所研究成果一〇、奈良県立橿原考古学研究所、二〇〇八

（註20）前掲註5和田一九八八に同じ

（註21）岸本直文「前方後円墳研究の課題」『市大日本史』五、大阪市立大学日本史学会、二〇〇二

（註22）新納　泉「浦間茶臼山古墳」『季刊考古学』六五、雄山閣、一九九八

（註23）北條芳隆「墳丘に表示された前方後円墳の定式とその評価」『考古学研究』三二―四、考古学研究会、一九八六

（註24）岸本直文「「陵墓」古墳研究の現状」『「陵墓」からみた日本史』青木書店、一九九五

（註25）北條芳隆「五塚原古墳と墳丘築造企画論の現在」『向日市埋蔵文化財調査報告書』一〇二、向日市教育委員会、公益財団法人向日市埋蔵文化財センター、二〇一五

（註26）西藤清秀二〇一三（註2文献）／福辻　淳「Ⅲ・箸墓古墳の姿」『HASHIHAKA―始まりの前方後円墳―』桜井市立埋蔵文化財センター、二〇一四

（註27）前掲註15に同じ

（註28）前掲註17に同じ

（註29）前掲註15に同じ

挿図出典

図1：前掲註17に同じ、近藤喬一・都出比呂志監修『向日丘陵の前期古墳』向日市文化資料館、二〇〇四

図2：前掲註25、前掲註3（梅本二〇一五）に同じ

前方後方墳をめぐる地域間交流
―元稲荷古墳築造の意義をめぐって―

廣瀬　覚

一　はじめに

古墳時代の政治的階層構成をめぐる議論において、前方後方墳の評価は重要な鍵を握る。よく知られているように、都出比呂志は墳形が象徴する身分の格を徳川幕府下の大名制度に見立て、前方後円墳を譜代大名に、前方後方墳を外様大名になぞらえることで、墳形と規模の違いにもとづく古墳時代の身分的編成のあり方を説いた(註1)。その後、古墳時代における一元的な身分的秩序の存在に対する批判が展開するなかで、前方後方墳の理解は曖昧模糊なものとなり、決定的な評価を欠いているのが現状と言える。もとより、前方後円墳自体が何を表現したものか、明確な回答が得られないなかで、前方後方墳を的確に評価する作業は難問中の難問と言える。そのことを自明としながらも、ここでは、向日丘陵古墳群における元稲荷古墳の位置づけから派生する問題を整理し、それを手掛かりにして、この難問に向かい合うことで、議論の深化をはかることにしたい。

二　元稲荷古墳の今日的位置づけ

元稲荷古墳は、従来、向日丘陵古墳群の中でも最古の古墳として位置づけられてきた。都出は、都月型の特殊器台（特殊器台形埴輪）の出土に加え、墳形が向日丘陵古墳群で唯一、前方後方墳である点をその根拠とした(註2)。さらに和田晴吾は、前方部が撥形に開く点を重視して元稲荷古墳と箸墓古墳との直接的な関係を読み取った上で、前方後方墳の元稲荷古墳を嚆矢に、その後、墳形は前方後円墳に転じ、五塚原古墳、寺戸大塚古墳と「同規模墳」の築造が続くなかで前方部が通有の形態に変化していく経過を見出し、向日丘陵内での首長墳のスムーズな変遷過程を読み取った(註3)。

しかしながら、近年の発掘調査の進展により、前方部の形状としては五塚原古墳の方が元稲荷古墳よりも古式の様相を呈することが明らかとなってきた。五塚原古墳の前方部は、側面が顕著な撥形を呈することに加えて、最上段が前面に向かって反り上がる「斜路状平坦面」とよばれる構造をとり、極めて幾何学的な形状に築造されていることが解明されるに至ったのである。こうした前方部の構造は、奈良盆地東南部における最古の王陵とされる箸墓古墳の墳丘構造に類似しており、その強い影響下で五塚原古墳が築造されたことが示唆される(註4)。

一方で、元稲荷古墳の前方部形状は側面が直線化し、墳頂にも明確な反り上がりが認められず、単調な二段築成となる点で、五塚原古墳よりも後出的な様相を呈しており、箸墓古墳よりもその次代の西殿塚古墳との類似性が指摘されるようになってきた。[註5]五塚原古墳からは未だ年代を議論できるような遺物の出土をみておらず、厳密な築造年代についてはさらなる検証が必要だが、現状では、前方後方墳である元稲荷古墳の方が前方後円墳である五塚原古墳よりも後出する蓋然性が高いと判断される。

こうした築造順序に関する認識の変化は、前方後方墳そのものの築造意義に見直しを迫るものと言える。前方後方墳は、前期古墳に多いことから、方形原理主体の弥生墓制からの伝統と絡めて理解される傾向があり、元稲荷古墳を向日丘陵古墳群の嚆矢とする旧来の認識もその一躍を担ってきたと言える。首長墳系譜上における前方後方墳の築造パターンをモデル化した倉林眞砂斗の分類[註6]に向日丘陵古墳群を対照させると、旧来の図式は「交代型」、五塚原古墳が先行するとみる新たな図式では「逆交代型」、ないしは「割込型」に該当することになる。倉林によると、「逆交代型」や「割込型」は北陸、東海でそれぞれ一例ずつが確認される程度で、「交代型」の事例が圧倒的に多い。北陸や東海の「逆交代型」「割込型」については、具体的にどの事例が該当するのか明記されていないが、おそらく厳密な発掘調査を経た上で前方後方墳、前方後円墳の前後関係が断定された事例ではないと推測される。

そもそも限定された地域のなかで首長墳の有機的な展開を捉え得る事例はさほど多くはなく、首長墳系譜の認定にはある程度の恣意性がともなう。これに対して、向日丘陵古墳群のあり方は、同一丘陵上における連続する首長墳間での確実性の高い「逆交代型」「割込型」の実例であり、また王権の隣接地域の事例としても看過することができない。その評価は極めて重要な問題を提起するものと言えよう。

三　元稲荷古墳をめぐる地域間交流

前方後方墳である元稲荷古墳の性格を考える上で重要となるのは、その築造をめぐる地域間交流のあり方である。古墳の築造に地域間交流が介在することは自明のことであるが、元稲荷古墳の場合、王権中枢部や乙訓周辺との関係を前提としつつ、同時に複数の、それも西方の遠隔地域との間で重層的な交流が生じている点が注目される。[註7]具体的には、葺石にみられる基底石に扁平な石を縦使いして立て掛ける特徴は播磨以西の中国地方に系譜が求められる。また、大型複合口縁壺（図1・8・9）は器形および胎土の特徴から生駒西麓地域からの搬入品とされる。さらに、竪穴式石槨の使用石材は、近隣の丹波層群産出の頁岩、粘板岩を主体としつつも、天井石の一部には兵庫県猪名川流域産出の石英斑岩が使用される。そして、都月型の器台・壺については、言うまでもなく岡山平野の勢力との関係が前提となる。以下、この都月型の器台・壺の系譜について、詳しく検討しておきたい。

都月型の器台・壺については、一般的に「特殊器台形」、「特殊壺形」の形容詞を付して最古の埴輪として捉えられることが多い。[註8]これに対して筆者は、墳頂部を中心に局所的に配列される都月型の器台・壺は、狭義の円筒埴輪には含めず、立坂型以来の特殊器台・壺の範疇で捉えるべきと考えている。厳密な意味での円筒埴輪は、天理市西殿塚古墳裾から出土した、突帯割付技法や粘土板基部成と

図1　元稲荷古墳出土の壺・器台とその関連資料
1・2：都月坂1号墳　3・4・8・9：元稲荷古墳　5~7：七つ坑1号墳

いった円筒埴輪に通有の技法を駆使し、墳丘段築平坦面において大量配列されたと目される一群の埴輪に始まる。[註9]元稲荷古墳の都月型器台・壺は、時間的には西殿塚古墳の円筒埴輪に並行もしくは後出するもので、岡山平野を出自とする製作集団が伝統的な技法で製作した最終段階の都月型と評価される。王権中枢部との直接的な関係ではなく、岡山平野の勢力との親密な関係のもと元稲荷古墳に導入されるに至ったものと考えられる。

岡山平野における都月型の器台・壺の展開については、宇垣匡雅によって旭川、吉井川、足守川の各流域ごとに個別に製作集団が存在したことが指摘されている。古市秀治も、製作者相互の密接な結びつきを想定しつつも、文様の整理にもとづいて流域ごとの系列差を読み取る。[註10]そうした岡山平野の動向を念頭に置くとき、元稲荷古墳の都月型については、旭川流域の都月坂一号墳や七《なな》つ坑《ぐろ》一号墳との系譜的な親縁性が見出せる。

元稲荷古墳の都月型文様は、蕨手文間に交差する左右の斜条線文が二単位のものと三単位配置するものとがあり、いずれも広義の都月a類に位置づけられるが、そのうち二単位のものは、本来であれば左下がりの斜条線文によって分断されるべき右下がりの斜条線文が途切れることなく左下がりの斜条線文と重複する。条線数も本来は四本を基本とするのに対し二ないし三本に減少したものが含まれる点で形骸化が認められる（図2－5）。斜条線文が三単位のものは、斜条線文部分の条線数の減少がさらに進むとともに、文様単位自体が全周せず、大部分が無文化するなど省略化が著しい（図2－6）。加えて、文様自体がいっさい描かれない無文の個体も存在する。こうした文様表現の簡略化が著しい元稲荷古墳例は、都月a類の系列上でもその末期に位置づけられる。

一方、七つ坑一号墳例については、都月b類文様の典型とされ、蕨手文間に左右の斜条線文一単位を配し、その右側にいわゆるr単位が描かれる。この都月b類文様については、宮山型の反転文様との関連、具体的にはS字単位が突帯に接して途切れる部分をr単位の祖型とみなす理解から、従来は都月a類文様よりも先行すると理解されてきた。[註11]しかしながら、r単位については、都月a類の斜条線文二単位のうち、向かって右側一単位が簡略された表現とみることで、都月a類→都月b類という逆の変化を読み取ることもできる（図2－3・1）。七つ坑一号墳では、一部の文様単位に三本条線がみられることや、受部の屈曲が弛緩した口縁部片が出土していることも（図1－6）、そうした変化の方向性を裏付ける。

このように元稲荷古墳、および七つ坑一号墳例は、都月型の名親である都月坂一号墳の系譜の延長線上に位置づけることが可能である。都月坂一号墳において器台に組み合う壺は、体部が球形で突帯はめぐらず、頸部も直線的に立ち上がる点で茶臼山型二重口縁壺の器形を採用するが、元稲荷古墳の壺が同様の形態をとる点も両者の親密性を裏付けている。これに対して、七つ坑一号墳の壺については、体部に特殊壺由来の二条の突帯が巡ることから、都月坂一号墳例よりも古くみる理解が一般的であるが、[註12]以前に述べたように七つ坑一号墳例は、体部が球形化し、頸部も内傾せず直線的に立ち上がる点で、茶臼山型壺からの影響が濃厚である。伝統的な特殊壺の特徴と都月坂一号墳段階で受容された茶臼山型壺の特徴が折衷した姿として理解することができよう。

一方、矢部堀越遺跡や矢部四二号墳、箸墓古墳や権現山五一号

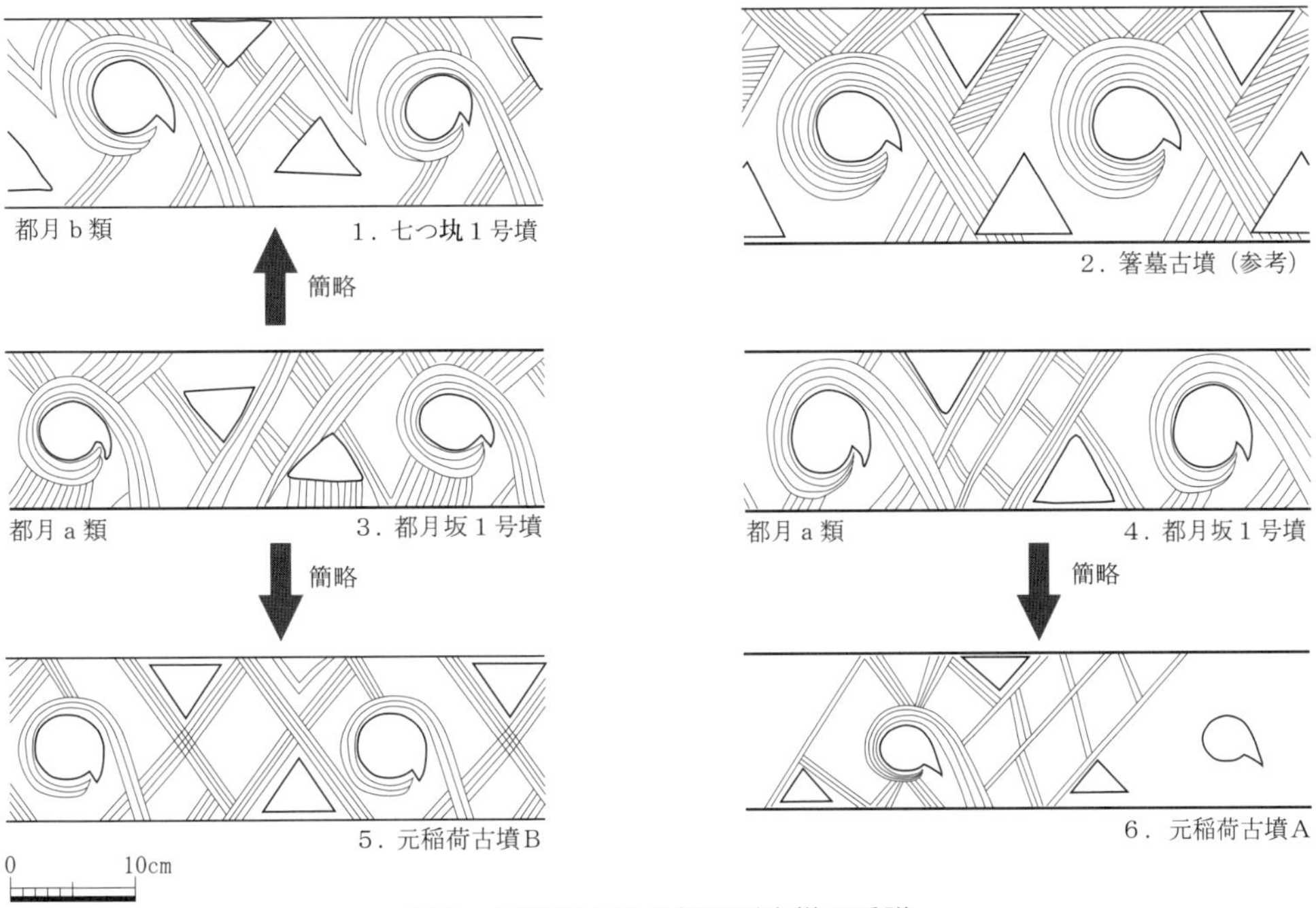

図２　元稲荷古墳の都月型文様の系譜

墳などの諸例では、蕨手文間の斜条線文が当初から一単位で、透孔周囲に斜条線を多用し、全体の線刻数が多数となる特徴をもつ（図２-２）。前述の三古墳とは系列が異なっており、岡山平野での出土例は足守川流域に集中する。前述の都月坂一号墳と七つ圦一号墳が旭川流域のごく近接するエリアに築かれている点でも対比される。先に元稲荷古墳の都月型の系譜を奈良盆地東南部ではなく、岡山平野に求めるべきことを主張したが、都月型の細部の特徴の検討からは、岡山平野の中でも旭川流域に直接的な系譜関係を求めることができる。元稲荷古墳の都月型器台・壺の胎土分析からは、地元の粘土が使用されたとの推定が得られていることを踏まえると、旭川流域の勢力は元稲荷古墳被葬者の葬送儀礼の執行にあたり都月型の製作経験のある者を派遣し、その製作に従事させたものと考えられる。

四　西日本の地域間交流と前方後方墳

以上のように、元稲荷古墳の築造には、王権中枢部との関係以外にも、遠隔地を含む西方地域との交流が介在しており、とりわけ都月型の器台・壺の検討により岡山平野の旭川流域の勢力との親密な交流の存在が浮かび上がった。興味深いのは、都月型の器台・壺の直接的な伝播元と推定される旭川流域の都月坂一号墳と七つ圦一号墳の墳形がいずれも前方後方墳である点である（図３）。このことは単なる偶然とは言い難く、なんらかの背景が存在した蓋然性が高い。

この点を考える上で、系列上の位置づけは異なるものの、同じく都月型の器台・壺が出土した播磨の権現山五一号墳がやはり前方後方墳として築かれている点が注目される。元来、岡山南部地域の弥

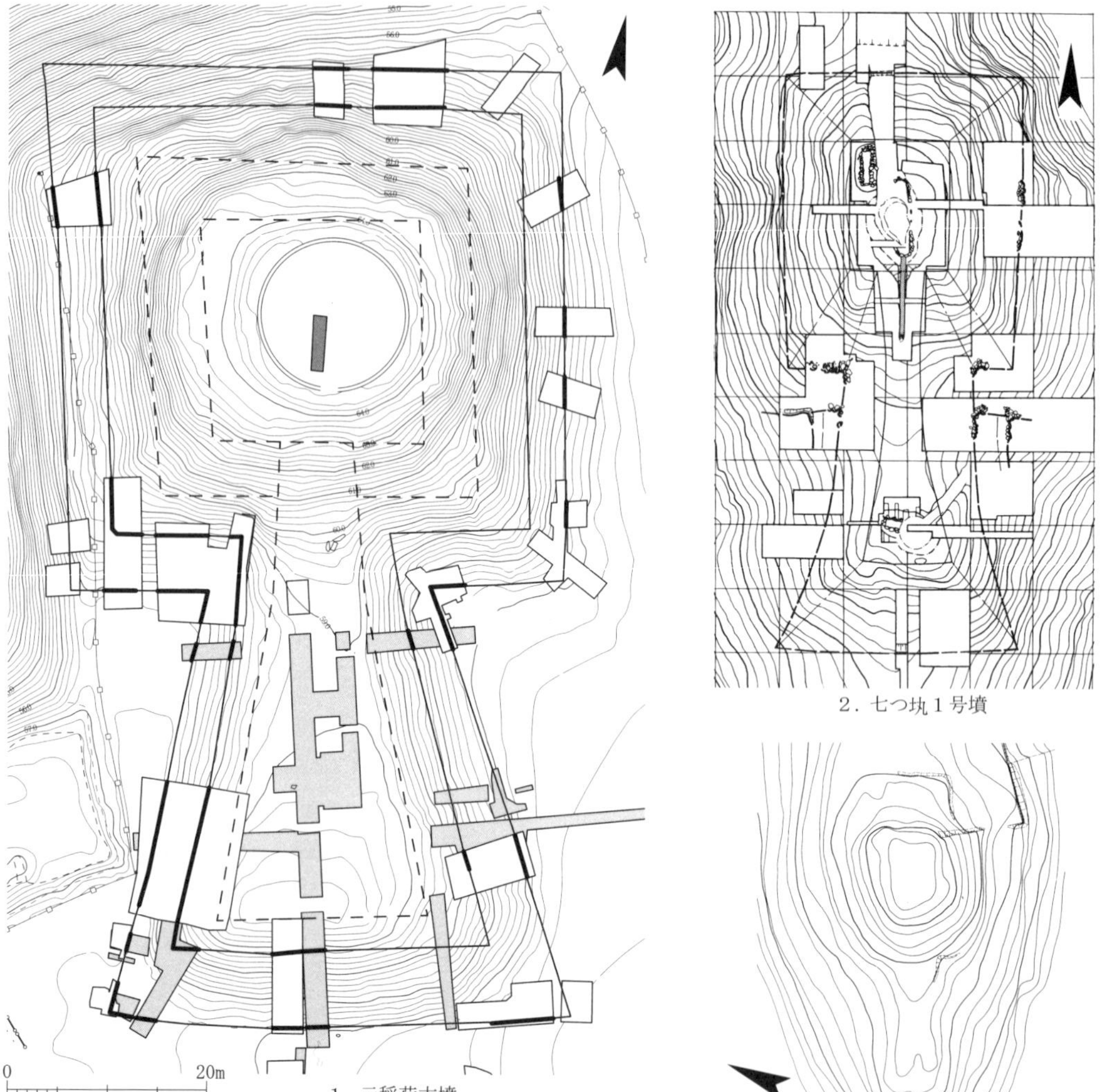

1．元稲荷古墳
2．七つ坑１号墳
3．都月坂１号墳

図３　元稲荷古墳と旭川流域の前方後方墳

生墳丘墓は、楯築墓など特殊な例を除くと方形原理が主体である。岡山平野の都月型出土古墳は前方後方墳ばかりではなく様相は単純ではないが、一部点在する岡山南部の前方後方墳が近畿西部の前方後方墳に影響を与えた可能性が考えられよう。

これに対して、六甲山南麓の西求《にしもと》女《め》塚《づか》古墳、求女塚古墳の二基の前方後方墳からは、いずれも山陰系土器が出土しており、同様に山陰地域も近畿西部における前方後方墳築造に影響を及ぼした可能性が考慮される。西求女塚古墳や権現山五一号墳の葺石は、元稲荷古墳と同様に基底石に扁平な石材を用いて斜面に立て掛ける特徴が看取できる点も示唆的である（図４・２）。先に元稲荷古墳の地域間交流の特色として西方地域との遠隔交流を指摘したが、同様の特色は淀川流域から大阪湾北岸、播磨灘にかけて分布する前期の前方後方墳に共通する現象と言える。

この点を考える上で、新納泉の以下の指摘は傾聴に値する。新納は、

図4　前方後方墳・方墳における貼石状の葺石の諸例
1：元稲荷古墳　2：西求女塚古墳　3：塩津山1号墳　4：七つ坑1号墳
（2：神戸市教育委員会　3：島根県庁埋蔵文化財調査センター提供）

西日本の前方後方墳が四国や九州、中国地方の南西半分にはほとんどみられず、播磨西部から岡山県南・北部、出雲東部（松江周辺）に分布が集中する傾向を見出し、その背景に出雲東部と岡山県北部を拠点とし、そこから各地の拠点を結ぶネットワークの存在を推測する。新納は出雲東部に前方後方墳が局地的な集中をみせる点に方形の墳墓が発達する高句麗との関係を考える[註13]。しかしながら厳密には、出雲東部で前方後方墳が集中的に築かれるのは古墳時代後期のことであり、後述のように古墳時代前期の出雲はむしろ方墳の世界である。後述のように、方形原理志向と高句麗との関係については再考の余地があると考えるが、古墳時代前期の出雲の方墳志向と中国山地の山間を縫う遠距離交通路とを結びつけて前方後方墳の分布を理解する視点は大いに参考になる。播磨灘から大阪湾北岸、淀川水系における前方後方墳の展開は、そのネットワークの末端に連なるものとみることができよう。

こうした前方後方墳から推定される出雲から中国山地を経て近畿へ至る交流ルートは、岩橋孝典が整理した山陰系土器の分布状況ともよく整合しており[註14]、山陰から近畿地方への人的移動は相当な範囲と規模で展開したことが確実視される。安来市塩津山一号墳や岡山市七つ坑一号墳のように、ネットワークの西端に位置する出雲や岡山平野で四隅突出墓や方形貼石墓からの伝統とみられる貼石状の葺石がみられる点は、前述した元稲荷古墳や西求女塚古墳、権現山五一号墳の葺石の系譜を考える上で看過できない（図4）。

五　出雲地域から見た前方後方墳の展開

元来、出雲は古墳時代の各時期を通じて方形原理の古墳が継続的に築かれる地域であり、弥生時代以来の出雲の伝統性や独自性として評価されてきた。しかしながら、近年、そうした図式に見直しを迫る研究成果が地域側の視点から提示されている。すなわち、出雲では、前期に続いて中期にも巨大・大型方墳が最上位層の墓として築かれるが、それらは、他地域で巨大・大型方墳が展開する時期と重複するだけでなく、中期古墳に典型的な造出を備えるとともに、松江市廟所古墳（一辺約六〇メートル）や石屋古墳（一辺約四〇メートル）のように王権中枢部と同一の仕様と言ってよい精巧な埴輪を伴っていることが明確になってきたのである。こうした状況を踏まえて仁木聡は、出雲の中期の巨大・大型方墳を前期のそれからの伝統に基づくものではなく、「倭王権の論理によって導入された墳形」と評価する。[註15]

その後、後期段階（TK一〇三型式期以降）には、前述のように出雲東部で前方後方墳が集中的に築かれる。この点については、列島の他地域では見られない局所的な現象であり、この時期の墳形選択には再び地域的・自律的な意思が働いたとみて間違いない。このように古墳時代を通じて方形原理が卓越する出雲であっても、その内情は複雑で一様ではない。むしろこうした方形原理の多義性のなかに、前方後方墳築造の意味を解く鍵が潜んでいると言えよう。

仁木が指摘するように、中期の巨大・大型方墳は、他地域では巨大・大型前方後円墳の陪塚的な古墳として築かれるケースが多く、その被葬者は王権内の有力者層を輔弼し、従属するような立場にあったものとみられる。古墳時代中期は古墳の政治的階層構成秩序が最も整う段階であり、この段階に至って方形原理に対する円形原理の優位性は揺るぎないものとなる。問題はそうした階層的序列が顕著となる以前の前期のあり方である。

そもそも、古墳が亡き首長の魂が赴く他界の可視的表現であるのであれば、[註16]円形・方形原理の相違は、第一義的には葬送儀礼上の何等かの思想的脈絡の差異を意味したものと考えられる。おそらく、前期古墳の墳形選択では階層的序列よりも、そうした思想的脈絡の方が優先されたのであろう。墳形選択における主体性や自律性が反映される余地がそこにあったものと考えられる。

出雲の前期古墳は、単に方形原理であるだけでなく、前方部を付設しない点で他地域にはない異彩を放つ。埋葬施設に竪穴式石槨を採用し、三角縁神獣鏡に代表される王権との関係を象徴する器物の副葬もみられることから、基本的には王権が主導する古墳祭祀の枠組みには与していたとみられるが、方墳志向の背景としては、やはり弥生時代後期の四隅突出墓や方形貼石墓・台状墓からの方形原理の継承をみる方が妥当であろう。その背景は、東日本の広範囲にひろがる前方後方墳と基本的には同質であり、弥生時代以来の地域的な連合の存続を示すものと考えられる。[註17]

これに対して、近畿地方では前方後円墳の成立とともに円形原理優位へと転換し、その影響は西日本を中心に急速に各地へ浸透する。各地で円形原理主導のもと前方部を付加した古墳が築造されていくなかで、古墳時代開始以降も方形原理に執着する出雲のあり方が、同地域と親密なネットワークを形成していた中国地方東部や近畿西部に直接・間接的に影響を及ぼし、前方後方墳の築造に至った可能性を考えたい。あるいは、前段階に方形原理の弥生墳丘墓を築いていた岡山南部地域では、王権との関わりのなかで前方後円墳を受容する一方で、一部の勢力では、伝統に即して主墳を方形原理で築く場合もあったのだろう。前述のように、都月型の出土をみた前方後方墳については、岡山南部地域との直接的な関係が考慮されよう。

ところで池淵俊一は、出雲東部で前方後方墳が卓越する古墳時代後期に、近畿地方でも高槻市川西古墳群一・二号墳や橿原市新沢千塚八一号墳など、前方後方墳が少数存在することを示した上で、それらの地域に出雲に関連をもつ棺内礫敷木棺や花仙山産碧玉製品などの考古資料、および氏族伝承が存在することを踏まえ、近畿地方の後期前方後方墳の被葬者が出雲と何らかの繋がりを有した可能性を推測する。前期の近畿西部における前方後方墳の背景を理解する上で示唆に富む指摘と言える。(註18)

六　おわりに

ここでは、近年の向日丘陵古墳群の調査成果から提起される問題を足掛かりに、前方後方墳築造の意義について考えてきた。前期の西日本における前方後方墳の築造には、出雲から東部瀬戸内地域、さらには大阪湾沿岸から淀川流域へとつながる広域ネットワークが背景としてあり、それを介して墳丘の方形原理志向が広範囲で共有されたことが当該地域における前方後方墳の築造を促した可能性を考えた。(註19)そのように考えることで、前方後円墳の五塚原古墳に続いて、元稲荷古墳が前方後方墳として築かれた理由が理解できよう。

従来、日本列島の古墳にみる墳形の相違については、カバネや近世の大名制度といった後の時代の政治秩序がアナロジーとして用いられてきた。しかしながら、前述のように、墳形の相違は政治秩序そのものとしてではなく、第一義的には古墳の思想的脈絡に即して捉えるべきと考える。文献資料なしにそれを具体的に読み解くことは困難であるが、敢えて信仰上の脈絡に即したアナロジーで類推するならば、仏教における仏の種別のようなものが想起できよう。本来、狭義の仏は仏陀（如来）のみであるが、信仰対象の拡大により菩薩、明王、天なども広義の仏とされるようになり、それぞれには明確な序列や役割が付与される。仏像はそうした序列や役割にそって群をなして配置されるが、時に一体が単独で個別の本尊として信仰の対象となる場合がある。

こうした一つの信仰のなかで序列をともなった複数の崇拝対象が存在する点は、前方後円墳、前方後方墳、円墳、方墳の構成や展開に一目通じる部分がある。おそらく円形・方形原理の思想的内容も、本来は完全には同義ではなかったのであろう。それが古墳祭祀創出時に、方形原理が円形原理を輔弼するような関係のもとに習合され、その関係が中期に至り古墳築造行為がいっそう政治性を帯びるなかで、明確な主・従の序列へと転換するものと推察する。

いささか論点が多岐にわたることになったが、つまるところ前方後方墳築造の意義を考えることは、古墳築造行為の本質を追究することにほかならない。筆者の力量を超えた難題であり、明確な回答が得られたとは言えないが、今後も検討を続けたい。

（註1）都出比呂志「古墳が造られた時代」『古代史復元』六、古墳時代の王と民衆、講談社、一九八九
（註2）都出比呂志「第三章 古墳時代」『向日市史』上、一九八三
（註3）和田晴吾「向日市五塚原古墳の測量調査より」『王陵の比較研究』京都大学文学部考古学研究室、一九八一
（註4）梅本康広編「五塚原古墳第6次」『長岡京跡ほか』向日市埋蔵

文化財調査報告書一〇二、二〇一五
（註5）梅本康広編『元稲荷古墳』向日市埋蔵文化財調査報告書一〇一、二〇一四、原田昌浩「元稲荷古墳の墳丘復原と築造規格」梅本編同上
（註6）倉林眞砂斗「前方後円墳秩序の素描―吉備中枢との関わりから―」『美作の首長墳―墳丘測量調査報告―』美作地方における前方後円墳秩序の構造的研究Ⅰ、吉備人出版、二〇〇〇
（註7）廣瀬　覚「元稲荷古墳をめぐる地域間交流とその背景」『元稲荷古墳の研究』向日丘陵古墳群調査研究報告二、公益財団法人向日市埋蔵文化財センター、二〇一五
（註8）近藤義郎・春成秀爾「埴輪の起源」『考古学研究』一三―三、一九六七
（註9）廣瀬　覚『古代王権の形成と埴輪生産』同成社、二〇一五
（註10）宇垣匡雅「特殊器台形埴輪に関する若干の考察」『考古学研究』三一―三、一九八四、古市秀治「特殊器台形埴輪の研究」『考古学研究』四三―一、一九九六
（註11）高井健司「一号墳出土埴輪と都月b類」近藤義郎・高井健司編『岡山市七つ坑古墳群』七つ坑古墳群発掘調査団、一九八七
（註12）高井前掲（註11）、宇垣匡雅「特殊器台形埴輪の文様と編年」『考古学研究』四三―四、一九九七
（註13）今津勝紀・新納　泉「瀬戸内海地域」『列島の古代史　ひと・もの・こと』一、古代史の舞台、岩波書店、二〇〇六
（註14）岩橋孝典「山陰から畿内への道（Ⅰ）～弥生時代後期末～古墳時代中期の山陰系土器からのアプローチ～」『古代出雲の多面的交流の研究』島根県古代文化センター、二〇一一
（註15）仁木　聡「巨大方墳の被葬者像」『前方後方墳と東西出雲の成立に関する研究』島根県古代文化センター研究論集一四、二〇一五
（註16）和田晴吾『古墳時代の葬制と他界観』吉川弘文館、二〇一四
（註17）和田晴吾「古墳文化論」『日本史講座』一、東京大学出版会、二〇〇四
（註18）池淵俊一「出雲における中・後期前方後方墳の成立と展開」『前方後方墳と東西出雲の成立に関する研究』島根県古代文化センター研究論集一四、二〇一五
（註19）小論では、東日本の前方後方墳のあり方については、十分な検討をおこなうことはできなかった。この点に関しては、田中　裕「前方後方墳の歴史性」『古墳時代の考古学』三、墳墓構造と葬送祭祀、同成社、二〇一一における総括的な整理を参照されたい。

挿図出典

図1・1・2：前掲（註8）文献、3・4・8・9：前掲（註5）梅本編二〇一四、5～7：前掲（註11）文献
図2・1：前掲（註11）文献、2：春成秀爾ほか「箸墓古墳の再検討」『国立歴史民俗博物館研究報告』三、一九八三、3：前掲（註8）文献、4：前掲（註10）古市一九九六、5・6：前掲（註5）梅本編二〇一四
図3・1：前掲（註5）原田二〇一四、2：前掲（註11）近藤・高井編一九八七、3：近藤義郎「都月坂1号墳」『岡山県史』一八、考古資料編、一九八六
図4・1：梅本康広「元稲荷古墳第6次」『向日市埋蔵文化財調査報告書』八九、二〇一一、2：安田　滋編『西求女塚古墳発掘調査報告書』神戸市教育委員会、二〇〇四、3：勝瀬利栄『塩津山古墳群』建設省松江国道工事事務所・島根県教育委員会、一九九七、4：前掲（註11）近藤・高井編一九八七

乙訓古墳群の竪穴式石槨の特色について

藤井　康隆

一　はじめに

乙訓古墳群における前期古墳の竪穴式石槨の研究は、学史上きわめて重要な位置を占めている。竪穴式石槨の研究は詳細が判明する事例がまとまる山背・摂津・河内を主な基準資料としてきた。なかでも乙訓古墳群は歴代首長墳の系譜が小地域単位までおおむね判明する稀有な例であり、しかも埋葬施設の発掘調査事例が多いため、その変遷を明確に検討しうることで重要視されている。また、乙訓古墳群の前期古墳は同時期のヤマト政権中枢部の大王墓の構造を鋭敏に反映しており、いまだ明らかでない前期ヤマト政権の大王墓の埋葬施設の様相を具体的に代表する事例としても注視される。

竪穴式石槨の分類や系譜に関しては多くの先行研究があるが、石槨下部の構造と横断面形に着目して検討する方法が主流である。事例個別の解釈や位置づけは研究者ごとに差異があるものの、平坦な墓坑底に直接粘土棺床を置くもの、平坦な墓坑底に礫敷あるいは板石敷をした上に粘土棺床を設けるもの、墓坑底の中央部を基台状に掘り残した上に粘土棺床を置くものに大別し、それぞれを詳細な特徴の差異によって細別するという基本的な考え方は共通する。その結果見出された竪穴式石槨型式は、どの地域から生じたかが検討される面はあったが、必ずしも乙訓古墳群の竪穴式石槨の成立・変遷の過程として具体的に系統的把握がなされたわけではない。

乙訓古墳群の中でも、向日丘陵に分布する首長墳系譜の一部である、元稲荷古墳、寺戸大塚古墳では、共通性の高い特徴を有する竪穴式石槨が採用されている。これらの古墳の竪穴式石槨はほかの古墳にも強い影響を及ぼしており、乙訓古墳群の埋葬施設に関して主導的な位置を占める。この乙訓古墳群の主流というべき竪穴式石槨の型式系列を「向日丘陵系列」とよんでいる。「向日丘陵系列」の竪穴式石槨群においては、元稲荷古墳が祖形的な位置を占める。その一方で、埋葬施設が未発掘の古墳もあることを考えれば、元稲荷古墳が真に祖形であるのか、それとも本来の祖形は別にあるのかという課題はなお残る。また、五塚原古墳が墳丘の形状および構造から元稲荷古墳に先行して築造された可能性が高いと理解されるに至っている現在、埋葬施設は未調査であるとはいえ、五塚原古墳を考慮に入れて前期乙訓古墳群の埋葬施設を検討する必要があろう。本稿では、「向日丘陵系列」の成立という課題を念頭に置きながら、乙訓古墳群における前期古墳の竪穴式石槨の特色についてまとめてみたい。

二　元稲荷古墳の竪穴式石槨の特徴

まず、乙訓古墳群中、現状で埋葬施設構造が明らかな事例として最古の古墳である元稲荷古墳から、話題を始めていきたい。元稲荷古墳の竪穴式石槨の特徴をみていこう（図1）。

基底部に、墓坑底の中央部に溝を掘り込んで作り付けた基台がある。基台上の周縁に板石を並べて敷き、その上に設置した棺床粘土の四周に、その肩部に近い高さまで厚く礫が充填されている。この礫層の上面に断面三角形の粘土帯を設置しているが、この粘土帯は墓坑壁まで及ぶものではなく、若干の間隙を空けて棺床粘土の北・東・西の三辺の周縁のみをめぐる。粘土帯のない部分は礫層をさらに充填して粘土帯上面と平坦になるよう高さをそろえており、壁体はこの粘土帯および礫層の上面を構築面としている。竪穴式石槨の壁体壁面は、下半部がほぼ垂直に立ち、上半部を石槨内側に向かって比較的急な傾斜角に持ち送って頂部の四壁間隙を最小限にし、その上部を天井石で蓋う。

以上の特徴は、それぞれ一言でいえば、①墓坑底の形状と棺床粘土下部の造作、②壁体下部構造、③竪穴式石槨の立面形状の三点として要約できる。①に関係する、元稲荷古墳の墓坑底の基台や四周の排水溝は、研究史上においても、乙訓の竪穴式石槨にみられる特色として着目され、幾度も論じられてきた。また、ほかの二点に関しても、竪穴式石槨の基本構造やその機能を追究するうえで代表的な基準事例として重視される点である。いずれも、元稲荷古墳の竪穴式石槨がもつ独特の特徴であると同時に、基本的に向日丘陵の前期古墳群に踏襲されている要素である。これらのポイントは乙訓古墳群の竪穴式石槨の地域性であるが、その一方で、それがそのまま竪穴式石槨研究の基本的視点となっている。このことは、乙訓古墳群が竪穴式石槨研究においていかに重要な位置を占めてきたかをよく表している。

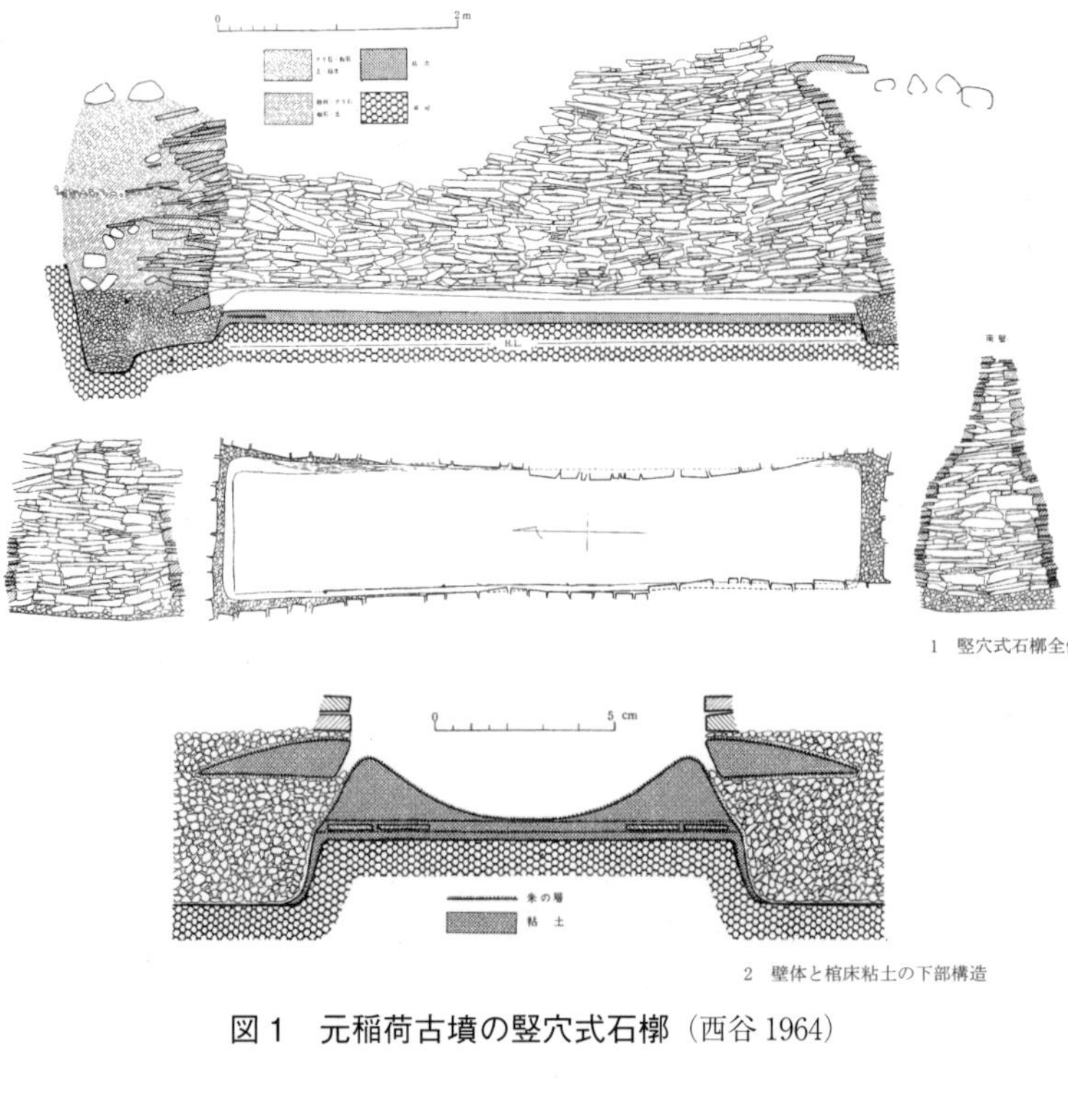

1　竪穴式石槨全体図

2　壁体と棺床粘土の下部構造

図1　元稲荷古墳の竪穴式石槨（西谷1964）

三　乙訓古墳群における元稲荷古墳石槨との関連性

つぎに、元稲荷古墳から見出した竪穴式石槨構造の特徴を乙訓古墳群全体で見渡し、古墳相互の関連性を追ってみることにしよう（図2～図5）。

（一）墓坑底の形状と棺床粘土下部の造作

すでに述べたとおり、乙訓古墳群の竪穴式石槨は、墓坑底四周に排水溝がめぐることが特徴である。墓坑底四周の排水溝は元稲荷古墳、寺戸大塚古墳後円部、長法寺南原古墳、鳥居前古墳に確認できるほか、竪穴式石槨ではない妙見山古墳前方部の粘土槨の下部構造にもみとめられる（図10）。他方、この特徴については、研究史上いわゆる「基台式」の基底部構造とみるか墓坑底四周の排水溝であるとみるか躊躇されてきた点でもあり、墓坑底の形状と密接に関係して論じられるべき点である。

近年の発掘調査の成果により、乙訓古墳群における前期古墳のうち、向日丘陵系譜[註1]の築造順序は、五塚原古墳→元稲荷古墳→寺戸大塚古墳→妙見山古墳であり、他系譜ではあるが築造時期としては境野一号墳、長法寺南原古墳が妙見山に後続することがほぼ明らかとなっている。元稲荷古墳の竪穴式石槨において墓坑底四周の排水溝と基台がともに確認でき、続く寺戸大塚古墳後円部では基台はないが、墓坑底四周の排水溝は明瞭に継承されている。長法寺南原古墳、鳥居前古墳ではその棺床粘土下の墓坑底は周縁よりも中央が高くなってはいるが、棺床粘土よりも幅が広く、基台ではなく平坦な墓坑底とみるべき状況であるし、周囲の溝部は時期を逐って次第に幅が広くなっていることを考慮すれば、やはりこれらの墓坑底は狭義の「基台」ではなく墓坑底四周に排水溝がめぐるとみなすのがふさわしい。そう考えると、乙訓古墳群の竪穴式石槨構造における基底部の「基台」は、元稲荷古墳では存在するが、寺戸大塚古墳後円部の段階以降は消失した構造ということで整理できる。

また、棺床粘土直下に板石を敷く点や、棺床粘土設置面を境として棺床周囲に上下二層に厚く小礫を充填する点も、乙訓古墳群の竪穴式石槨における共通性である。棺床下部および周囲の礫充填は乙訓古墳群、なかでも向日丘陵系列の竪穴式石槨に共有される特徴である。板石敷きは、敷き方にやや差異はあるものの、元稲荷古墳・寺戸大塚古墳後円部・長法寺南原古墳で共通する。他地域では椿井大塚山古墳、浦間茶臼山古墳などにもみられる。

（二）壁体下部構造

墓坑底構造と関連して、次に注目するのが壁体下部構造と壁体の構築基底面の位置についてである。棺床下部および周囲に充填された小礫層は、壁体基底石の下部および墓坑壁にまで及んでおり、壁体下部構造の一部をなしていることは容易に看取することができる。すなわち充填小礫層は、排水施設の整備にともなう部分と壁体下部構造としての部分の両方を包括しており、これを一概に排水性を目的とした設備とみて竪穴式石槨を検討してきた従来の研究視点は見直す必要があろう。[註2]

従来、竪穴式石槨の下部構造は防排湿性が主な機能で、それにもとづいて構造が変化・変遷したとみなす考え方が一般的であった。確かに、不透水性が高い粘土を多用する、粘土の下部には往々にして小礫充填層が設けられるといった点は、竪穴式石槨の密閉性・封鎖性と相俟って、われわれに防水・排水という機能をおもわせる。竪穴式石槨の墓坑底に排水施設と考えられる溝や傾斜面をもつ例も少なくないため、下部構造の主要な機能のひとつとして防排湿性を想定すること自体は妥当である。しかし防排湿施設の変遷に明瞭な技術の変化・刷新の法則的な過程が見出せるわけではない。同様に、棺床粘土直下の板石や礫敷、あるいは壁体下部の小礫充填層も防排湿専用の施設と限定できるわけでないことも考えれば、防排湿性が石槨下部構造の差異や変遷を左右する最大要因であったとは断じえない。むしろ、竪穴式石槨もまた人工の構造物であるから、その下部構造には、壁体と天井石からなる上部の構造物を支持しうる耐力を備えた基礎の機能が期待されたことを考慮すべきである。石槨下部の異様に厚い充填小礫層は、たんに排水のみが目的とは考えにくく、現代工法でもみられるように、不等沈下を防止する機能を備えていたであろう。[註3] そう考えるならば、石槨下部構造の差異には基礎構造技術の系統差が反映されている可能性が高く、地域色の大きな指標となる。

　元稲荷古墳の竪穴式石槨の下部構造の場合において、特異な粘土帯が小礫充填層の上部、しかも壁体石材の直下のみに設置されていた。この粘土帯の役割もまた、やはり壁体基底を支持することであったと考えられる。不等沈下防止のために小礫を充填したとはいえ、その小礫層の密度は必ずしも均一ではない。しかも、壁体上半部を強く持ち送り内傾させることが当初から計画されていたとすれば、なおさら壁体直下の部分にかかる荷重は著しく重かったであろうから、この部分の小礫層が不等沈下を起こす可能性は非常に高い。その対策として、この壁体が乗る部分に粘土帯を設置することで、粘土の可塑性と反力に荷重を吸収させ小礫層の沈み込みを防ぐ

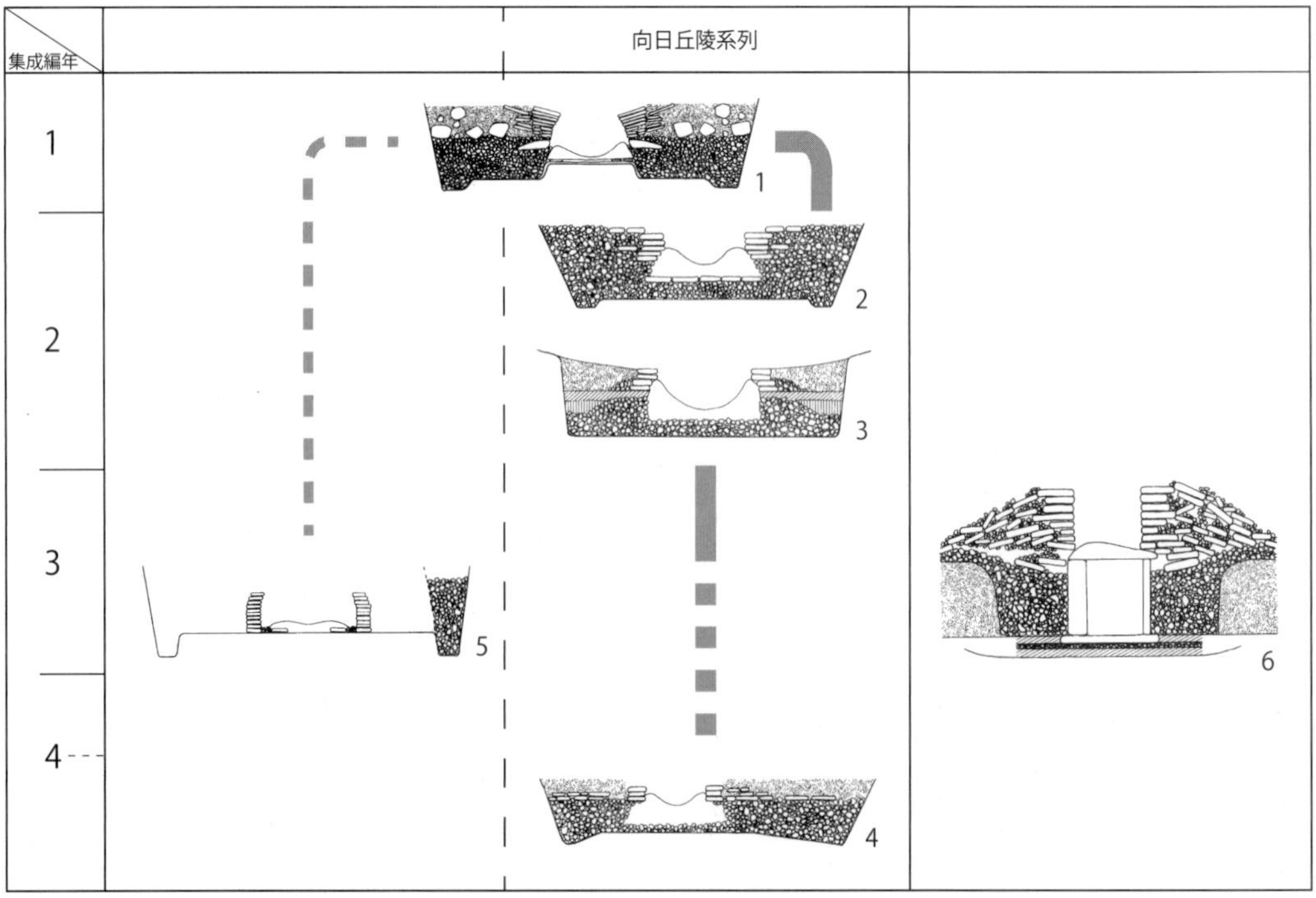

図２　乙訓古墳群の竪穴式石槨の下部構造とその系譜（藤井 2014）

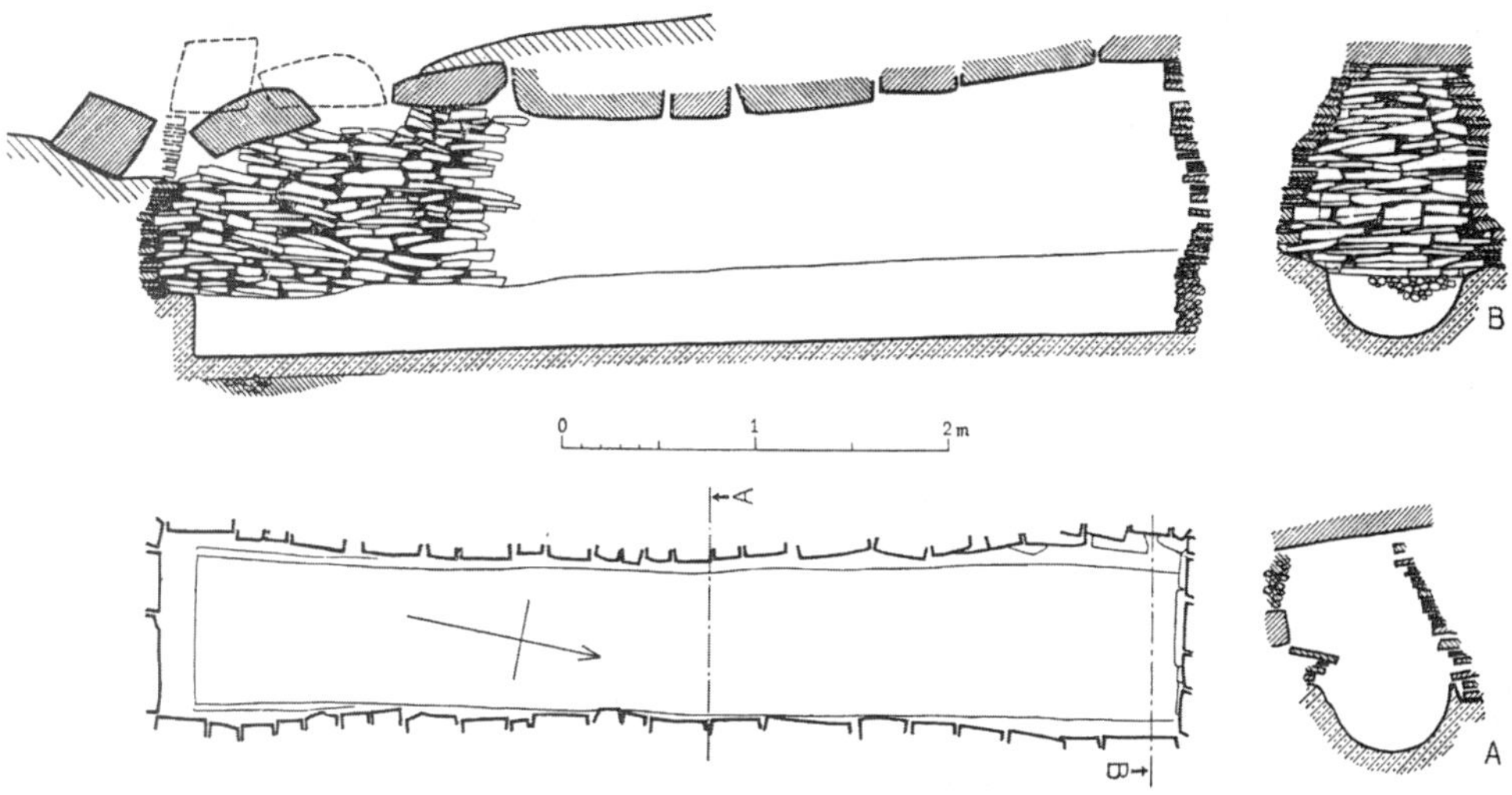

1　竪穴式石槨全体図

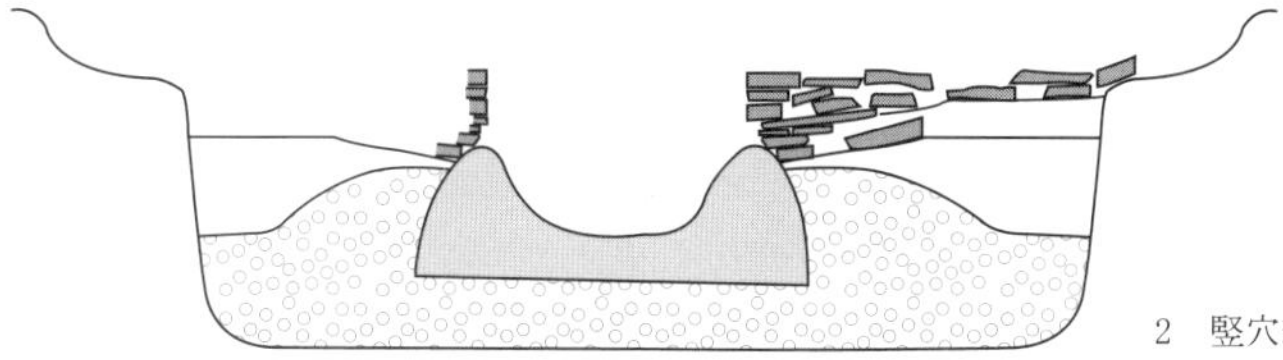

2　竪穴式石槨下部構造模式図

図３　寺戸大塚古墳の前方部竪穴式石槨（梅原 1955 ほか）

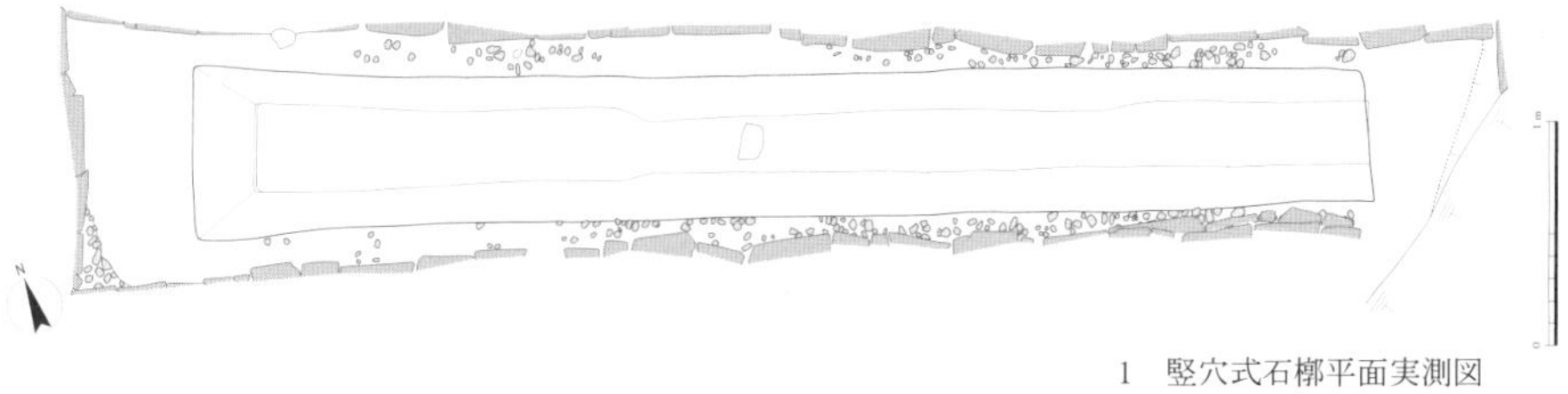

1　竪穴式石槨平面実測図

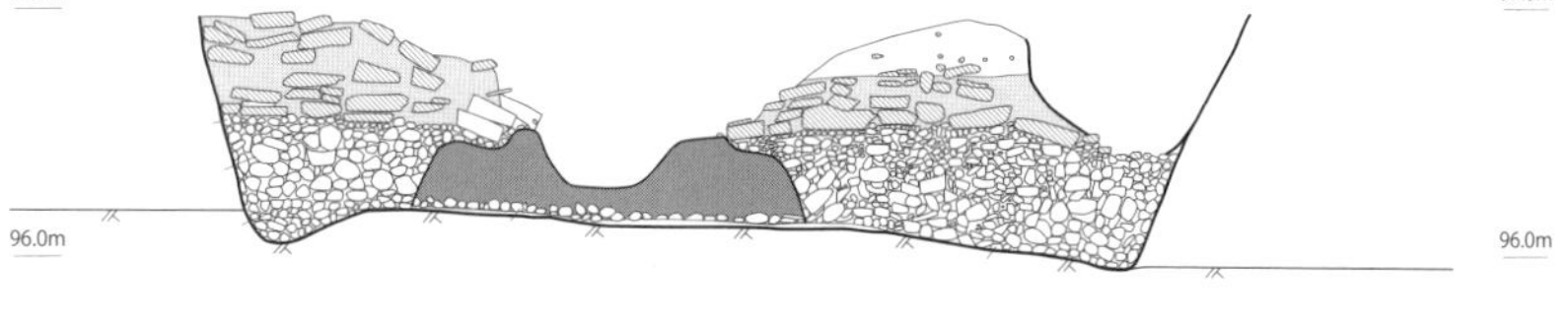

2　竪穴式石槨下部構造実測図

図４　鳥居前古墳の竪穴式石槨

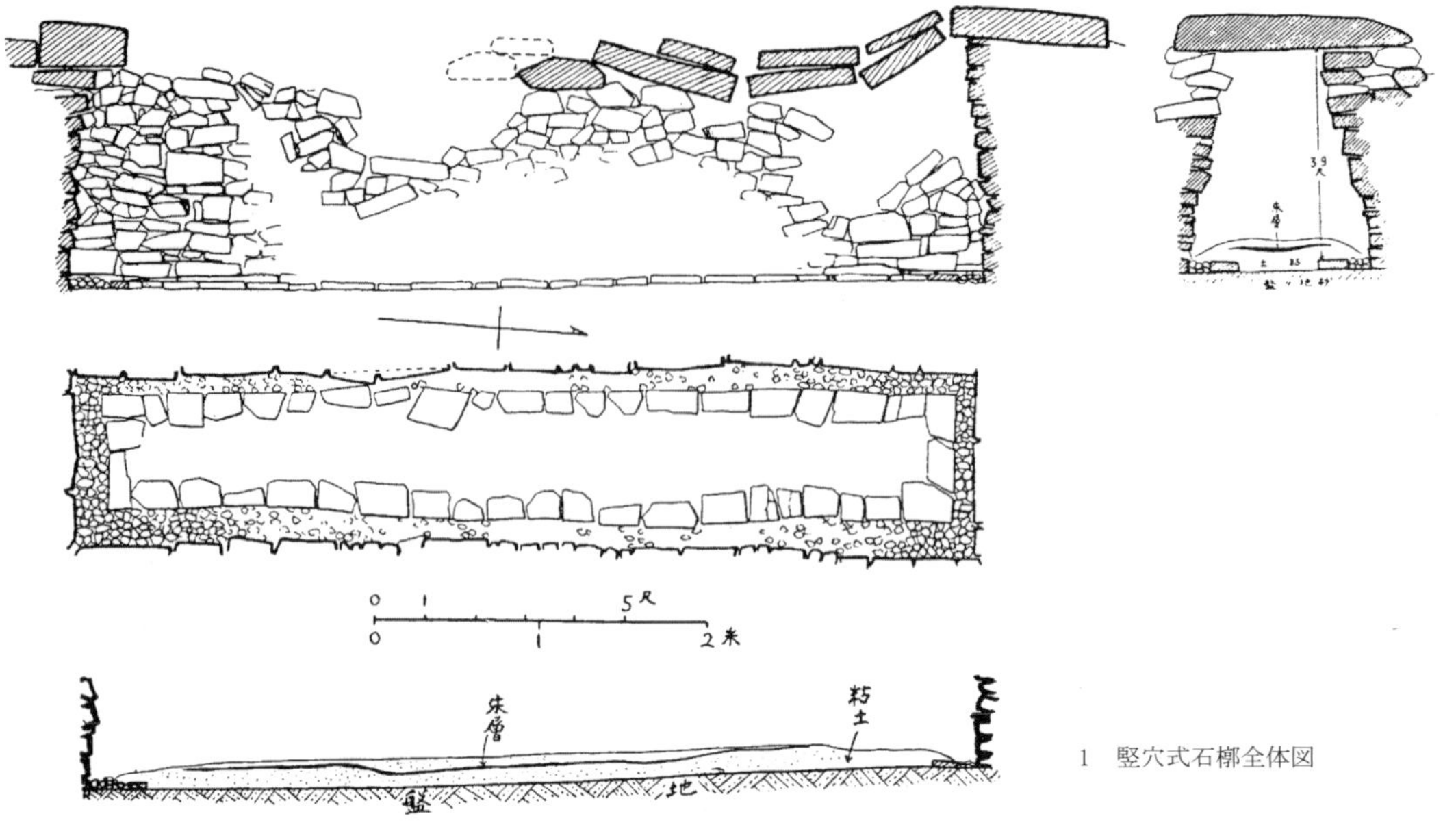

1　竪穴式石槨全体図

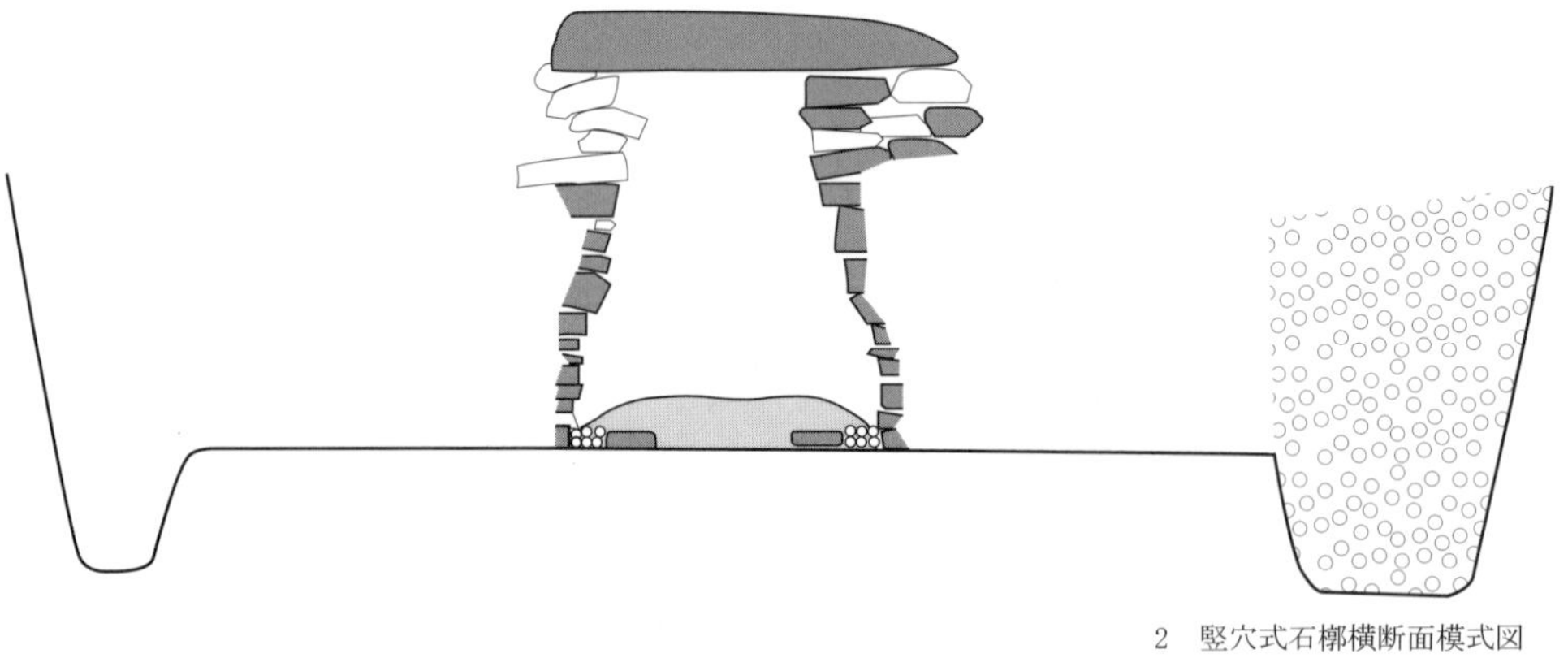

2　竪穴式石槨横断面模式図

図5　長法寺南原古墳の竪穴式石槨（梅原1937ほか）

効果を期待したものであろう。

壁体構築基底面に注目すると、粘土棺床肩部の高さに粘質土層を設けそこを壁体基底面とする元稲荷古墳・寺戸大塚古墳前方部・鳥居前古墳と、より位置の低い粘土棺床設置面を壁体基底面とする寺戸大塚古墳後円部・長法寺南原古墳との二つに分かれる。前者は壁体直下に粘土帯を設置する元稲荷古墳の壁体槨下部構造を直接的に継承したものとみることができる。また後者は、壁体基底部の位置は低く、かつその基底面は棺床粘土の裾部分である点で元稲荷古墳と若干差異があるものの、棺床粘土下に板石を敷く点では元稲荷古墳と共通する。むしろ、壁体基底部の構造において前者のように工程上あらためて粘土帯を設置せず、棺床粘土の裾部を利用するという手法を用いて、元稲荷古墳の壁体下部構造を継承したと考えるのが妥当である。

先述の墓坑底構造も合わせて考

えると、元稲荷古墳の石槨下部構造から「基台」を消去した形態は寺戸大塚古墳後円部と類似し、同じく元稲荷古墳の石槨下部構造の「基台」面で四周の排水溝を残して墓坑底を平坦にすれば、長法寺南原古墳とやはり類似した形態となる。したがって、前期乙訓古墳群の竪穴式石槨構造の特徴的要素は元稲荷古墳の竪穴式石槨に帰結する。すなわち、乙訓古墳群の竪穴式石槨の基本構造は、元稲荷古墳を直接的な祖型とすることをあらためて確認できる。なかでも、石槨構造の全体的な比較としては、「向日丘陵系列」には元稲荷古墳の竪穴式石槨の構造が強く影響し、一つの系統として把握できるものである。

ところで、元稲荷古墳の壁体構築面の粘土帯は、南小口には存在せず、東・西・北の三辺しかめぐっていない。これは南小口のみ、ほかの三辺とは壁体の構築段階が異なっていたためではないかと予見する。もちろん、壁体構築は四辺とも同じ工程でおこなわれ、たんに南小口のみ粘土帯を設置しなかったという可能性もある。しかしそれでは粘土帯を南小口のみ省くことの積極的な意図が説明できないし、何よりその省略がかえって南小口のみ壁体構築の手順をひとつなくすことになり、四辺を同じ工程で施工しようとしたという仮定と矛盾することになる。したがって、南小口に粘土帯がめぐらないことは、計画的に異なる壁体構築の工程がおこなわれたことを示すとみるべきである。これと関連する可能性のある所見として、寺戸大塚古墳前方部竪穴式石槨の小口壁体の施工状況が挙げられる（図6）。南小口には棺床粘土が小口面側に粘土が厚く立ち上げられ、壁体構築面を形成する粘土層と一連となっており、南小口下半部が完全に封鎖したような体をなしている。それに対して北小口では、棺床粘土が小口面側に立ち上がらずに壁体下の小礫層の中にもぐりこみ、小礫層が石槨内に崩れ込まないよう、その表面を抑える程度に粘土で薄く塗り込められているにすぎない。したがって壁体構築面の粘土層は少なくとも小礫層が安定した後にしか設置できないため、北小口の壁体構築も当然、南小口の壁体構築とは工程に差異が生じていたこととなる。こうした壁体構築段階の「ズレ」が具体的にどのような工程の差異や背景を反映したものであるかは、別途詳細に論究すべき課題である。ここでは、石槨構築中のある段階まで片側の小口が一種の開放状態にあった可能性を指摘するにとどめたい。たとえば木棺安置・副葬品配置や中間儀礼の段階、あるいは竪穴式石槨の墓坑に付随する「墓道」など、片側の小口壁の構築段階にある程度の柔軟性を必要とする行為・構造があったために、それに対応して特殊な壁体構築工程を生じたのではないだろうか。同様の特徴が、乙訓古墳群において元稲荷古墳に後続する時期に築造された首長墳である寺戸大塚古墳の前方部竪穴式石槨でも確認されたことはきわめて興味深い。壁体の板石がより安定する面があり荷重をよく吸収する構造として、新たな類似の施工法が考案されたと考える。同時にこのことは、前項で述べた元稲荷古墳と寺戸大塚古墳の竪穴式石槨構造の技術的系譜性をより明確に示す事柄といえよう。

（三）竪穴式石槨の立面形状

元稲荷古墳の竪穴式石槨は、両側壁、両小口壁のいずれも下半をほぼ垂直にし、上半を急に内傾して持ち送る形態であったことが、原報告の写真および報文から読み取れる。[註4] 原報告は結論として、調査所見にもとづき石槨の縦断立面復元図を家形の形状として提示している（図7）。実は従来、この石槨は合掌形の横断面形態の竪穴式石槨の代表事例として取り扱われることが多かった。ところが、原報告によれば、石槨に関する報文の冒頭で「合掌造りの形」と表現しつつ、盗掘による破壊を受けて、東側壁の南半と西側壁の南端、および南小口壁しか壁体の原状を留めていないこと、東西両側壁が土圧に押されて石室内にせり出していることを述べる。しかも調査時には石槨の北西四分の一の壁体を完全に取り払って石槨構築手法の把握に供したという。この第一次調査の記録写真を確認しながら、こうした原報告の記述をたどっていくと、壁体が基底から急角度に内傾して合掌形を呈する横断面形態は石槨の原状ではないことが判明する。これまでしばしば引用された竪穴式石槨の横断面は、発掘

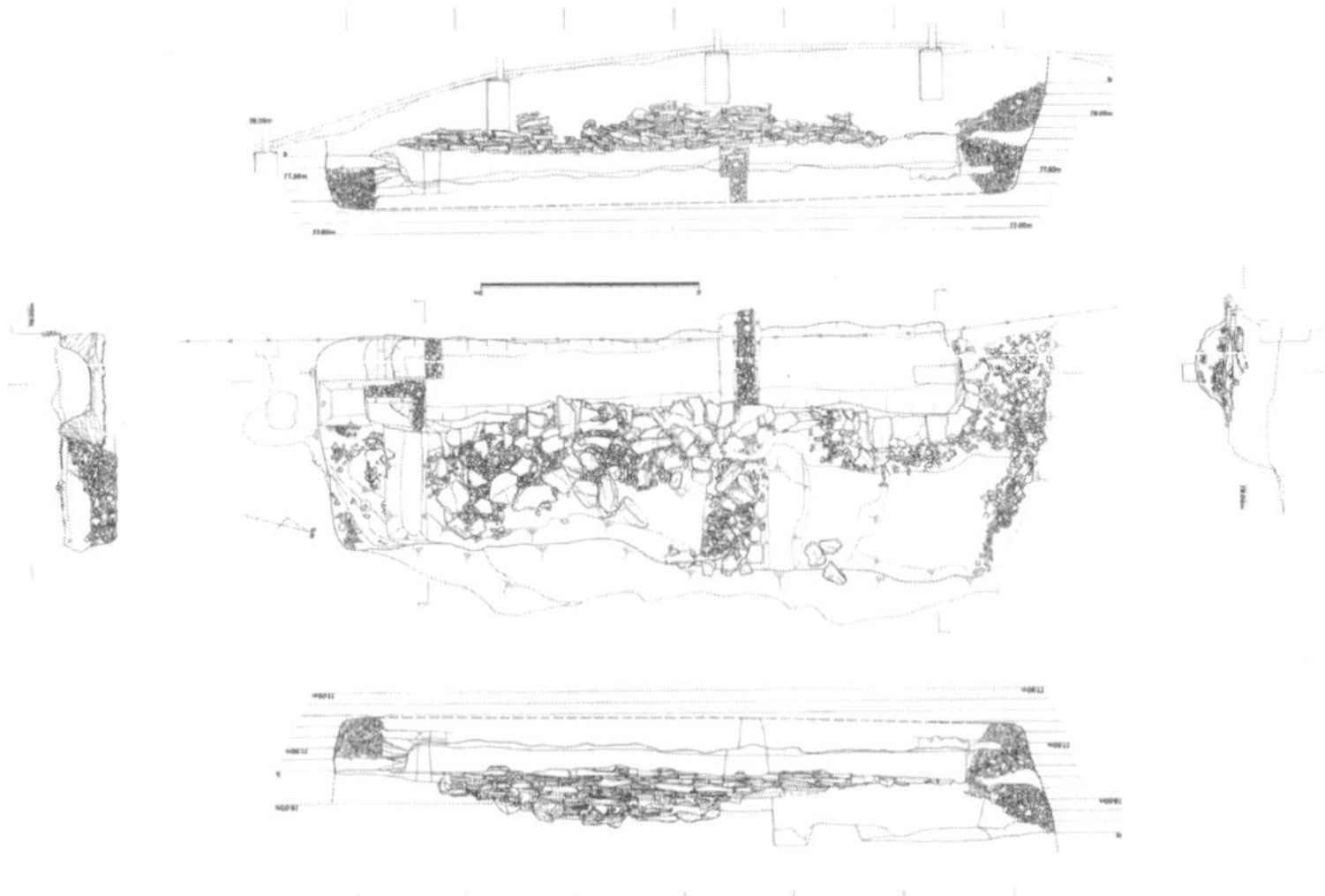

1　竪穴式石槨全体図

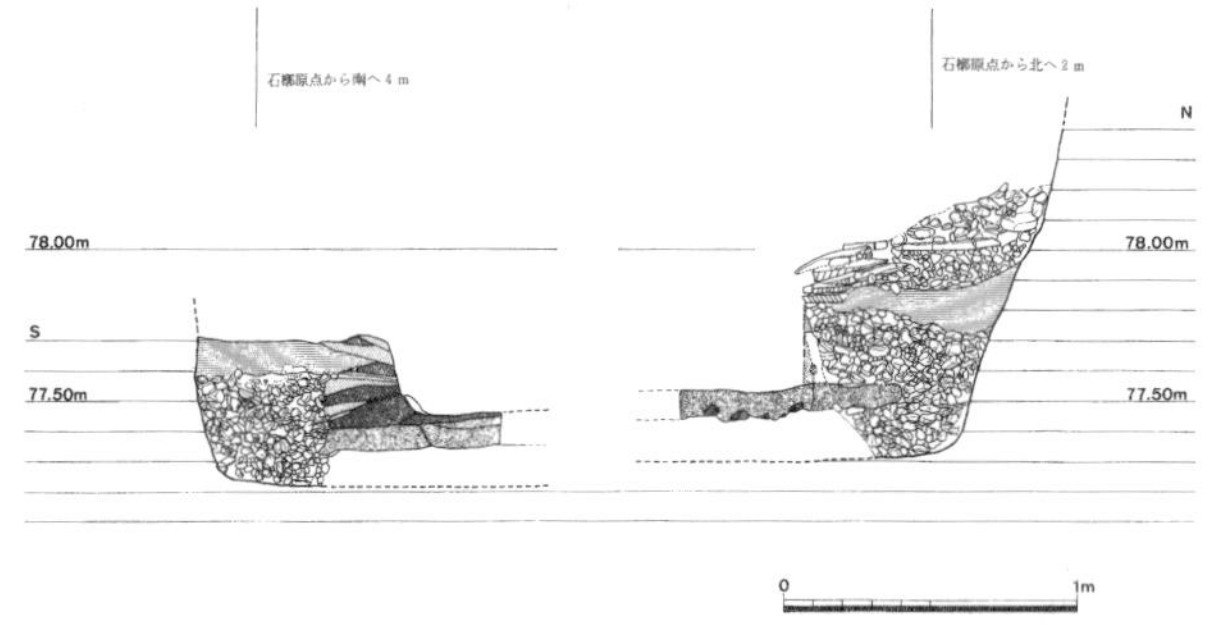

2　竪穴式石槨両小口部の縦断面実測図

図６　寺戸大塚古墳の前方部竪穴式石槨下部構造実測図（梅本編 1999）

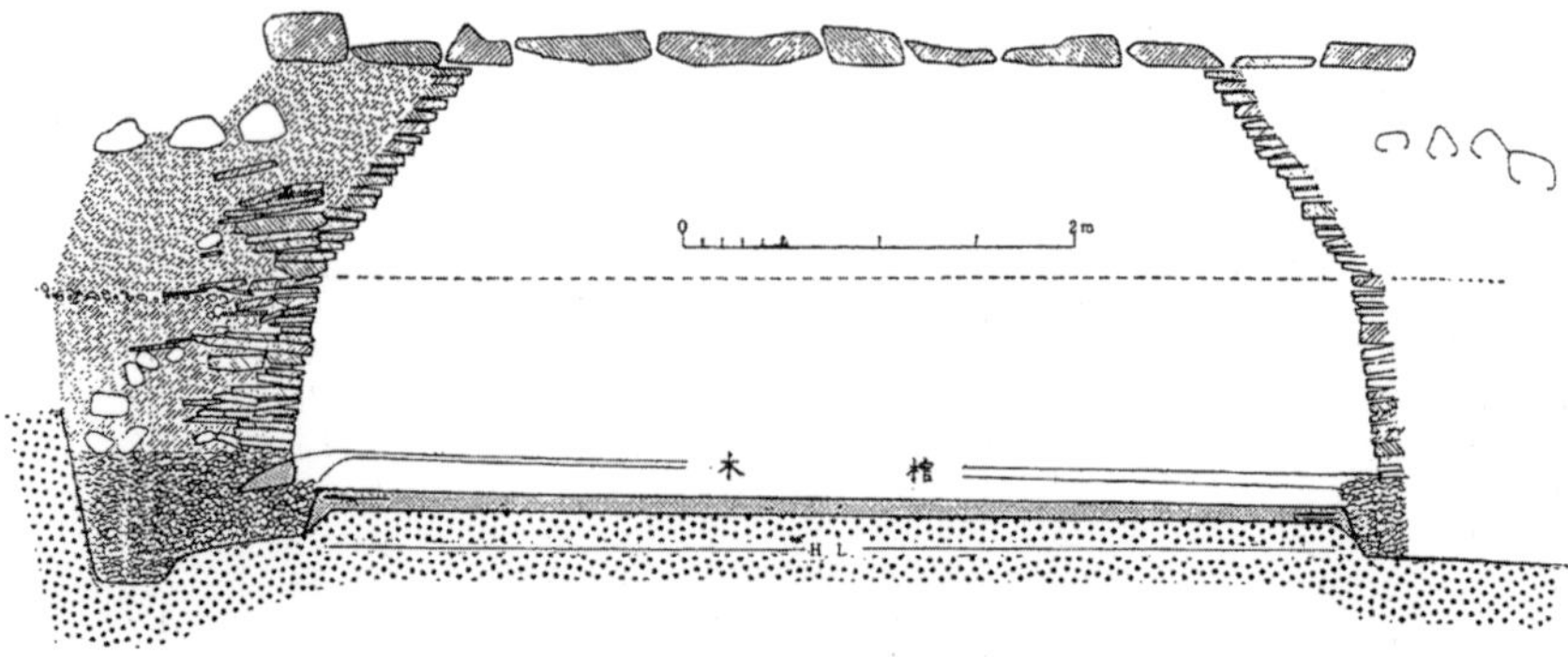

図７　元稲荷古墳の竪穴式石槨の縦断復元立面形（西谷 1964）

調査時における遺構の検出状態を図化したものとおもわれる。原報告でも、結論的に「石室の横断面の本來の形は、長三角形というよりも、實は家形とも見られる形にちかい。」と報じているため、「合掌造り」とはあくまで石槨の壁体上半部の形状を表現したと考えられる。われわれが元稲荷古墳の竪穴式石槨を横断面合掌形の石槨とみなしてきた原因は、原報告に掲載された横断面図と、報文中にしばしば現れる「合掌造り」の語に惑わされたためといってよい。今後は、まさしく寄棟家形の立体形状を呈する竪穴式石槨として、認識を改める必要がある（図8）。

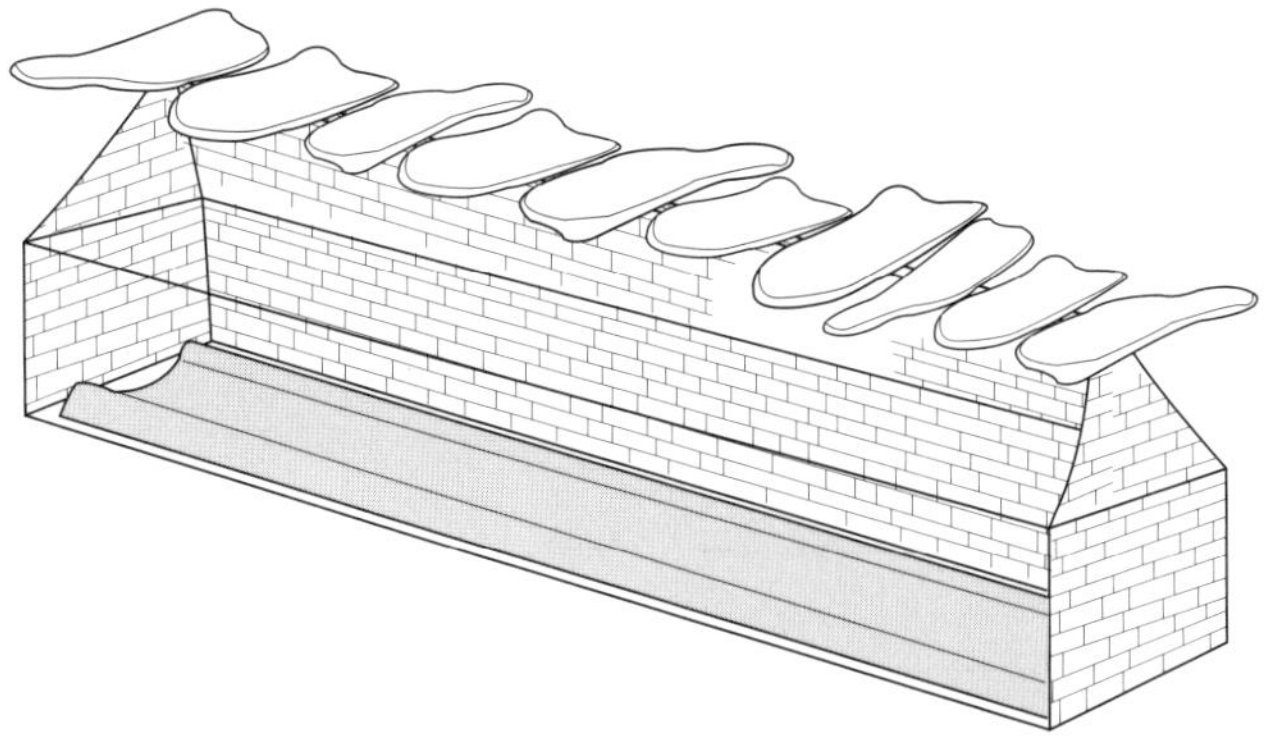

図８　元稲荷古墳の竪穴式石槨の「家形」のイメージ（藤井 2014）

　乙訓古墳群においてこうした壁体上部を持ち送る家形の竪穴式石槨は、元稲荷古墳ほど持ち送りが顕著ではないものの、寺戸大塚古墳前方部竪穴式石槨がいちおう挙げられる。それ以外には積極的に確認することができず、むしろその類例をみとめるのは、おもに大和盆地東南部の主要な前期古墳である。たとえば奈良県天理市・中山大塚古墳（図9-1）、黒塚古墳（図9-2）、下池山古墳、奈良県大和郡山市・小泉大塚古墳などがその代表的な例である。中山大塚古墳では四隅が丸くなる形状や壁体の急な持ち送りがよく確認できる。また黒塚古墳では四壁とも、直立する壁体下半が塊石積み、

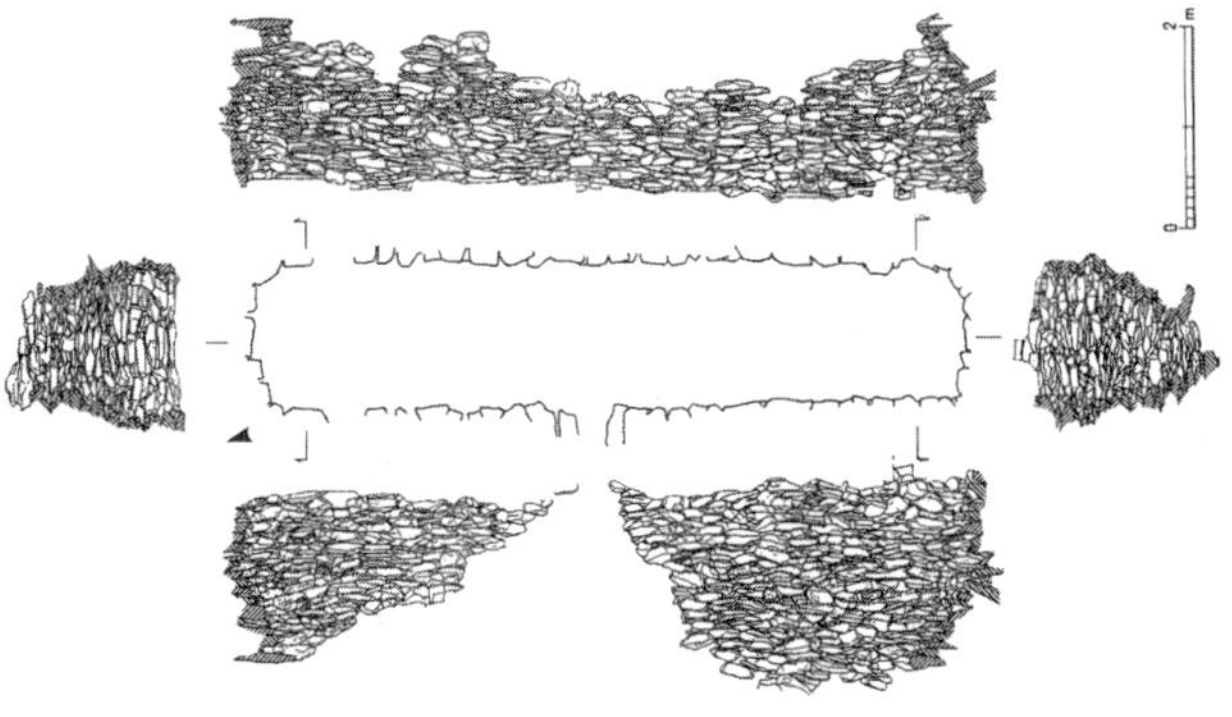

1　中山大塚古墳

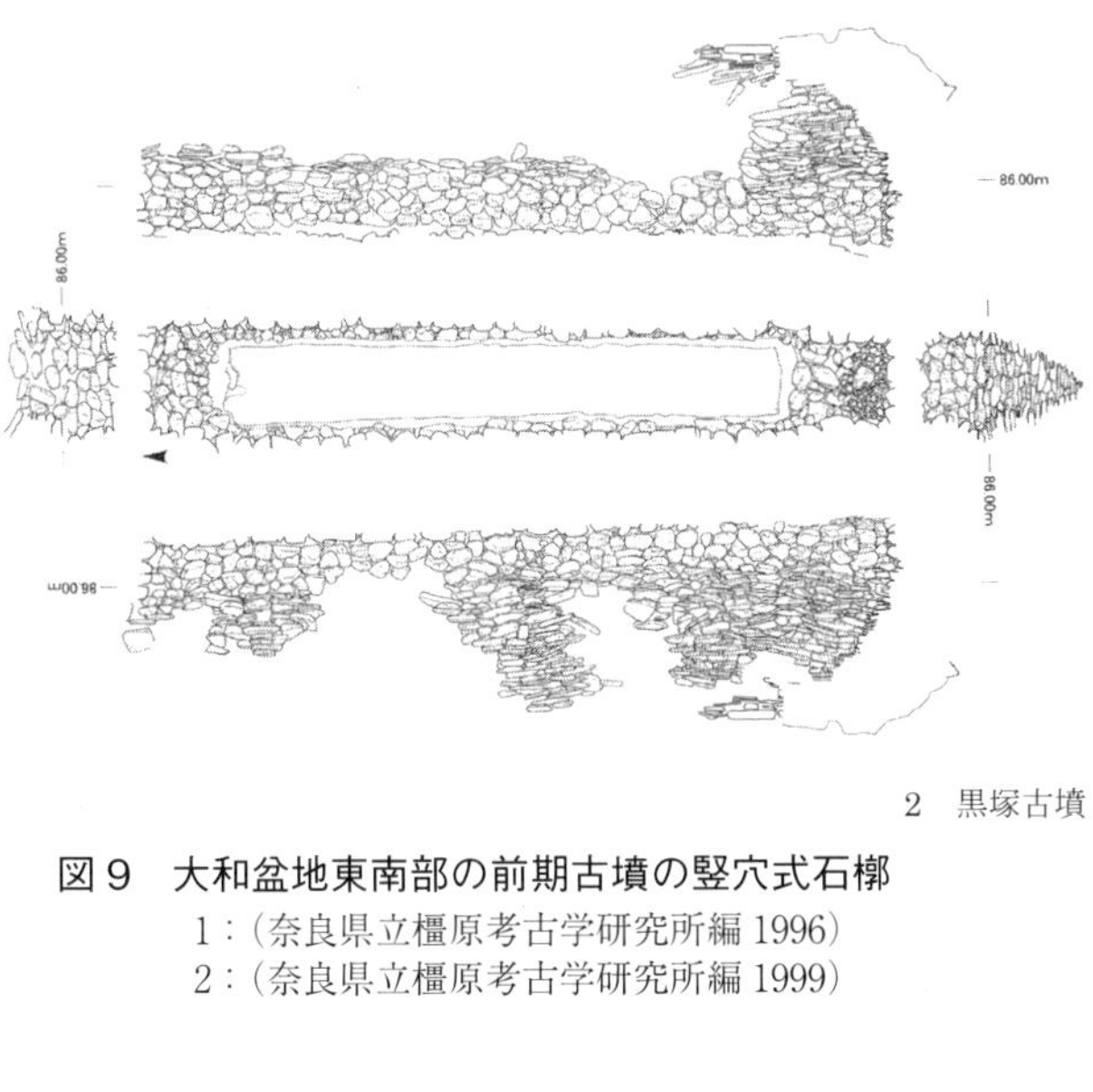

2　黒塚古墳

図９　大和盆地東南部の前期古墳の竪穴式石槨
1：（奈良県立橿原考古学研究所編 1996）
2：（奈良県立橿原考古学研究所編 1999）

急に持ち送る壁体上半が板石積みで、異なる石材によって壁体の構築工程がわけられていることが明らかである。いずれも石槨形態の原状を知りうる好事例といえる。すなわち類例の知られる状況から判断するに、元稲荷古墳の竪穴式石槨の形態は、大和の王権中枢部の前期前半の首長墳と深く関係するものと考えてよい。乙訓古墳群におけるほかの古墳の竪穴式石槨は、寺戸大塚古墳後円部は壁体がやや持ち送る程度でほぼ直立する直方体に近い形状である。寺戸大塚古墳の築造時期や、その墳丘形態の平面企画がメスリ山古墳と同類型と考えられることからすれば、直立する壁体をもつ直方体の竪穴式石槨は、桜井茶臼山古墳やメスリ山古墳のような直立する壁体が大和東南部よりもたらされたものであろう。また長法寺南原古墳では両側辺の壁体上半部を持ち送るが小口の壁体はほぼ直立し、切妻屋根状の家形を呈する。

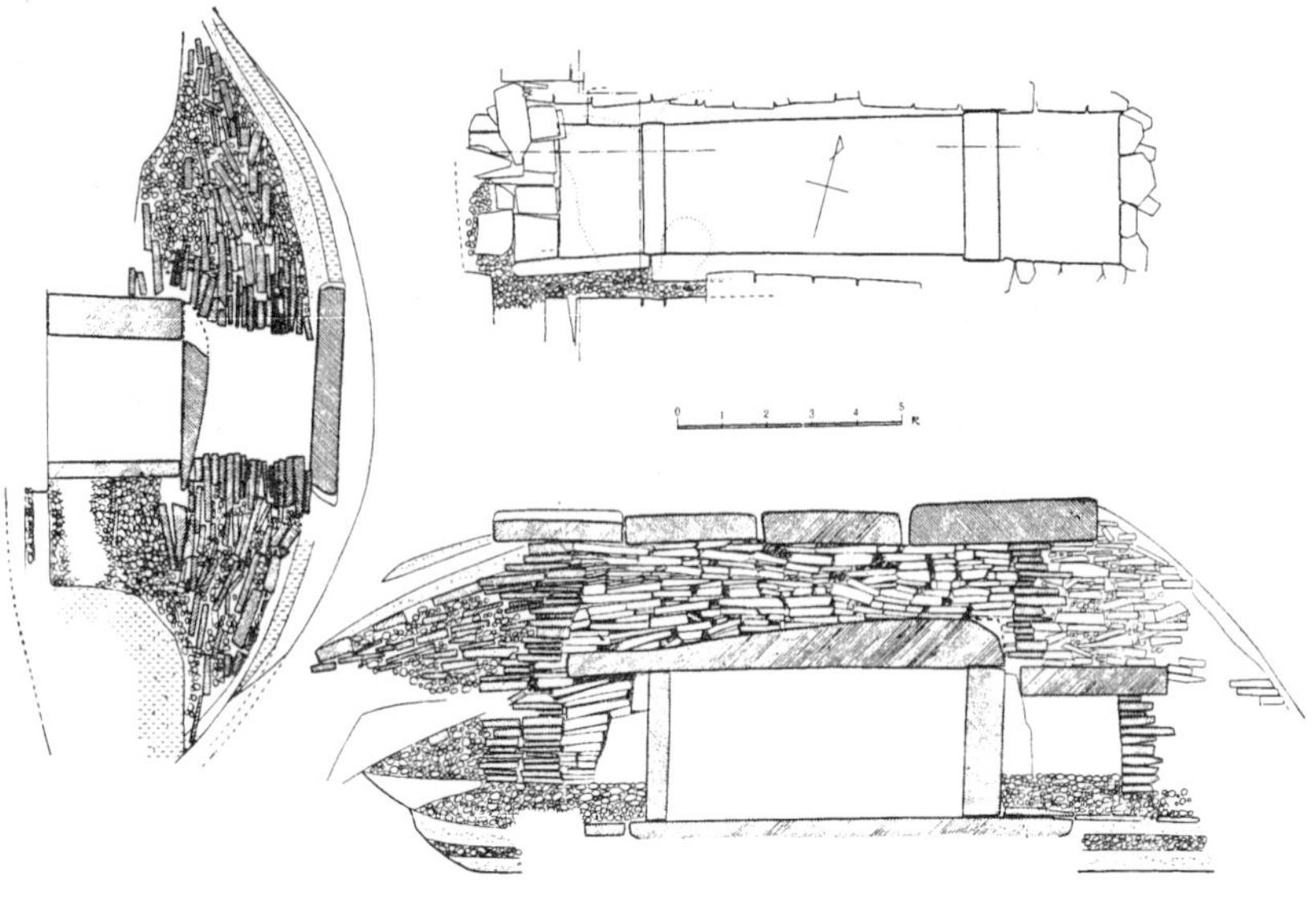

1　後円部の竪穴式石槨

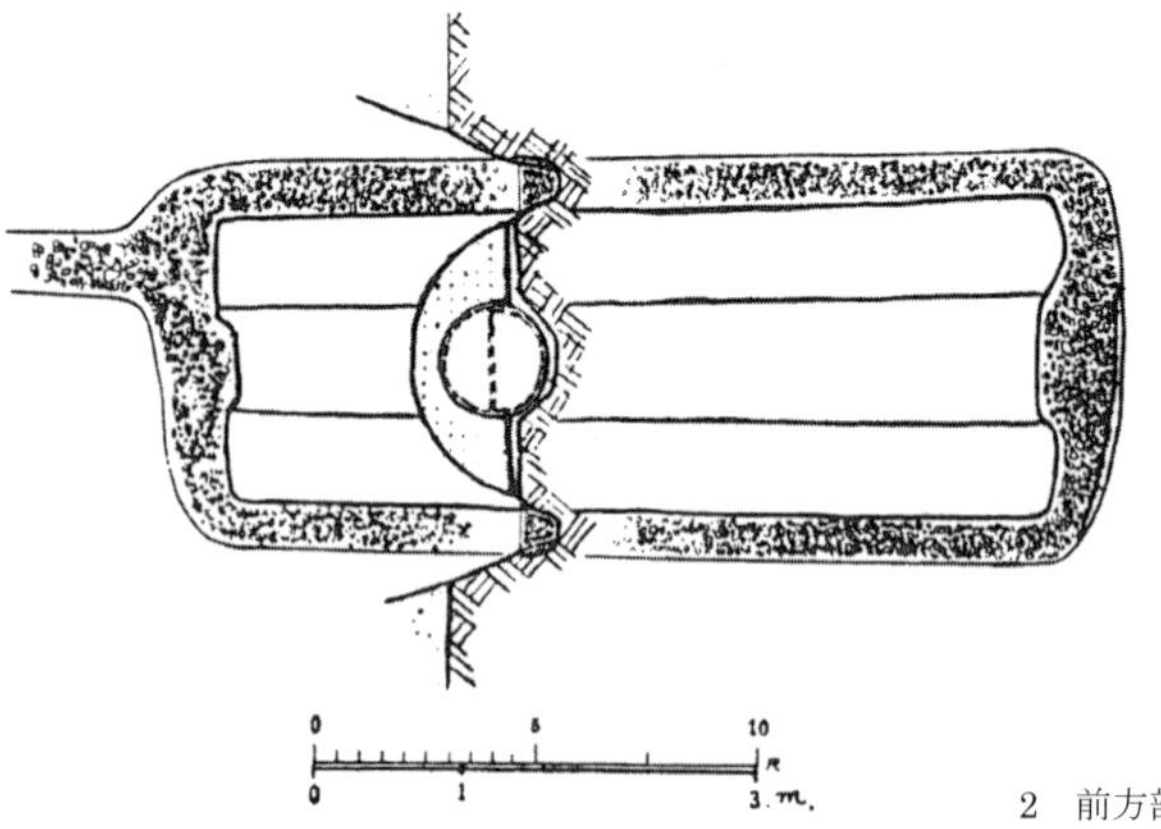

2　前方部の粘土槨

図10　妙見山古墳の埋葬施設（梅原 1955）

　なお、妙見山古墳では、石槨内部に組合せ式石棺を設置し、墓坑底からその棺身高ほどまでの下半部と、棺蓋高ほどから石槨上端部までの上半部という一見して二階建て風の特異な形状と構造の竪穴式石槨を採用する（図10）。多量の小礫と板石小口積みによるほぼ直立する壁体を構築し、直方体の形状を呈する竪穴式石槨であり、大和盆地北部の佐紀陵山古墳の竪穴式石槨と類似性が強い。また、妙見山古墳の竪穴式石槨では、墓坑下部に石棺身上端ほどの高さの段があり、これはメスリ山古墳に類似の構造がみとめられる。同様に墓坑に段があり、その段と石棺身の間を小礫で充填する下部構造という特徴に関しては、寺戸大塚古墳前方部の竪穴式石槨と共通性が強い。妙見山古墳前方部の埋葬施設も、粘土槨ながら、墓坑底四周の排水溝を備え、下部構造が寺戸大塚古墳前方部と共通する。これらの特徴からみて、妙見山古墳の埋葬施設はいずれも寺戸大塚古墳とつながる向日丘陵系列の上に位置づけてよい。

このように、乙訓古墳群における竪穴式石槨の立面形状は、古墳群内部での継続性は比較的希薄で、むしろ首長墳ごとにほぼ同時期の大和盆地の大王墓や有力首長墳と共通する竪穴式石槨を採用しているようである。乙訓古墳群の竪穴式石槨の形状に関して、壁体が棺蓋上方に高く構築され、棺蓋より上の石槨内上部空間が広く取られていることが指摘されており、大和盆地東南部の竪穴式石槨にも同様の地域的特色があるという(註5)。石槨内空間の広さ・高さは竪穴式石槨の形状に強く影響する条件であることを考慮すれば、筆者が上で述べた乙訓古墳群と大和盆地東南部との間での竪穴式石槨の形状の共通性は、この石槨内空間構成と一連でもたらされたと考えられ、乙訓古墳群の竪穴式石槨の特色として重要な知見である。

四　乙訓古墳群の竪穴式石槨成立の端緒

乙訓古墳群の竪穴式石槨は、従来指摘されてきたとおり、古墳群内部に強い系譜性を有していることがあらためて確認できた。また、大和盆地東南部をはじめとする外部地域との技術・形態上の関連性がある。竪穴式石槨にみられるそれらの系譜性や関係性を遡れば、現状では元稲荷古墳の竪穴式石槨に帰結することも再度確認された。そこで、冒頭に筆者自らが問うたように、乙訓古墳群の竪穴式石槨はどのように成立したのか、その真の祖形が元稲荷古墳であるのかどうかが、やはり大きな課題であろう。

注目したいのは、元稲荷古墳の竪穴式石槨でみられた墓坑底の基台と四周の排水溝である。この乙訓古墳群に独特の構造的特徴はどのようにして現れたのであろうか。その構造を生じうる原形を考えたとき思い当たるのが、黒塚古墳の竪穴式石槨のように墓坑底面中央部になだらかな高まりを設ける事例である。なだらかな弧状の高まりを積極的に墓坑底に造作すれば、それは粘土棺床設置面として明瞭な基台となりうるうえ、当然墓坑底の周縁は棺設置部分よりも低くなり、排水溝として整備される。家形を呈する立面形状や棺上空間の高さといった特色もまた黒塚古墳など大和盆地東南部の有力首長墳と共通することから考えても、墓坑底の基台と四周の排水溝を含めた特徴的要素の淵源は、大和盆地東南部にあると考えて大過ないであろう。基台は、元稲荷古墳の後はあっさり消失していることからすれば、乙訓地域において地域性として定着しえなかった要素である。ならば墓坑底の基台は元稲荷古墳において確立した構造として存在したのではなく、乙訓古墳群の竪穴式石槨にとってあくまで試行的なものであったと考えてもよかろう。

確かに乙訓古墳群において元稲荷古墳の竪穴式石槨の特徴は、直接的にせよ間接的にせよ、以降の古墳の竪穴式石槨に継承されており、現状ではすべての祖形に位置づけられることは間違いない。しかしながら、どうしても疑問が残るのは、その意味で元稲荷古墳の竪穴式石槨構造はあまりに完成度が高いこと、それにもかかわらず元稲荷古墳で発現した特徴でその後に定着しない要素がある、ということである。つまり、元稲荷古墳においてこのような地域的標準となる竪穴式石槨が成立したことに唐突感があり、その完成度の高さのわりに、次代以降の首長墳に一部の要素がまったく踏襲されないという不安定さがあり、そのことが元稲荷古墳を乙訓古墳群の竪穴式石槨の祖形と位置づけてよいのかどうか躊躇させるのである。

そこで乙訓古墳群の形成初期の様相を左右するのが、元稲荷古墳に先行し乙訓古墳群最初の首長墳に位置づけられる五塚原古墳である。未発掘調査であるその埋葬施設は、元稲荷古墳の竪穴式石槨と何らかの関連性があると推測するのが妥当である。たとえば五塚原古墳の埋葬施設が黒塚古墳のような竪穴式石槨で、それが元稲荷古墳の竪穴式石槨を成立させた可能性もある。他方で、近年では最初期の古墳において、ホケノ山古墳の木槨などのように、従来前期古墳の主流とみなされてきた竪穴式石槨とは異なる多様な埋葬施設が認識されつつある。五塚原古墳もまたそうした定式化以前の埋葬施設で、その構造上の特徴が元稲荷古墳の竪穴式石槨に影響を与えたという考えもある。いずれにせよ、前期乙訓古墳群の様相が大和東南部の主要古墳と共通性が強いものであることも考慮すれば、乙訓古墳群の埋葬施設の成立背景、ひいてはヤマト政権中枢の古墳成立を解明する、その手掛かりこそが五塚原古墳に期待されるところである。

五　おわりに

乙訓古墳群の竪穴式石槨は、元稲荷古墳を大きな契機として、ヤマト王権中枢部と直接的な関係を有する技術や企画のもとに築造されてきた。ここまでに、その端緒は五塚原古墳に遡りうる可能性を指摘した。このような竪穴式石槨の技術や企画は、ヤマト王権から与えられたものとみれば、この地域が早くからヤマト王権に従属したと考えることになる。一方で、同じ技術系譜に由来する竪穴式石槨を大和の大型首長墳とともに成立させた、あるいは享受したと解釈すれば、ヤマト王権の政権運営の一翼に参画した有力勢力であったと評価することもできる。本稿で挙げたいくつかの話題や研究課題をより深めていくことは、乙訓古墳群の歴史的な位置づけをより具体的で豊かなものにする一助となろう。

竪穴式石槨は古墳時代前期の首長墳に格の高い埋葬施設として採用されたが、その出現・成立の淵源問題については、研究が近年緒についたばかりで不明である。乙訓古墳群は古墳時代前期初頭から首長墳の系譜をたどることができ、竪穴式石槨をはじめ古墳の構造・形状にも系譜性がみとめられる、きわめて稀少な古墳群である。そうした特性をそなえた乙訓古墳群の竪穴式石槨を研究することは、将来、竪穴式石槨の淵源という古墳研究の大きな課題についても、その解明に大いに寄与する可能性を秘めている。乙訓古墳群が竪穴式石槨の研究において欠くべからざる重要な基準資料群であるという資料価値はより高まっており、今後ますます注目されるところであろう。

謝辞
鳥居前古墳の竪穴式石槨について、大山崎町教育委員会 古閑正浩氏・角早季子氏より再整理にもとづく調査所見をご教示いただいたほか、遺構図面のご提供を賜った。深く感謝申し上げます。

（註1）都出比呂志による桂川地域の首長系譜の「向日グループ」に相当する（都出一九八八）。ただし、現在では発掘調査が進み多くの新たな成果が得られたため、その築造順序については、現在の認識は都出論文の当時とは異なる。

（註2）鐘方正樹「竪穴式石槨基底部構造の再検討」『玉手山古墳群の研究Ⅲ　埋葬施設編』柏原市教育委員会、二〇〇三

（註3）山田　暁「竪穴式石槨の構築原理の変化」『ヒストリア』二四一、大阪歴史学会、二〇一三

（註4）西谷眞治「向日町元稲荷古墳」『京都府文化財調査報告』二三、一九六四

（註5）上田直弥「竪穴式石室にみる地域性とその意義」『考古学研究』六四—二、考古学研究会、二〇一七

参考文献

梅原末治「大枝村妙見山古墳ノ調査」『京都府史蹟勝地調査會報告』三、京都府、一九二二

梅原末治「乙訓郡寺戸ノ大塚古墳」『京都府史蹟名勝天然紀念物調査報告』四、京都府、一九二三

梅原末治「乙訓村長法寺南原古墳の調査」『京都府史蹟名勝天然紀念物調査報告』一七、京都府、一九三七

梅原末治「山城における古式古墳の調査」『京都府文化財調査報告』二一、京都府教育委員会、一九五五

梅本康広編「寺戸大塚古墳—第6次調査の成果—」『向日市埋蔵文化財調査報告書』四九、財団法人 向日市埋蔵文化財センター、一九九九

岡林孝作「竪穴式石室の成立過程」『橿原考古学研究所論集』一五、八木書店、二〇〇八

鐘方正樹「竪穴式石槨出現の意義」『関西大学考古学研究室開設五拾周年記念　考古学論叢』関西大学考古学研究室開設五拾周年記念考古学論叢刊行会、二〇〇三

京都大学文学部考古学研究室向日丘陵古墳群調査団「京都向日丘陵の前期古墳群の調査」『史林』五四・六、一九七一

田中勝弘「前期古墳の竪穴式石室構造について」『史想』一六、京都教育大学考古学研究会、一九七三

都出比呂志「古墳時代首長系譜の継続と断絶」『待兼山論叢』二二　史学篇、大阪大学文学部、一九八八

奈良県立橿原考古学研究所編『中山大塚古墳　奈良県立橿原考古学研究所調査報告第八十二冊』一九九六

奈良県立橿原考古学研究所編「中山大塚古墳」『下池山古墳　中山大塚古墳調査概報　付．箸墓古墳調査概報』学生社、一九九七ａ

奈良県立橿原考古学研究所編『島の山古墳調査概報　付・小泉大塚古墳調査報告』学生社、一九九七ｂ

奈良県立橿原考古学研究所編『黒塚古墳調査概報』学生社、一九九九

藤井康隆「向日丘陵前期古墳群の竪穴式石槨について」『向日市埋蔵文化財調査報告書』四九、財団法人 向日市埋蔵文化財センター、一九九九

藤井康隆「元稲荷古墳の竪穴式石槨にかんする二、三の問題」『向日市埋蔵文化財調査報告書第101集　元稲荷古墳』向日市教育委員会・公益財団法人向日市埋蔵文化財センター、二〇一四

前方後円墳の巨大化とその背景
―恵解山古墳の被葬者像を探る―

福家　恭

一　はじめに

大型古墳の造墓が大和から河内へと中心を移した古墳時代中期。畿内政権中枢の政治的変化と組織的な在り方が変貌する。古墳の築造に関しても、墳丘形態や規模による古墳の序列化が一層図られ、前方後円墳の築造は必然的に限定した地域へ集約する動きとなる。

山城地域においては、五世紀に創出された長岡京市恵解山《いげのやま》古墳と城陽市久津川車塚古墳が屈指の規模を誇る。その内、乙訓地域最大規模の恵解山古墳は、全長一二八メートルであり、盾形の周濠を含めれば一八〇メートルとなる。多量の鉄製武器類をもち、墳丘形状や立地などから畿内政権との関係が注目されてきた。

恵解山古墳のある乙訓地域は、山城盆地の西側に位置し、地理的な優位性が非常に高い。大阪湾から淀川を遡り、日本海方面、東国、大和へ至る桂川、宇治川、木津川の三川が合流する地点にあたる。また古墳時代の山城盆地は小河川などによる湿地帯も多く、現在の宇治市から久御山市付近には巨椋池と低平な平野部がひろがる一方で、桂川右岸の地域は安定した段丘・扇状地から肥沃な沖積低地で構成され、水陸交通の要衝となる条件が整った地と言える。

そのような乙訓地域において、恵解山古墳は、桂川の支流にあたる犬川流域の低位段丘の末端部に位置する。その立地からは三つの成立要因が想定されており、一つは巨大な墳丘を築造が可能な土地であること、二つ目は中期古墳に特有な河川・池・平野に面した段丘端に位置すること、もう一つは大和へと至る交通路から壮大な墳丘をうかがえるように配置する必要があることである。その結果、畿内政権中枢の大形前方後円墳の変遷と同様、古墳時代前期に盛んに首長墓が築造された向日丘陵から大きく立地を変え、新たな古墳が成立したのである。

本稿では、恵解山古墳の墳丘構造や付帯施設などの構成要素から、その出現の背景と被葬者像に迫っていきたい。

二　恵解山古墳の構造

(一)　墳丘の規模と輪郭

恵解山古墳は、本地域最大の前方後円墳であり、他を凌駕する存在であることは間違いない。ところが、長岡京の造営をはじめ様々な土地利用の結果、墳丘形態を大きく損なう状況となった。副葬品埋納施設の発見以降、全一二回の発掘調査により、築造当時の墳丘を漸く復元することが可能となってきた。

墳丘の平面形状は、墳丘裾の葺石基底石や埴輪列の位置から、左右非対称の造り出しをもつ前方後円墳である。後円部の中心については、葺石や埴輪列の検出状況などから、その規模を直径約七八・六メートルに推定できる。これにより墳丘主軸ラインは、真北に対し約六〇度西に振れた方向を指向することがわかる。

前方部の規模は、南側の前方部前面、東西および東西隅の裾部、東西造り出し、東西くびれ部で検出された墳丘端が参考となる。これらを直線的に繋ぐと最大幅七八・六メートル、くびれ部幅五三・八メートルに復元可能である。東西の墳丘端ラインは、単純な直線の復元ではなく、前方部端から一五メートル付近でやや屈曲している。また、前方部前面の墳丘端は、墳丘主軸ラインにほぼ直交するものの、東側の方がやや北側へ振れるなど完全なシンメトリー形状にはならない。

こうした墳丘形態の復元により、墳丘の全長は約一二八メートルの数値が得られる。その特徴について、同じ頃の大形前方後円墳を比較してみると、表1のようになる。

墳丘規格については様々な先行研究によって、中期を通じて前方部幅を大きく広げ、長く増大させた前方部形状へと発達することが指摘されるとおりである。厳格な墳丘規制の中において、畿内政権中枢の墓域である佐紀・馬見・古市・百舌鳥の四大古墳群では、古墳時代中期前半の二〇〇メートル級以上の大形前方後円墳において、前方部の平面形状に特徴がうかがえる。中期前半の前方後円墳は全長に対して後円部の占める比率は約六割で、前方部の開き角（稜角）が二六度の二等辺三角形が後円部に接続する形態をとる。

ところが後円部を主体と捉えた比率によれば、前方部の幅・長さ・面積に個体差が見られる。佐紀盾列古墳群のコナベ古墳や馬見古墳群の室宮山古墳は後円部径に対する前方部長の比率が七五パーセントの前後である。それに対し、古市古墳群では八五パーセント、百舌鳥古墳群では九五パーセントというように後円部に比べ前方部を大きくつくる傾向にある。また、後円部と前方部の幅は、前者はおおむね揃う形状、後者は前方部幅の方が一・一三〜一・二倍近く幅広な形状を呈す。これは後円部に対して前方部が大型化する傾向であり、中期後半以降の前方部の発達へと繋がっていく。

一方、畿内周縁の首長墳は前方部の規格に古市・百舌鳥古墳群の大王墳のような前方部が大きいものは見られない。若干の個体差は

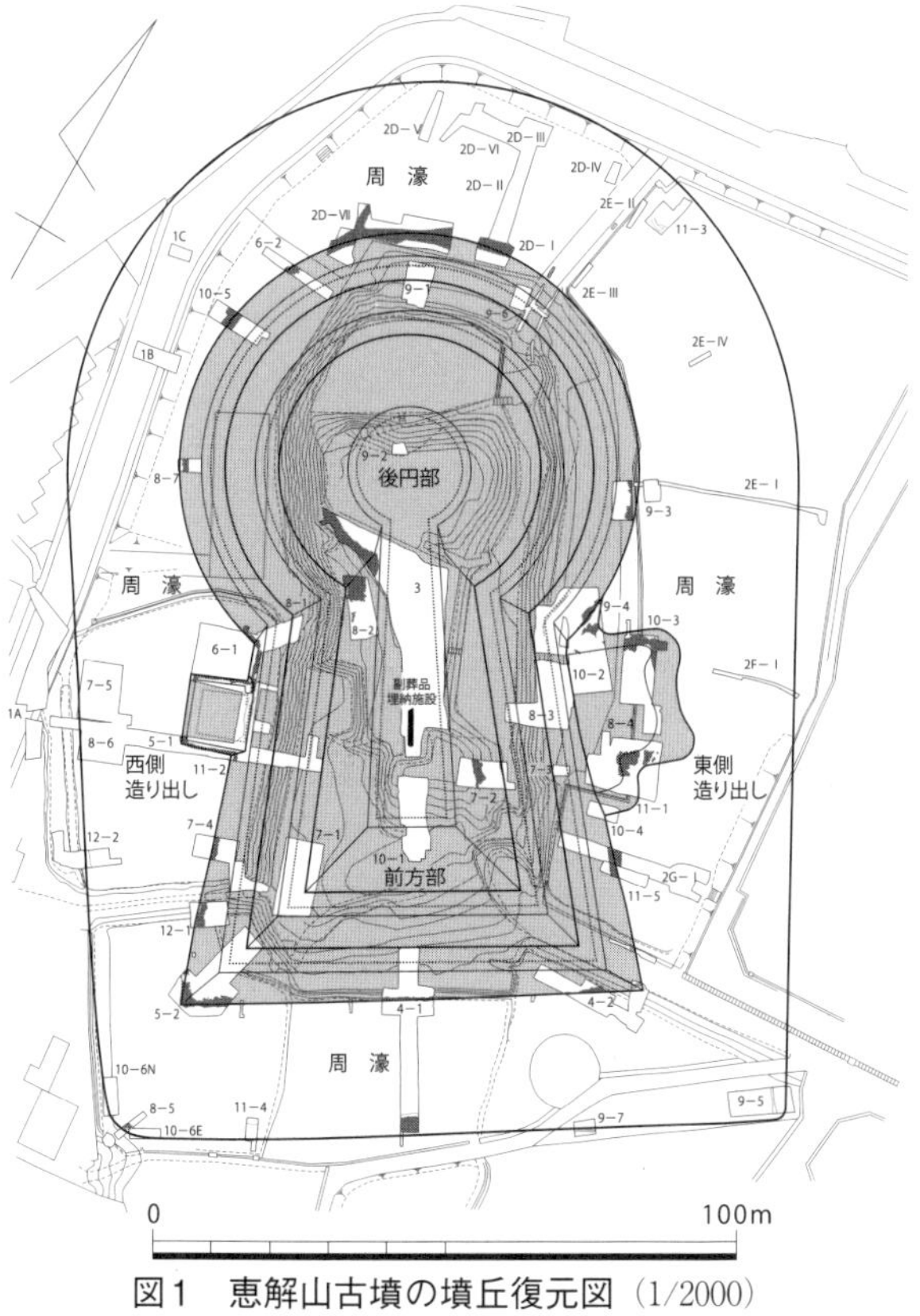

図1　恵解山古墳の墳丘復元図（1/2000）

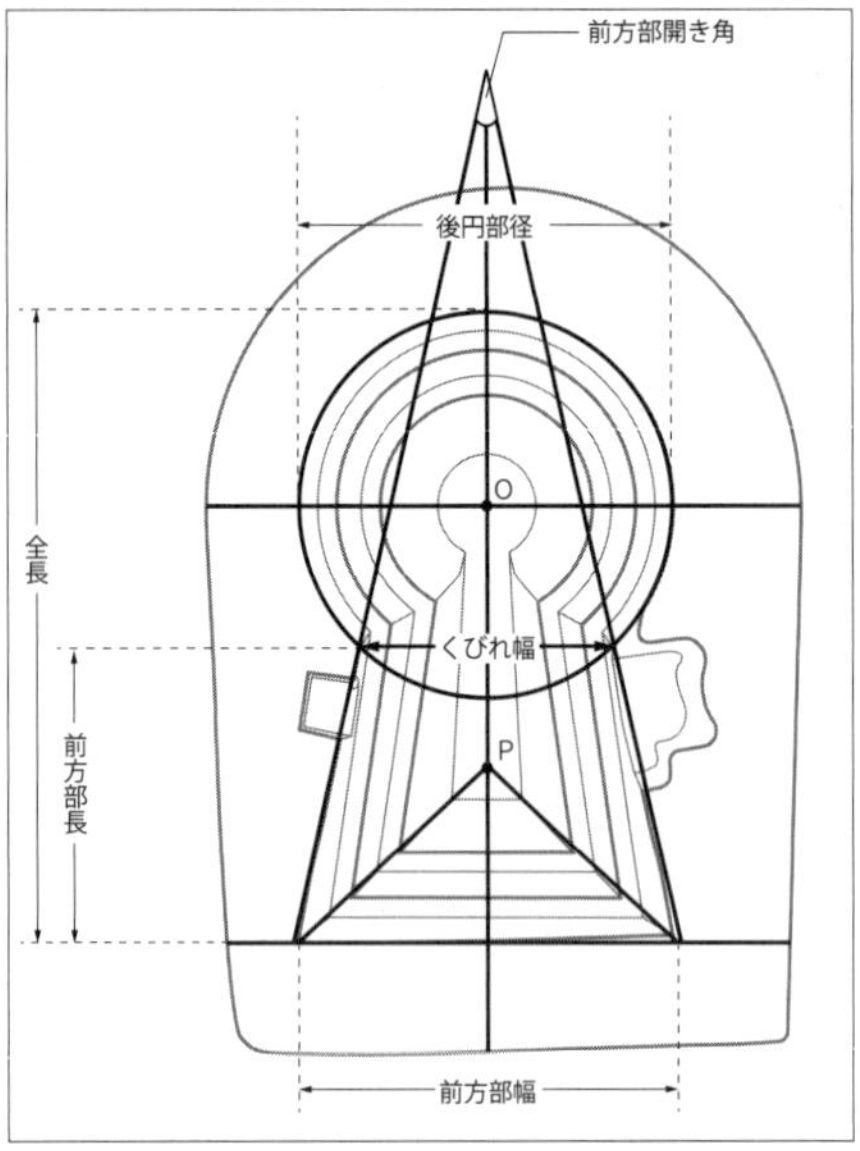

図2　前方後円墳の部位名称

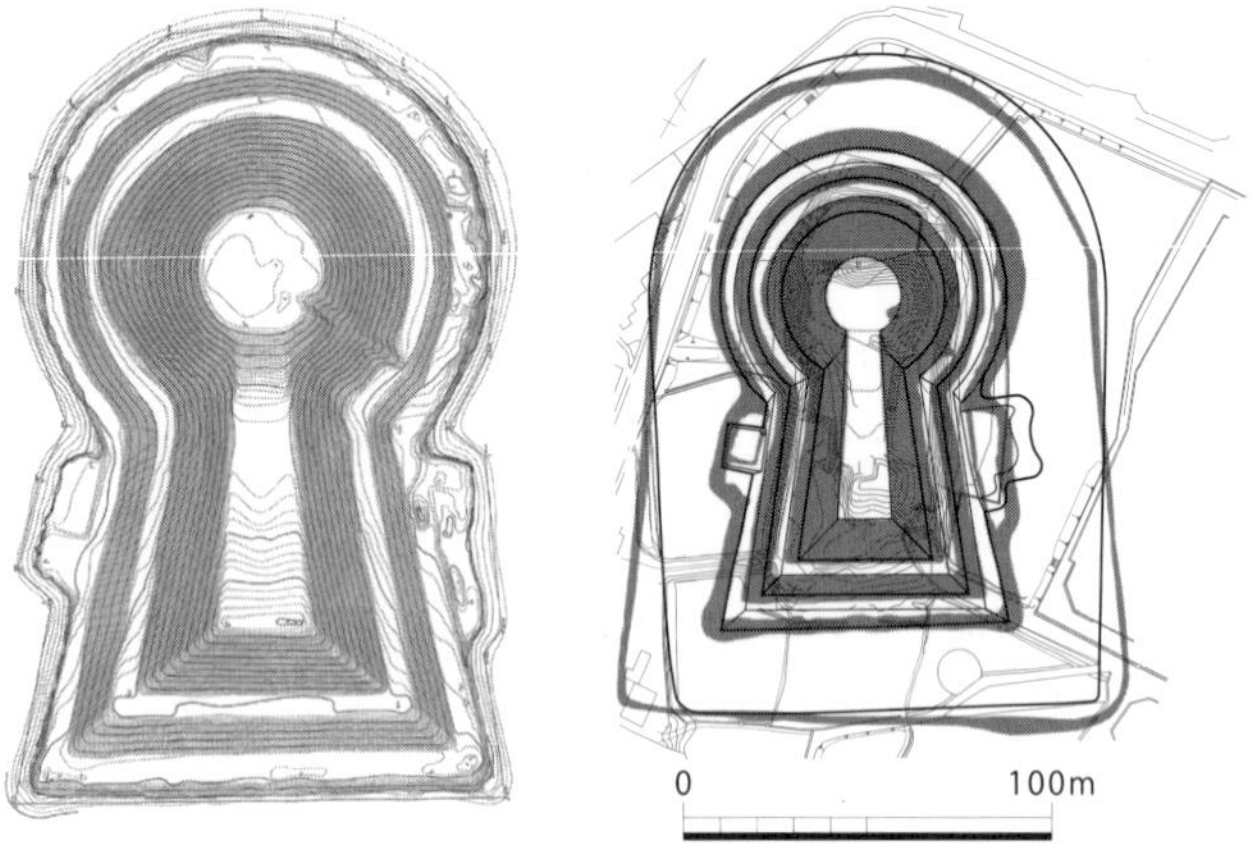

コナベ古墳墳丘測量図
（『書陵部紀要』第62号を転載・一部改変）

恵解山古墳とコナベ古墳の比較
（グレートーンはコナベ古墳を0.63倍したもの）

図3　コナベ古墳と恵解山古墳の形状比較（1/4000）

表1　古墳時代中期の大形前方後円墳

時期 集成編年	時期 埴輪編年	地域	古墳名	墳丘規模・規格（m） 全長	後円部径	前方部幅	前方部長	くびれ幅	前方部開き角	比率（全長を1.00） 後円/全長	前方/全長	比率（後円部を1.00） 前幅/後円	前長/後円	備考	
5期	Ⅲ	佐紀	**コナベ古墳**	**204**	**125**	**129**	**90**	**89**	**26°**	**0.61**	**0.44**	**1.03**	**0.72**	両造り出し	畿内政権中枢
			市庭古墳	253	147	164	132	110	26°	0.58	0.52	1.12	0.90	両造り出し	
6期	Ⅳ		ウワナベ古墳	257	134	142	142	90	20°	0.52	0.55	1.06	1.06	片造り出し	
			ヒシアゲ古墳	219	124	145	108	91	28°	0.57	0.49	1.17	0.87	片造り出し	
5期	Ⅲ	（葛城）馬見	**室宮山古墳**	**238**	**148**	**152**	**114**	**102**	**26°**	**0.62**	**0.48**	**1.03**	**0.77**	両造り出し	
			新木山古墳	200	117	118	95	76	26°	0.59	0.48	1.01	0.81	両造り出し	
6期	Ⅳ		川合大塚古墳	215	108	123	109	75	26°	0.50	0.51	1.14	1.01		
4期	Ⅱ	古市	津堂城山古墳	208	128	117	97	97	22°	0.62	0.47	0.91	0.76	両造り出し	
5期	Ⅲ		仲津山古墳	290	170	193	149	125	26°	0.59	0.51	1.14	0.88	両造り出し	
			墓山古墳	225	135	153	112	102	26°	0.60	0.50	1.13	0.83	両造り出し	
6期	Ⅳ		誉田御廟山古墳	425	250	300	212	196	26°	0.59	0.50	1.20	0.85	両造り出し	
			市野山古墳	227	140	160	107	93	34°	0.62	0.47	1.14	0.62	両造り出し	
			岡ミサンザイ古墳	245	150	180	110	91	45°	0.61	0.45	1.20	0.73	片造り出し	
5期	Ⅲ	百舌鳥	上石津ミサンザイ古墳	365	205	235	190	146	26°	0.56	0.52	1.15	0.93	片造り出し	
			百舌鳥大塚山古墳	168	102	113	81	76	26°	0.61	0.48	1.11	0.79	片造り出し	
			いたすけ古墳	146	90	99	67	69	26°	0.62	0.46	1.10	0.74	片造り出し	
6期	Ⅳ		百舌鳥御廟山古墳	203	113	136	114	84	26°	0.56	0.56	1.20	1.01	片造り出し	
			大仙古墳	486	249	307	275	164	29°	0.51	0.57	1.23	1.11	両造り出し	
7期			土師ニサンザイ古墳	290	156	227	159	110	40°	0.54	0.55	1.45	1.02	両造り出し	
5期	Ⅲ	播磨	行者塚古墳	99	76	54	35	37	28°	0.77	0.35	0.70	0.46	二段築成、両造り出し	畿内周縁の首長墓
		中河内	心合寺山古墳	160	92	90	96	54	21°	0.58	0.60	0.98	1.04	二段築成	
		但馬	池田古墳	136	76	72	60	42	28°	0.56	0.44	0.95	0.79	両造り出し	
		乙訓	**恵解山古墳**	**128**	**78.6**	**78.6**	**60**	**53.8**	**26°**	**0.61**	**0.47**	**1.00**	**0.76**	**両造り出し**	
		播磨	壇場山古墳	143	83	87	67	57	26°	0.58	0.47	1.05	0.81	両造り出し	
6期	Ⅳ	南山城	久津川車塚古墳	182	112	122	79	86	26°	0.62	0.43	1.09	0.71	両造り出し？	
		丹波	雲部車塚古墳	158	104	112	85	74	26°	0.66	0.54	1.08	0.82		
		三島	太田茶臼山古墳	226	138	147	100	88	33°	0.61	0.44	1.07	0.72		

＊後円＝後円部直径、前幅＝前方部幅、前長＝前方部長

＊トーンは、（薄灰）後円：前長 ＝ 1：0.71～0.81（佐紀・馬見古墳群に近似する数値）　（濃灰）後円：前長 ＝ 1：0.83～0.90（古市古墳群に近似する数値）　（黒）後円：前長 ＝ 1：0.93～1.01（百舌鳥古墳群に近似する数値）

あるが、基本的には佐紀盾列古墳群や馬見古墳群の大形前方後円墳と比率は近似する。

　つまり、厳密に古市・百舌鳥古墳群の大王墓と同規格のものはなく、むしろ佐紀や馬見などの古墳群との規格が類似している。また、古市・百舌鳥古墳群においても、一五〇メートル級の百舌鳥大塚山古墳やいたすけ古墳も佐紀・馬見の墳丘規格に類似しており、墳丘規格の差は地域的な系統というより、厳格な規格の規制によるものと理解できる。墳丘の規模や付帯施設の違いは、それぞれ事情の異なる地域によって、その都度の力関係に合わせた対応が想定される(註1)としても、古市・百舌鳥の大王墓のみが別格の墳丘構造をもつものではないだろうか。

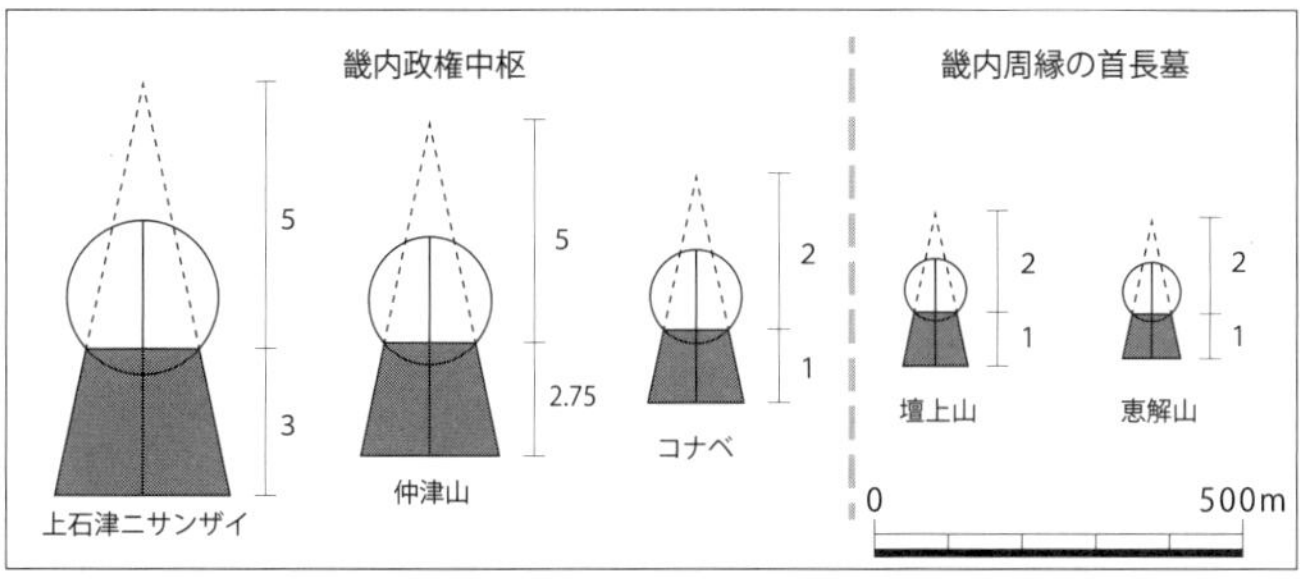

図４　古墳時代中期前半における前方後円墳規格の模式図

　恵解山古墳はというと、コナベ古墳と非常に近似した数値が多く、造り出しの形状が異なる室宮山古墳や前方部の規模にわずかな相違がある新木山古墳も同じ設計規格のもとで築造されたと推定される。この内、最も近似する全長二〇四メートルのコナベ古墳の約〇・六三倍の平面規格で設計されたと考えられる。

（二）墳丘の段構成と高さ

　損壊の著しい恵解山古墳では、墳丘の中段以上の形状に不明な点が多い。そのため、墳丘の高さや構造については、現存する情報から復元する必要がある。まず、墳丘は、下段裾部の標高一五メートルの墳丘裾から上り勾配の地山が検出されている。恵解山古墳が立地する地点は、東へ微傾斜する標高一八メートル前後の低位段丘の端にあたる。このことから、墳丘の造成は、墳丘の周りを開削し、その際に出た土で盛土したことがわかる。また、墳丘の斜面には恵解山古墳の南西を流れる小泉川から採取されたチャートや砂岩などの葺石が施され、墳丘勾配の手掛かりとなる。

　墳丘の段築は、前方部では埴輪列が配される下段と中段の平坦面の存在や、前方部墳頂の副葬品埋納施設の検出位置から、三段築成は明らかである。後円部も埴輪列や葺石から同様の段構成である。

　各段の平坦面は幅四メートル前後に推定され、平坦面の外縁から約一・五メートルの位置で埴輪列が全周する。円筒埴輪は布掘状の堀方に据えて樹立し、後円部で七三〇個体前後、前方部で一〇一〇個体前後の配置が推定される。ただし、出土した埴輪は、最も良好なものでも四段目の下半までしか残存していない。この内、連続する一四個体の埴輪列では、円形の透孔を二段目に空けるものと、二段目に透孔を有さないものがうかがえる。二段目に穿孔しないものは一四個体中一個体しか確認できず、各所で出土する朝顔形埴輪、或いは形象埴輪を一定の間隔で配置していた可能性がある。

　各段の高さは、前方部では下段と上段の埴輪列や、墳裾の基底石から復元できる。下段が前方部・くびれ部・後円部で約一・三メートル、中段が前方部東側で約二・四メートルである。上段は墳頂部に埴輪列が残存していないが、中段平坦面と副葬品埋納施設との高低差や上段の勾配、前方部墳頂の最も高い残存地点との高低差を手掛かりに、約四・五メートルに推定される。

一方、後円部では現存する墳頂部は墓地となっており、詳細をうかがえない。平面形状が正確な設計規格の元で築造されていることからすると、墳丘の高さについても設計規格を模している可能性が高い。ところが、恵解山古墳と平面形状が同規格の古墳をベースに墳丘の高さを規定する全長とOP間の距離(註2)の比率を比較すると、恵解山古墳が〇・四二であるのに対し、コナベ古墳は〇・三八、室宮山古墳は〇・二八、新木山古墳は〇・四五となる。立体構造的にはコナベ古墳より低く、新木山古墳より高い形態であることがわかる。実際にコナベ古墳の墳丘断面図を〇・六三倍の比率で比べてみると、発掘調査で確認された恵解山古墳の下段から中段までの数値に大きな開きがあり、墳丘の高さはコナベ古墳の約〇・五倍に近い。

そこで、後円部の復元は、残存する後円部上段の葺石の傾斜角二四～二六度を参考に、恵解山古墳の墳丘端とOP間をコナベ古墳の比率に合わせていくと、後円部の墳頂が径約二一・二メートルとなり、上段の高さは約七・二メートルになる。恵解山古墳の墳丘は、下段が低いことや後円部上段が中段の約三倍の高さとなるという段構造は類似するものの、コナベ古墳に比べ高さを抑えるために勾配がやや緩やかとなる。つまり、これは墳丘規模の大きさに比例して高さが縮小されるものであり、側面からのビジュアルを重視した現象として捉えることができる。

(三) 左右非対称の造り出し

前方部の両側には、形態や規模、構造などが相違する左右非対称形の造り出しが取り付く。その位置は、古市古墳群の誉田御廟山古墳や仲津山古墳のようにくびれ部に取り付くものではなく、コナベ古墳のようにくびれ部から少し前方部側に造設されている。

西造り出しは、東西約八・五メートル、南北約一二メートルの方形で、斜面には葺石が施される。その上面には埴輪列が方形に囲み、東辺の埴輪列は中への出入りのために、北よりの地点で食い違い鍵手状になる。墳丘に取り付く北東部分は、入り江状に表現されており、船形埴輪や導水施設をもつ家形、壺形、蓋形、靫形、甲冑形埴輪などの形象埴輪が出土し、ミニチュア土器も見つかっている。

東造り出しは、東西約一四・五メートル、南北約一七・五メートルの規模があり、不整形な形状を呈す。周りの緩やかな傾斜面から上面にかけて小石を敷いて州浜状になっており、北辺と南辺の上端には人頭大の石材を並べた区画石列が見られる。南辺の石列は、南に屈曲し、前方部沿いに南への張り出し部をつくる。そこには水鳥形埴輪のほか、壺形、家形、盾形などの形象埴輪と組み合わせて、水辺の景観が表現されている。そのため、恵解山古墳の造り出しは、西造り出しに祭祀空間、東造り出しに当時の死生観を表し、機能・性格が異なるものを備えている。

三　埋葬施設と副葬品

(一) 埋葬施設の復元

恵解山古墳の埋葬施設のある後円部墳頂は、後世の削平により、主体部を推定する手掛かりは少ない。一九二四(大正一三)年に当古墳を訪れた梅原末治により、後円部に凝灰岩の五枚の天井石が四散している状況が報告されているが(註3)、近年市内の民家で発見された一石以外は残っていない。石材は竜山石(流紋岩質溶結凝灰岩)で全長約一九〇センチ、最大幅約八二センチ、厚さ一五センチ前後の扁平な形状を呈す。後円部の発掘調査では、他地域から持ち込まれた結晶片岩や石英斑岩、安山岩類などの扁平な石材が出土し、赤色顔料の付着したものもある。これらの存在から竪穴式石槨の可能性は高い。また、天井石とは別に竜山石の破片も出土しており、「王者の石棺」とも表される長持形石棺が安置されていた可能性もある。

（二）副葬品埋納施設の構造

主体部の情報はわずかであるが、前方部墳頂には副葬品のみを納めた埋納施設がある。その構造は、長さ六・五メートル以上の隅丸長方形の掘形に木櫃を据えたもので、木櫃は長さ五・六メートル以上、幅〇・七メートルに復元される。副葬品は、武器類を主体とする鉄製品が上下に積み重ねられた状態で埋納されており、上面は鉄鏃、鉄槍が主体であるのに対し、下面は鉄刀と鉄剣が主体で、大きく六群にわけて置かれる。また、二次的に再堆積した盛土層から、鉄斧三〇点、鋤先一〇点、鉄鎌六点、刀子二点などの農工具類を中心とする鉄製品や石製斧形模造品も出土し、農工具を主体とした別の埋納施設の存在も推定されている。

副葬品のみを埋納した施設は、埋葬施設に付設あるいは併設されるもの、埋葬施設とは別に前方部に設置するもの、隣接する陪冢に設置するものがある。その内、墳丘に埋納施設を設けるものは、基本的には単一のものであり、複数存在するものは現在のところ百舌鳥大塚山古墳のみである。墳丘以外に複数の埋納施設をもつものは、佐紀・古市・百舌鳥などの大古墳群では、主墳である大形前方後円墳に付随する小型の円墳や方墳からなる陪冢にその存在が確認できる。佐紀盾列古墳群では大和五号・六号墳、古市古墳群では西墓山古墳、野中古墳、野中アリ山古墳、百舌鳥古墳群ではカトンボ山古墳や七観山古墳など、極めて限定的なものと言える。

埋納施設の形態や規模、構造などを比較すると、野中古墳や野中アリ山古墳など四メートル以下のものが多いが、恵解山古墳のように長大な埋納施設を有する構造は、西墓山古墳のものと類似する。とくにその規模や、副葬品の鉄刀剣をわけて埋納する構造、甲冑などの武具類がまったく出土しないことなど、両者の関係性が注目される。

（三）副葬品の組成

恵解山古墳では、前方部の副葬品埋納施設に、七六二点以上の鉄製品をもつ。副葬品埋納施設の内、武器類の埋納については、鉄刀剣が六群にまとまっている。この状況は西墓山古墳においても同様の様相を呈す。それぞれのまとまりは下面に鉄刀一五～二五点、鉄剣一～三点を一つの単位とし配置し、上面には鉄槍を一～五点単位、鉄鏃を北側の三群で三〇～六〇点、南側の三群で一三～一五点にまとめている。最南端の群のみ大型のヤス状刺突具二点が含まれる。特徴としては、大刀は長五七・一～七九・五センチ、刀身幅二・一～三・二センチ程度と全体的に短く細いものが集中する傾向がある。これは古市古墳群の西墓山古墳出土の大刀に近い形状であることが

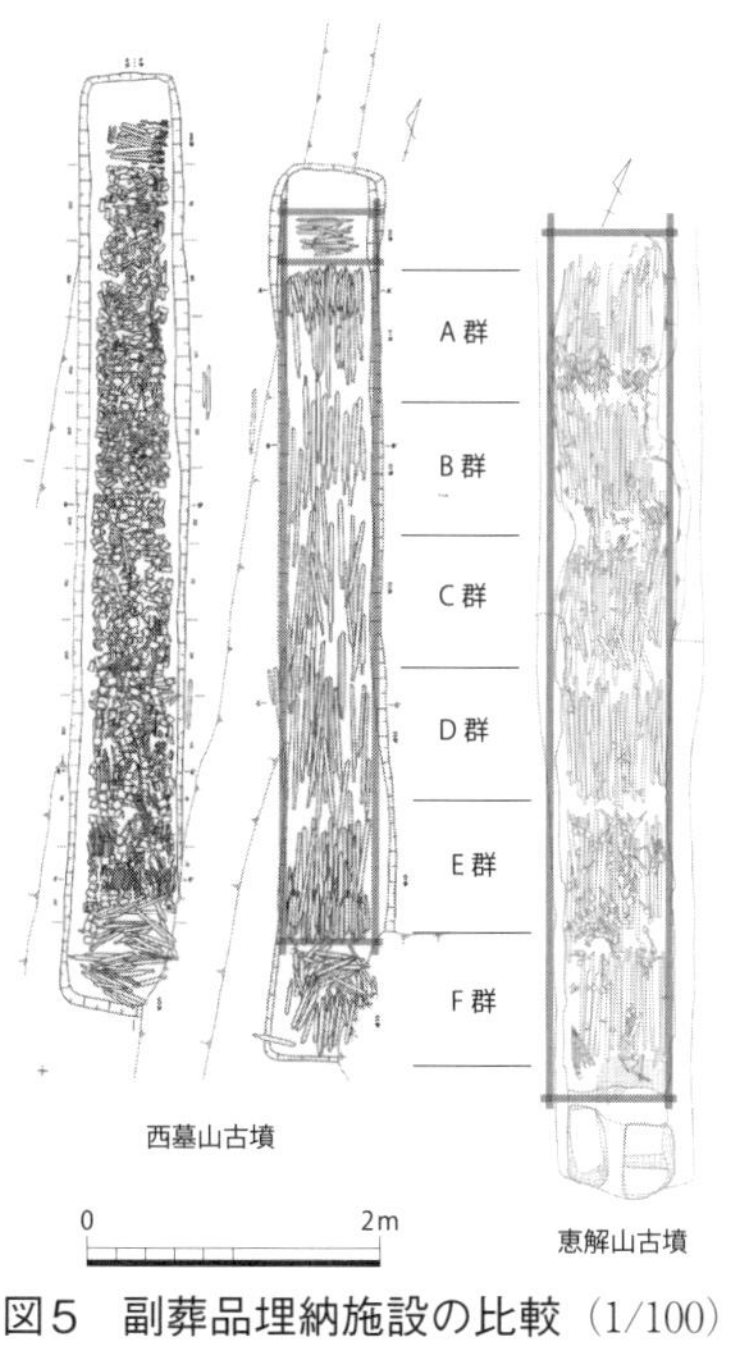

図5　副葬品埋納施設の比較（1/100）
（左図：藤井寺市教育委員会 1997 引用・一部改変）

わかる（図6）。剣もおおむね全長五三・四〜六二・六センチの範囲内であり、こちらも西墓山古墳のものと近似する。

西墓山古墳の埋納状況を確認すると、鉄刀剣が中心となる東側の埋納施設には、鉄刀剣のまとまり五群と短剣のまとまり一群、櫃外の一群にわけられ、一三三点以上が配置されている。群ごとにばらつきがあり、北端には全長一六・五〜三二・五センチである短剣一三点を西に刃先を向けて配し、北から鉄刀五点、鉄剣三点、鉄槍三九点以上、鉾一点のまとまりと、鉄刀二点、鉄剣一一点のまとまりがある。南側の三群は鉄刀七〜一七点、鉄剣七〜八点を一つの単位としている。なお、南端には木櫃の外側に短剣五三点が埋納されている。

これら二つの古墳の共通点には、鉄刀に対し鉄剣が少ないことがうかがえるが、恵解山古墳の埋納施設は鉄鏃を多くもち、西墓山古墳は短刀や鉄槍が多いなど、鉄製武器類の組成の主体が異なる点が目立つ。一方、両古墳に共通しない遺物として、恵解山古墳にヤス状刺突具を含む点は特徴的であり、被葬者の性格の一端を反映しているのかもしれない。

また、恵解山古墳には、一〇形式にわけられる多彩な鉄鏃がある。その中には茎部がソケット状になったものや頸部に捩りを加えたものなど類例の乏しい特殊な形態のものもある。しかし、矢の埋納には鉄鏃の多彩な形態に関わらず、分離式か固定式かという構造の違いで束ねて埋納したようである[註4]。同じく鉄鏃が多量に出土した野中アリ山古墳の埋納施設では、二型式の鉄鏃に限られており、多量の鉄製品を埋納することが重要なのであろう。

いずれにしても恵解山古墳の副葬品埋納施設や副葬品の特徴は、質・量ともにほかの首長層を圧倒するものである。古市や百舌鳥古墳群と共通する要素が多いだけでなく、奈良盆地東南部地域の勢力の影響力が及ばない範囲に限られるとの指摘もある石製模造品[註5]や、畿内周縁地域の有力首長層の間で流通していたとされる頸部に捩りを加えた鉄鏃の埋納[註6]など、副葬品には政治的な地方色も見られる。

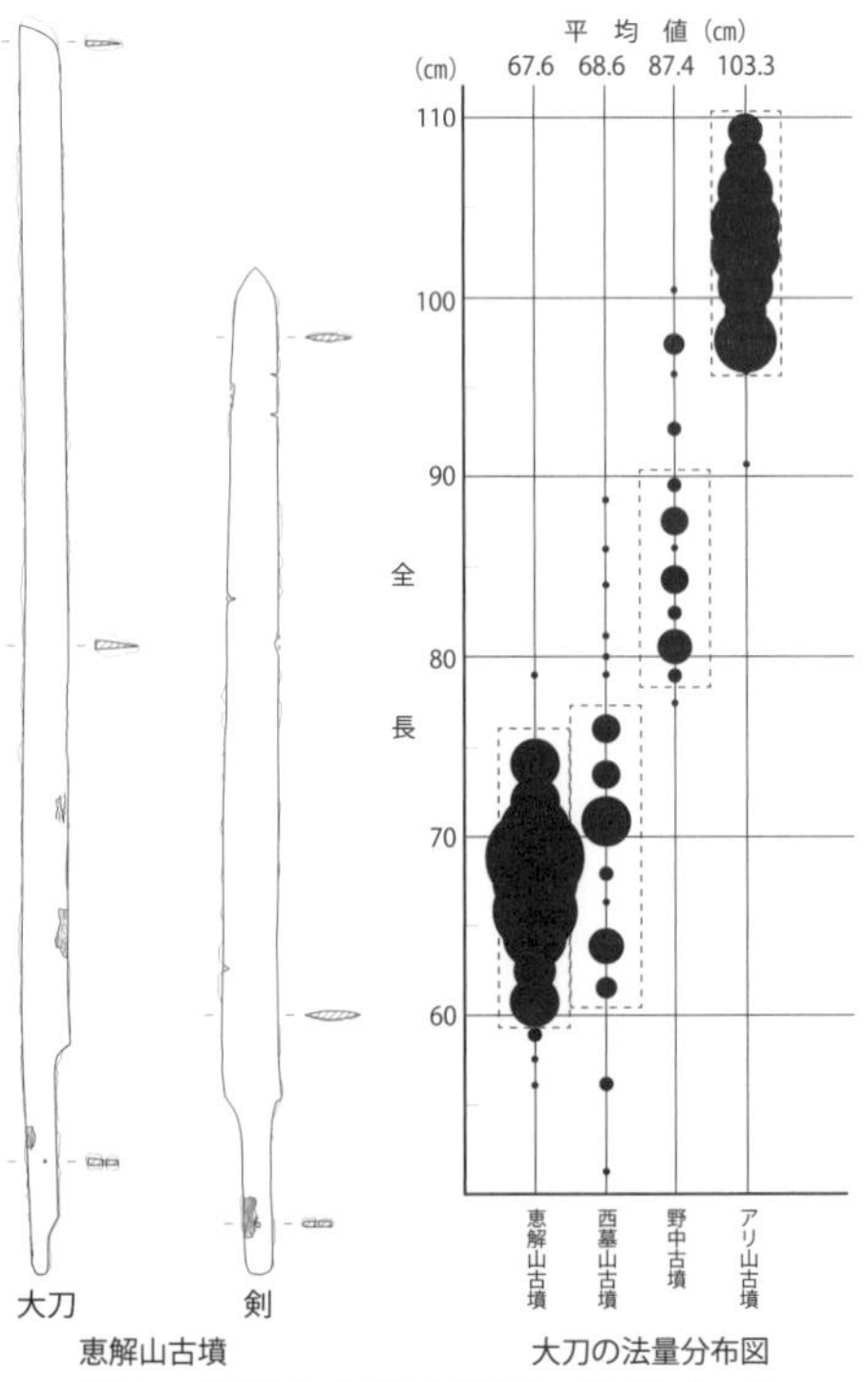

図6　恵解山古墳の鉄刀・鉄剣（1/8）

四　恵解山古墳と畿内政権

（一）築造時期と恵解山古墳の出現

恵解山古墳の築造時期は、埋葬施設が確認できないため、出土した埴輪の特徴や鉄製品の型式などが手掛かりとなる。墳丘平坦面に並べられた円筒埴輪は、四条五段で構成され、外面二次調整はBb種・Bc種ヨコハケを主体とする。墳形が類似するコナベ古墳で用いられる底部径二五センチ前後、底部高一五〜一六・五センチに比べると、わずかに小型品が主体であるが、底部高は同様の規格のものも同じ割合で含まれる。口縁部の形態は、全体に外反するもの、口縁端部まで垂直気味に立ち上がるものなど多種が存在し、口縁部径は二六～三三センチ程度である。その焼成は形象埴輪も含め黒斑を残すものが大半であり、形象埴輪には古墳時代中期前半以降に出現する三角板革綴短甲を表現したものもあることから、埴輪編年Ⅲ期新相に位置づけられる。

　また、埋納施設内の鉄製品は、武器類と農工具類にわけれられる。最も出土の多い鉄鏃は、その型式が副葬鏃編年Ⅲ期(註7)の特徴を有するものであるが、頸部が長頸化したものも一定数含まれる傾向にある。これらの様相は、恵解山古墳の墳形や埋葬施設の構造などをふまえると、集成編年の五期新段階に比定される。

　恵解山古墳が構成する乙訓古墳群における古墳時代中期前半は、前期の盟主的な首長墓を排出した向日グループから北部の樫原グループの天皇の杜古墳へ交替し、前期末にはこれまでの盟主的な首長墓系譜は衰退する一方、ほかの小グループでは新たに前方後方墳や帆立貝式古墳などの築造が活発となる時期である。そこには墳丘形態にみられる序列が存在するものの、南部の地域では恵解山古墳に先行して桂川流域の交通の要衝に山崎グループが出現し、鳥居前古墳では円筒埴輪にB種ヨコハケを採用し、巴形銅器を所有するなど、ほかに先駆けて古市古墳群を造墓した勢力との関係がうかがえる。

　つまり、恵解山古墳の造墓は新興勢力によるものではなく、前方後円墳を基軸とした盟主的な首長を排出するグループが移り替わる乙訓古墳群の系譜として形成されたと言える。

（二）恵解山古墳の構造からみた被葬者像

　恵解山古墳の規模は、古墳時代中期の北山城地域における最大の前方後円墳であり、その優位性は他を凌駕していると言える。そこには三つの構成要素がある。一つは墳丘の形状がコナベ古墳に類似し、盾形の周濠を巡らす構造も畿内政権中枢に準じる大形前方後円墳と同じである。また、竪穴系の埋葬施設には、これまでの乙訓古墳群には見られなかった壁体に結晶片岩や石英斑岩、天井石に竜山石といういずれも遠隔地から運ばれた石材を用いて構築する。長持形石棺も採用していたならば、恵解山古墳の被葬者に高い優位性をうかがえる。

　二つ目は、恵解山古墳の南には二基の小規模古墳が存在する。東側の南栗ヶ塚古墳は一辺約一四×一七メートルの方墳に復元でき、底部径が約一四センチの小形の円筒埴輪や朝顔形埴輪、家形埴輪が配されている。西側の西の口古墳でも埴輪が確認されており、いずれも外堤に近接するように配置され陪冢と考えられ

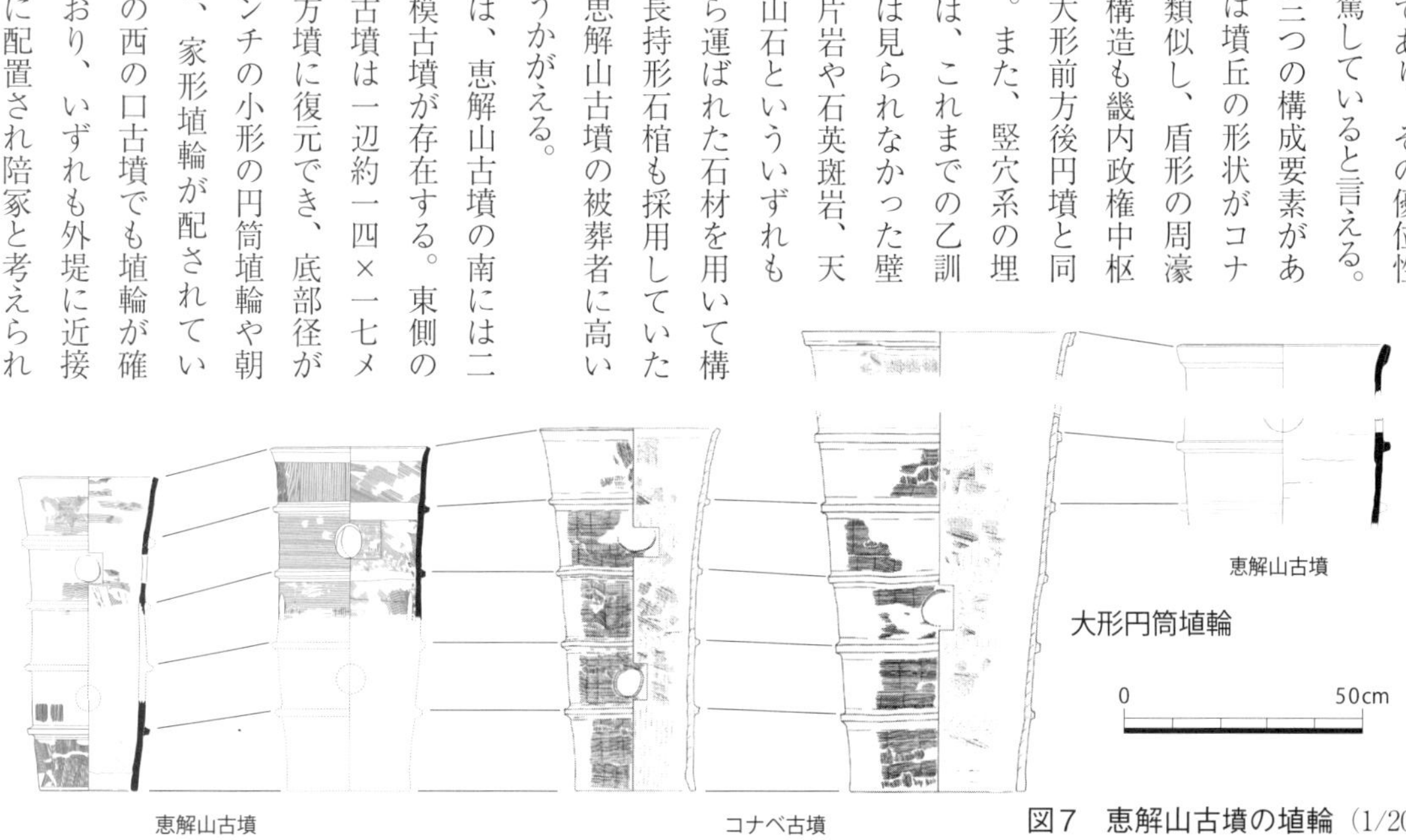

図7　恵解山古墳の埴輪（1/20）

る。これらの古墳は恵解山古墳との関係が強く、その形態から盟主墳に対する階層的な関係が想定できる。(註8) こうした状況も古市・百舌鳥古墳群が築造される時期、特定の古墳に限定されるものである。

三つ目は、独立した副葬品埋納施設二基を配して膨大な量の鉄製武器類と農工具類をもつ点である。その規模はほかに比して長大なものであり、墓山古墳の陪冢である西墓山古墳のものと類似する。とくに、武器・武具の保有が首長層の社会的地位を表した中期において、鉄刀の保有数が全時代を通して全国最多というその組成は、畿内政権下での政治的な地位の高さを物語っている。

こうした古墳がもつ構成要素から恵解山古墳の被葬者像を探ってみると、佐紀・馬見古墳群、あるいは古市・百舌鳥古墳群を構成する諸古墳の内容と共通する点が多く、畿内政権中枢との強い関係が想像できる。そこには、古墳の立地的な優位性が大きく関わる。冒頭にも述べたが、桂川、宇治川、木津川の三川が合流するこの地域は、畿内政権中枢の本拠地から国内の東西南北に向かう交通・物流の結節点にあたる。大和から河内へと政権中枢の大形前方後円墳が移動するのと同様に、交通の要衝や対外的な利便性を重要視した政策が反映されており、馬匹生産の開始される時期とも重なる。(註9) これらの交通網の整備と相互に関係していく重要な地域を管轄する職務をも有していたと考えられる。

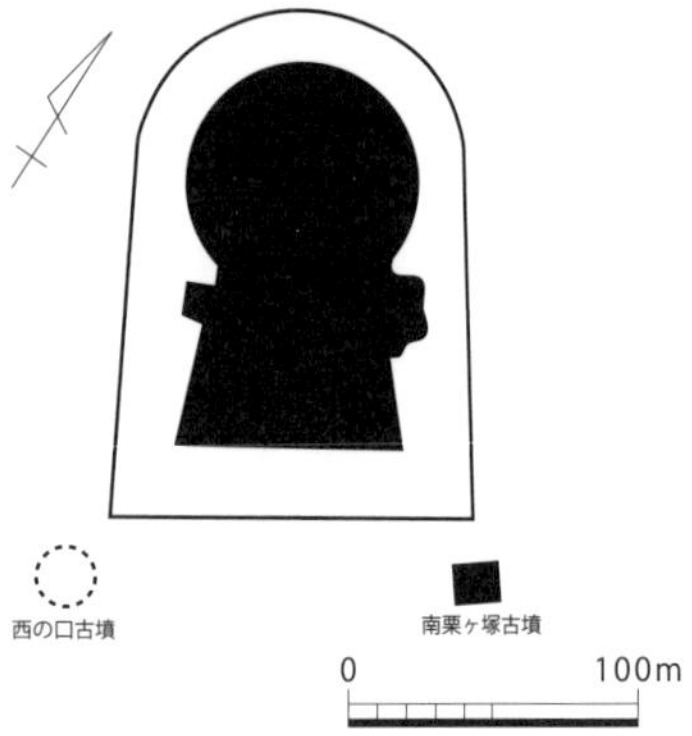

図８　恵解山古墳の陪冢
（山本 2016 引用・一部改変）

また、山城地域には南山城地域の久津川車塚古墳が恵解山古墳を上回る全長一八二メートルの規模で築造され、古墳の系譜や地理的な視点から、巨椋池の北岸と南岸に両古墳の被葬者の勢力範囲の境界を求めることができる。これは集落動態の面からも、古墳時代前期末までは集落と墓域（古墳）の関係が明確であるのに対し、中期の集落様相がわからなくなってしまう現象が、小地域支配のような単一な構造ではなくなったことを意味している。(註10)

こうした地方の統治において、地方の盟主的な首長の支配領域や政治的な役割を考えたときに、墳形やその規模による首長層の序列的な優位性という点では、古墳時代中期前半における恵解山古墳の規模は、列島全体で見ても決して小さなものではない。むしろ古墳を構成する要素は畿内中枢の大形前方後円墳に匹敵するものである。つまり、中期の鉄製武器類が鉄素材の供給とともに、政権中枢で生産情報を管理・発信する構造化が進行する中において、鉄製品を保有できる優位な社会的地位をもち、ほかの有力首長層とは明らかに一線を引いた人物像が見える。

五　おわりに―前方後円墳の巨大化―

恵解山古墳は、古墳時代前期の中心であった山城北部の向日丘陵とはまったく異なった広域の地域とそれに伴った立地に築かれ、ふさわしく傑出した属性を有する首長墓として誕生する。古墳の持つ構成要素は畿内政権との強い結びつきをもつが、墳丘築造に係る技術面は地域の系譜の中に位置付けることができる。乙訓古墳群では八群の首長墓系譜が見られ、複数の首長層が連携しながら畿内政権との結びつきをもつ前期の支配体制から、中期の直接的な支配体制へと転換する様相が、畿内政権の変動と一致している。

前期後半には各地の首長層が独自性の強い墳丘を造墓するが、前期末には墓域を移動させながら、新たな構造様式を加えたものへと発展する。それに伴い、鉄製品や埴輪などの手工業生産も発展し、渡来文化の導入に伴う文物の技術革新や工人組織の再編が起こり、古市・百舌鳥古墳群が築造される頃には、首長層の再編と序列化が一層強化されている。また、中期前半の政権中枢に比定される難波宮跡下層と法円坂遺跡付近を中心として、同心円状に半径一五キロから三〇キロの範囲に古墳群や手工業ライン、祭祀ラインが含まれる。(註11)それに加え、山城地域で恵解山古墳に多量の鉄製品が出土することは、交通の要衝としてだけでなく、淀川—瀬戸内海ルート、或いは日本海ルートでもたらされた鉄資源を優先的に確保できた地域として、畿内政権にとって重要視されてきたことを示している。

前方後円墳の巨大化は、こうした畿内政権において最重要となる交通の要衝や政策上の拠点的な地域を支配・掌握するために、権力の象徴としての限定的な造墓という性格が強いのではないだろうか。そして、佐紀盾列古墳群の勢力から、古市・百舌鳥古墳群の勢力へと地域支配の体制が移行し、一層の規制や序列化を進める上での地域拠点を表示することで強調的に表れた現象の一つであろう。

(註1) 一瀬和夫「大王墓の移動現象と大型古墳群」『関西大学考古学研究室開設五拾周年記念　考古学論叢』関西大学、二〇〇三

(註2) 後円部の中心O点と前方部のコーナー稜線を制御する三角錐の頂点のP点の間の距離(上田宏範『前方後円墳』学生社、一九六九)。

(註3) 梅原末治「恵解山古墳」『京都府史蹟勝地調査会報告』六、京都府、一九二五

(註4) 川畑　純『武具が語る古代史』京都大学学術出版会、二〇一五

(註5) 田中晋作「京都府桂川右岸地域に投影された政権中枢勢力の動静」『橿原考古学研究所論集』一六、奈良県立橿原考古学研究所、二〇一三

(註6) 豊島直博『鉄製武器の流通と初期国家形成』奈良文化財研究所、二〇一〇

(註7) 前掲註4に同じ

(註8) 山本輝雄「埋葬・埋納施設と陪冢からみた恵解山古墳」『乙訓古墳群史跡指定記念シンポジウム資料集』、長岡京市教育委員会、二〇一六

(註9) 諫早直人「馬匹生産の開始と交通網の再編」『古墳時代の考古学』五、同成社、二〇一二

(註10) 古川　匠「山城地域の古墳時代集落の動態」『木津川・淀川流域における弥生〜古墳時代集落・墳墓の動態に関する研究』同志社大学歴史資料館、二〇一七

(註11) 一瀬和夫「生業の痕跡」『古墳時代の考古学』五、同成社、二〇一二

参考文献

長岡京市教育委員会『長岡京市文化財調査報告書』六二、二〇一二、長岡京市教育委員会『史跡恵解山古墳保存・整備事業報告書』二〇一五、京都府教育委員会『乙訓古墳群調報告書』二〇一五、藤井寺市教育委員会『西墓山古墳』一九九七、宮内庁書陵部「小奈辺陵墓参考地墳丘裾護岸その他整備工事に伴う事前調査」『書陵部紀要』六二、二〇一一、廣瀬　覚『古代王権の形成と埴輪生産』同成社、二〇一五、広瀬和雄「前方後円墳の畿内編年」『前方後円墳集成　近畿編』山川出版社、一九九二

後期前方後円墳と横穴式石室

笹栗　拓

一　はじめに

六世紀前半の政治変動として古代史のなかでも注目される事象として、応神大王の五世孫とされるヲホド王（継体大王）の擁立を挙げることができる。淀川流域一帯は、継体大王にとって関わりの深い地域としてひろく認識されており、樟葉宮での即位後、大和磐余玉穂宮に入るまでの間に、筒城宮や弟国宮など、淀川流域一帯で遷都を繰り返したことが記紀には記されている。また、継体大王の御陵については摂津藍野陵とされるが、近年の発掘調査成果から大阪府高槻市に所在する今城塚古墳が真の継体陵として確実視されるようになっており、乙訓を含む淀川流域一帯が継体大王の有力な支持基盤であったことを物語っている。これに加え最近では、捩り環頭大刀や三葉文楕円形杏葉、尾張系埴輪などの特徴的な考古資料が、淀川流域をはじめとする継体大王の支持基盤などに分布が偏る傾向にあることが示されており、注目される。[註1]

このように本書で対象とする乙訓には、継体大王が即位した弟国宮が存在することから地勢的に重要であるが、これとの関連が見込まれる後期前方後円墳が一定数確認されており、考古学的な分析から継体大王の支持勢力を検討することも可能な状況にある。そこで小稿では、近年の調査・研究動向をふまえながら、乙訓の後期前方後円墳の築造動向と横穴式石室・群集墳を検討し、古墳時代後・終末期の乙訓の特質を探ってみたい。

二　乙訓における六世紀前半の前方後円墳

（一）五世紀～六世紀前半の首長墳の築造動向

乙訓では、五世紀前半に盟主墳ともいわれる恵解山《いげのやま》古墳の築造後、首長墓の動向が明快でなく、古くから空白期と認識されてきたが、五世紀後半以降になると乙訓でも北部の樫原《かたぎはら》グループや南部の長岡グループなどで全長四〇～六〇メートル級の中小規模の前方後円墳が築造されることが知られている。[註2]それに続く六世紀前半は、両グループで五世紀後半から継続して中小規模の前方後円墳が築造されるが、これに加えて前期に伝統的な首長系譜を継続させた向日丘陵周辺でも前方後円墳が再び築造され、変化の兆しがみられる。発掘調査によって具体的な内容が判明した事例としては、物集女車塚《もずめくるまづか》古墳や井ノ内稲荷塚古墳がよく知られており、さらに最近では、芝古墳（芝一号墳）や井ノ内車塚古墳の調査が進展して新たな知見も得

図１　乙訓における６・７世紀の古墳と集落

られていることから、これらの古墳の内容を検討していきたい。

（二）物集女車塚古墳

物集女車塚古墳は、向日丘陵から東に向かって派生した段丘の突端部に立地する全長四六メートルの前方後円墳で、一九八三（昭和五三）年から継続的におこなわれた発掘調査によって墳丘・埋葬施設・副葬品の内容が揃って判明している。畿内の後期前方後円墳の具体像を知る上ではやくから注目されてきた古墳であり（註3）、最近では未報告の調査成果に関する報告書も新たに刊行され、その認識が深化している。

墳丘の特徴は、二段築盛で片側（南側）のみに造出を伴う。後円部が前方部より高い後期に特有の形態を示すが、墳丘裾部のアウトラインは左右非対称で盾形に近い平面形を呈する点も大きな特徴である。葺石は、墳丘全面を覆うものではなく、上段裾とテラス部分にのみ鉢巻状に廻ることが明らかとなっており、石材がまばらで墳丘盛土に埋め込むように施工されているのが特徴である。また、埴輪列はテラス上に廻るが、両側のくびれ部付近と墳頂部を中心に樹立され、墳丘全体を囲繞していなかった可能性が高い。

こうした墳丘の諸特徴は、典型的な前期・中期の前方後円墳のイメージとは大きく懸け離れているが、畿内の後期前方後円墳の調査事例を紐解けば、市尾墓山古墳やウワナリ古墳、石上大塚古墳をはじめとする大和の主要な首長墓墳や、勝福寺古墳、大谷山二二号墳などと墳形が類似している。基底部のアウトラインが左右非対称で盾形に近い形状は、後期特有の前方後円墳の墳丘形態の一類型とみなすことも可能である。また葺石の特徴は、今城塚古墳や市尾墓山古墳、郡家東塚古墳など同時期の畿内の首長墓に類似したものがみられ、志段味大塚古墳や峯ヶ塚古墳などの事例から少なくとも五世紀末〜六世紀初頭には同様の施行方法が確立されていた可能性が高い。こうした前方後円墳の墳丘に関する見識は、これまでのところ主に前期や中期の比重が置かれてきたのに対し、後期については研究が進んでいないのが現状であり、一見して特異にみえる物集女車塚古墳の墳丘の諸要素は、むしろ後期的な特徴をよく備えた典型的な事例と評価することも可能である（註4）。

埋葬施設については、後円部に右片袖式の横穴式石室があり、全長一一メートルをはかる。石室の形態は畿内型の特徴をよく備えているが、玄室中央部が胴張状にやや膨らむ点がやや特異である。玄室壁面が六・七段程度で、段数が多い点から古手の様相を示しているが、玄門部の袖石の大型化と羨道の長大化から、六世紀前半でも新しい時期に位置づけるのが妥当で、後述する副葬品や須恵器の年代観とも矛盾はしない。なお、近年の畿内型石室に関する研究のひとつに、大型石室の平面形にいくつかの共通した規格が存在することが指摘されているが、物集女車塚古墳の横穴式石室は淀川流域一帯の首長層に与えられた南塚古墳を指標とする規格と理解されている（註5）。棺については、石室主軸と直交するように二上山白石の組合式家形石棺が安置されており、この石棺の形態についても南塚古墳との類似が指摘されている。また、副葬品の出土状況や馬具のセット関係などから石棺の前面側や羨道部に二・三体の追葬があったことが想定されている。

横穴式石室の内部は盗掘を受けているものの、原位置を保つ遺物が多くあり、残された副葬品の全容をおおよそ把握することができる。装身具類には、広帯二山式冠のほか、銀製空玉や棗玉、ガラス

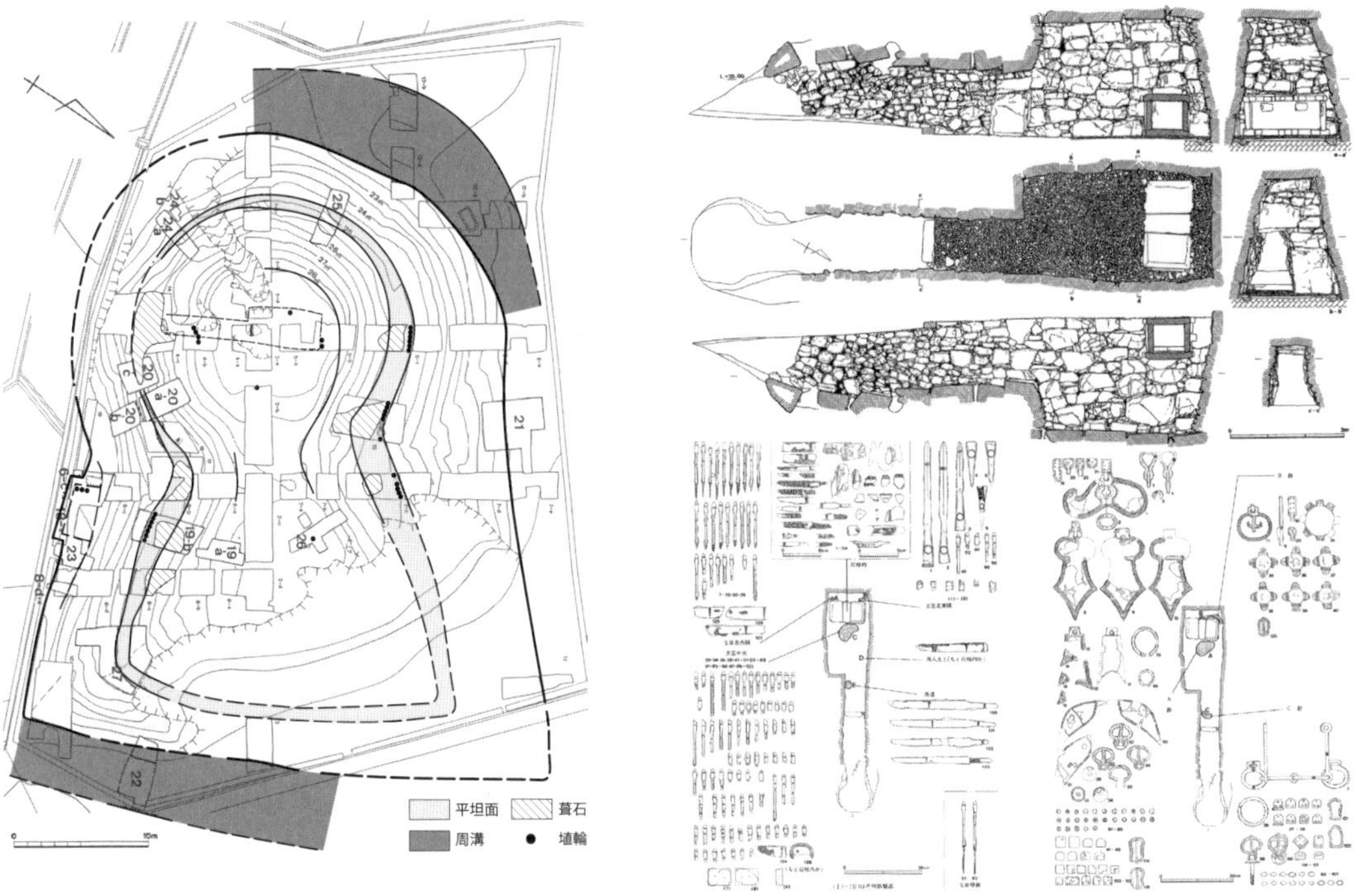

図2　物集女車塚古墳の墳丘（1/700）・横穴式石室（1/250）・主な副葬品（1/16）　（文献註4・5から構成）

小玉などの豊富な玉類があり、銀装の倭系装飾大刀や鹿角装捩り環頭大刀をはじめとする大小の刀類や、胡籙に納められた九〇点以上にもおよぶ数の鉄鏃類、朝鮮半島に広く分布する銀装鉄鉾などの武器・武具類がある。馬具はf字形鏡板付轡・剣菱形杏葉・馬鐸を中心とする一群、三葉文楕円形杏葉を含む一群、鉄製馬具の三セット以上が確認でき、埋葬の人数を示す可能性がある。このうち金銅装の二セットは、家形石棺の周囲から出土しており、いずれかが初葬の石棺に伴うものとみてよい。副葬品のなかでも、銀装の倭系大刀は当時の最高クラスの首長層を中心に流通した形式であり、豊富な種類の長頸鏃や銀装鉄鉾は、朝鮮半島を含む広域的な交流をもとに入手された最新の武器・武具類であることから、武人的な性格を有する新興勢力といった被葬者像が提示されている。（註6）

以上をふまえると、物集女車塚古墳は墳丘の形状や横穴式石室から当該期の畿内の首長墓の典型的なあり方をよく示すが、そのいっぽうで墳丘が中規模で、横穴式石室にやや在地的な様相があり、家形石棺も組合式である点などをふまえると、大和の大型前方後円墳に次ぐクラスの首長層とみなすのが妥当である。また、副葬品の内容から広域的な交流のネットワークを有する被葬者の武人的な性格を読み取ることができ、周辺に前段階の顕著な古墳がみられないことから、淀川流域一帯や乙訓の中で新たに台頭してきた新興の地域首長層とみなすことが可能といえよう。

（三）井ノ内稲荷塚古墳・井ノ内車塚古墳・芝古墳

井ノ内稲荷塚古墳は、小畑川右岸の低位段丘上に立地する全長四六メートルの前方後円墳で、一九九〇年代に実施された調査で後円部の横穴式石室と前方部の木棺直葬が確認され、葺石や埴輪が伴わないことが明らかとなっている。後円部の横穴式石室は全長一〇メートルの右片袖式で、組合式木棺の痕跡とともに複数回の追葬が確認されている。盗掘を受けているものの、装飾大刀や胡籙に納められた七〇点以上の鉄鏃をはじめとする武器類や、三葉文楕円形杏葉を含む計三セットの馬具類などが出土している。前方部の木棺直葬からは、短刀と鉄鏃少数のほか、水晶製算盤玉と須恵器類が出土しているが、その内容から後円部と前方部の被葬者に明確な階層差が認められる。上述した物集女車塚古墳とはほぼ同時期で、なおかつ墳丘と石室も同規模であるが、葺石や埴輪を伴わない点や前方部にも副次的な埋葬施設が存在する点でやや様相が異なる。これに加え、刀剣や鉄鏃の形式と鉄鉾の有無、馬具の種類とセット関係なども異なっており、被葬者の性格のちがいを顕著にあらわしているものとみてよい。そのなかでも井ノ内稲荷塚古墳の武器・武具類は、淀川流域一帯や乙訓周辺などからの入手が想定され、在地色の強い被葬者像が提示されている。(註7) さらに木棺直葬の前方部埋葬は、大和の大型前方後円墳では類例が少ないものの、摂津の勝福寺古墳や富木車《とのきくるま》塚古墳など淀川流域を含めた畿内の縁辺部での事例が多いため、より地域色の強い古墳とみなすことも可能である。

さらに近年では、井ノ内稲荷塚古墳に近在する芝古墳と井ノ内車塚古墳の調査が進展し、その内容が明らかになりつつある（調査トピックス参照）。芝古墳は後円部に造出を伴う全長三二メートルの前方後円墳で、葺石はないが円筒埴輪と朝顔形円筒埴輪の樹立が確認されている。埋葬施設は後円部に全長約六メートルの右片袖式の横穴式石室があり、現状では乙訓最古の横穴式石室とみられることから重要である。井ノ内車塚古墳は全長三九メートルの前方後円墳で、後円部に造出を伴うものの、芝古墳とは逆方向に取り付く。葺石はなく、造出を中心に形象埴輪などがまとまっており、後円部では玄室長約四メートルの右片袖式の横穴式石室が確認されている。

このふたつの古墳については、埋葬施設の形態や出土した須恵器や埴輪などから、物集女車塚古墳や井ノ内稲荷塚古墳にやや先行する六世紀初頭〜前半頃の築造であることが判明している。とりわけ近在する井ノ内稲荷塚古墳との関係性が重要で、この三基はいずれも段築や葺石がなく、横穴式石室がくびれ部に向かって開口する点などが共通しており、造出と埴輪の有無を時期差とみなすと芝古墳→井ノ内車塚古墳→井ノ内稲荷塚古墳へと連続する一連の首長墓系列とみなすことが可能である。ただし、一系列とするには短いスパンで連続し、なおかつ横穴式石室では追葬の問題もあることから、正式な報告を待って改めて検討する必要があるだろう。

さらにこのほかに、埋葬施設を含めた詳細は不明ながら樫原グループの山田桜谷一号墳や天鼓の森古墳、清水谷古墳、向日丘陵グループの西小路古墳、長岡グループの舞塚一号墳や塚本古墳などが、墳形や出土または表採された埴輪などから六世紀初頭〜中頃の築造と考えられている。このなかでも舞塚一号墳や塚本古墳は、長岡京期に削平された古墳であり、今後も未知の古墳がみつかる可能性が大いにある。こうした点から明らかなように、乙訓には当該期の中小規模の前方後円墳がとくに多い点は注目すべき現象であり、このことが相互の関係や乙訓内部の社会構造を考えるひとつの材料といえる。

（四）六世紀前半の乙訓の前方後円墳の被葬者像と地域構造

ここまで強調してきたように、乙訓では三つのグループごとにそれぞれ後期の前方後円墳が築造されているのが特徴で、これに加えて長岡グループでは短期間のうちに次々と前方後円墳を築造することが、近年の調査・研究の成果によって明確になってきた。これは、乙訓というエリアの中で個別の集落・生産域を基盤にした首長層が並立していたことを意味しており、ほぼ同規模の墳丘や石室を備えて横並びで最新の横穴式石室を導入する点を重視すると、それぞれが競合的な関係にあるとみなすのが妥当である。また、墳丘や副葬品などから首長層ごとの性格のちがいも明確であり、物集女車塚古墳については広域的なネットワークを有する新興勢力という評価ができるのに対し、芝・井ノ内の有力層は乙訓内部や周辺地域との結びつきがより強い在地や性格を読み取ることができる。

こうしたいっぽうで、地域の実態を考える上では首長層どうしの相互関係の検討も重要であるが、これについては横穴式石室の構築技術や各古墳から豊富に出土する埴輪などの分析が有効である。特に埴輪については、北の嵯峨野地域も含めた乙訓の内外で古墳築造ごとに工人が移動するような形で生産が継続されたとする見解が示されている。(註8) 先に想定した競合関係とは相反する側面といえるが、乙訓の首長層どうしの横の繋がりを示す現象として注目され、それぞれの首長層の経営基盤が隣接している以上は相互の協調的な関係も必要不可欠なものであることから、その一端が機会の少ない埴輪生産など特殊な事情に表れているとみてよいだろう。

なお、物集女車塚古墳の埴輪には、摂津三島など他地域からの系譜が想定される断続ナデB類技法の円筒埴輪が伴う点で乙訓のそのほかの古墳とは様相が異なっている。これについては、墳丘や横穴式石室に伴う家形石棺、副葬品の内容などから導き出されたより対外的な新興勢力という側面ともよく整合し、乙訓の中での物集女車塚古墳の特異性を際立たせている。先に乙訓では多様な性格をもつ首長層の並立することを指摘したが、具体的にどの有力層が継体大王を積極的に支援した勢力としてふさわしいものであるのかを明らかにすることが、弟国宮が所在した地域的事情を考慮すれば重要である。樫原グループの実態が不明確である点がやや惜しまれるが、広域的なネットワークを駆使した新興勢力である物集女車塚古墳の被葬者と、短期間のうちに中規模前方後円墳を連続して築造した伝統的な芝・井ノ内古墳群の首長層では、対外的な活動範囲が大きく異なっていた可能性が高いことはここまで繰り返し述べた通りであり、物集女車塚古墳の方が墳丘構造や石棺、副葬品など総合的にみてやや優れている点をふまえると、現状ではその候補として有力であると筆者は考える。その当否については、継体大王の宮の所在地や支援勢力と目される地域の古墳の内容などとの比較検討や、古墳の周辺に存在する集落の様相などをふまえ、整合的に検証することが必要であるだろう。

また乙訓では、近年の調査によって六世紀前半の前方後円墳には、総じて後円部に古手の畿内型横穴式石室を伴うことが明らかとなり、乙訓の有力層は横穴式石室の導入に積極的であったことがわかったことは重要である。ただし、井ノ内古墳群や長法寺七ツ塚古墳をはじめとする同時期の小規墳の埋葬施設については、いずれも木棺直葬であり、井ノ内稲荷塚古墳の前方部や墳丘周辺でみつかるより簡易な土壙墓の存在も含めて、乙訓では六世紀前半まで竪穴系埋葬施設が根強く残ることも併せて指摘できる。このことは、埋葬施設の構造差によって被葬者の階層差が表現された地域の実情をよく表しているが、こうした政治・社会的地位の表示方法はむしろ前期・中期に一般的なパターンであり、横穴式石室の規模を規範とした後期古墳に典型的な階層秩序は、[註9]乙訓では少なくとも六世紀前半までは形成されていないことがわかる。隣接する摂津三島の地域においても、昼神車塚古墳の近くで六世紀初頭頃の木棺直葬の慈願寺山古墳群が最近新たに確認されたが、畿内型石室が成立しその定着がはやくに進んだ大和や中・南河内を除けば、六世紀前半に遡る古手の横穴式石室は畿内でもそれほど多くはない。一般的には、六世紀に入ると横穴式石室が出現し、それとともに群集墳が爆発的に拡がるといったイメージが定着しているが、横穴式石室の定着が畿内の中で同一に進んだわけではないことも明白であり、畿内縁辺部では乙訓とよく似た状況が復元できる事例が多くなることが予想される。そのため横穴式石室が各地に広範に普及するのは六世紀後半まで下るものとみてよいだろう。

三　今里大塚古墳の築造と乙訓の後・終末期群集墳

(一)　今里大塚古墳

後続する六世紀後半以降になると、大型古墳の築造が一気に下火になるが、小畑川右岸の段丘上に築造された今里大塚古墳は、独立した大型古墳で、明確にこの時期の首長墓と呼べる唯一の古墳である。径四五メートルの大型円墳とみられるが、周辺部の調査成果や地形などから八〇メートル級の前方後円墳に復元される可能性を残しており、横穴式石室は全長一三メートル以上の巨石墳で、内部には二上山白石の組合式家形石棺を備える。ただし、横穴式石室の上部が崩壊し、内部が完掘されていないことから未確定な要素を残すが、石室構造や出土した須恵器の年代観などから、六世紀末頃～七世紀初頭頃の築造と考えられている。横穴式石室は、京都府内では嵯峨野の蛇塚古墳に次ぐ最大級の規模であり、乙訓のそのほかの古墳とは墳丘と石室規模で一線を画す存在であることから、この時期に乙訓で最も有力な人物が埋葬されている点は疑いない。

(二)　乙訓における群集墳の動向

これ以外の古墳は、内部に横穴式石室を伴う小規模なものが圧倒的多数を占めるようになり、丘陵部や段丘上、山間部奥地の谷あいなどにまとまった墓域を形成するようになる。こうした群集墳とよばれる小規模古墳の動向を概観すると、[註10]樫原グループでは松尾山塊や西芳寺川の水源域に一〇〇基以上におよぶ規模の大きな群が形成され、向日丘陵周辺では過去には物集女周辺では大小数多くの古墳が存在していた可能性が想定されている。長岡グループでは、上流域に新たに大枝山古墳群や福西古墳群など二〇～三〇あまりの中規模な群が形成されるのがひとつの特徴で、大原野を含めた中・下流域には灰方、井ノ内・芝、カラガネ岳、南原などのやや小規模な群が散在する傾向にある。南西の小泉川流域では六世紀前半には顕著な首長墳が認められないが、上流域に走田や大原古などの古墳群で横穴式石室を伴う小規模な群が新たに形成され、小畑川の中下流域の状況と類似する。

それぞれの群の規模をみると、樫原グループや向日丘陵では一〇〇基前後の大規模な群が推定できるのに対し、長岡グループの小畑川中下流域と小泉川流域では対照的に小規模な群が多く、これとは別に小畑川上流域には二〇～三〇基程度の中規模な群もみられることが特徴といえる。このなかでも松尾山の周辺では、平地から離れた山頂付近や狭隘な谷奥に古墳の分布が集中しており、また、大枝山古墳群や福西古墳群の周囲は現在では宅地化が進んでいるが、周辺の地形的特徴は丘陵や段丘部に挟まれた谷あいで、可耕地となる平野部が極めて狭い。いずれも今のところは、古墳時代～古代の集落も確認されていないことから、集落域や生産域から離れて形成された古墳群とみなすのが妥当である。これに対して小規模な群である井ノ内・芝古墳群では、六世紀前半以前から継続する伝統的な墓域であり、さらに周辺にも長法寺七ツ塚古墳群などの古い時期の古墳群も存在する。付近には、上里遺跡や今里遺跡などの同時期の集落が認められることから、集落に近い伝統的な墓域とみなすことができる。このため、より規模の大きな古墳群が集落から離れる傾向にあるのに対し、小規模な群は一般村落と対応するようなあり方を示す傾向にある点は、全国的にみても一定程度普遍的なものと認識されており、(註11)乙訓の場合も同じような対応関係で理解することが可能といえる。

群集墳中の横穴式石室の規模については、乙訓では全長五・六メートル程度の中規模な横穴式石室が主体を占め、全体的には規模の大きな石室は少なく、やや等質的な側面が強い。ただし、西芳寺川・衣笠山・大枝山・福西の各古墳群には径二〇メール以上、石室一〇メートクラスの古墳が一・二基程度あり、こうした古墳の被葬者が地域の有力層である蓋然性は高い。石室形態に関しては、畿内型の石室の特徴を備えるものが大半であるが、調査事例の蓄積がある大枝山古墳群と福西古墳群では平面形に差があることが指摘されている。(註12)さらに大枝山は嵯峨野と、福西は乙訓の一般的な古墳とそれぞれ共通性が高いことも併せて指摘されており、古墳群相互の集団間関係を考える上で重要な視点である。棺の形式については、乙訓では七世紀以降に竜山石製の家形石棺や須恵質の四柱家形陶棺が多くみられるようになるのがひとつの地域的特徴として認識されている。とくに竜山石の石棺は、福西古墳群や走田古墳群に多く、石棺の導入に際して石材産出地との関係性が新たに生まれた可能性がある。陶棺については、須恵器や瓦などの窯業生産との関わりが推定されることが多く、他地域からの集団の移住や新しい手工業生産の勃興などを想定しながら検討を進めていくことが重要である。そのいっぽうで、大和や中・南河内にごく普遍的にみられる釘付式木棺がほとんど確認できない点もこの地域の特徴であり、(註13)棺の形式は地域間や地域内の集団間の関係を復元するのに有効な資料といえる。

なお、先に言及した群集墳の規模と性格付けに関する問題の中で、集落から離れた規模の大きな古墳群の形成背景に屯倉型の地域開発との関連を指摘する意見がある。(註14)乙訓では、六世紀末から七世紀前半にかけて竪穴建物から掘立柱建物へと集落内の建物構造が変化し、これと併せて上里・今里・陶器町の各遺跡で大型掘立柱建物がみられるようになるが、(註15)このような集落域における抜本的な様相の変化も重要である。全国的な建物構造の変化とも歩調を合わせており、外的な要因によって集落の様相が変化するとみるのが妥当といえ、横穴式石室や新しい形式の棺の定着などの墓制上の変化ともおおよそ連動している点は重要である。このため大型の横穴式石室を伴う古墳や新たに出現する古墳群の被葬者に対して、新たに台頭した地域開発の主導者を想定することはあながち荒唐無稽なものではなく今里大塚古墳や福西古墳群がその候補として有力といえる。

群集墳の立地と構成、横穴式石室の構造、棺をはじめとする埋葬方法、墓域と集落との関係など、六世紀後半~七世紀の地域社会を考えるための論点は多岐に渡っているが、乙訓はこうした分析視角が豊富にあり、優れたケーススタディとして相互の関係性を議論していくことが今後は重要である。

(三) 乙訓における終末期古墳と寺院造営

横穴式石室の規模は、七世紀前半以降徐々に縮小化していく傾向にあり、乙訓ではこの時期以降の終末期古墳の調査事例にそれほど恵まれてはいない。ただし、近年調査がおこなわれた長岡グループの白味才西《しろみさいにし》古墳は、比較的大型の横穴式石室を伴う方墳で、乙訓の有力な終末期古墳として注目される。このほかでは、向日丘陵で小規模な方墳（法華寺一号墳）なども確認されており、時期的にやや古いが物集女周辺の長野岡田古墳は陶棺を直接墓壙に埋葬した構造で、石棺も含めて棺を直葬する埋葬施設が一定数存在することも乙訓の特徴である。また、土器などから時期が明らかなもののうち、小泉川上流域の鈴谷古墳が七世紀後半まで下る最も新しい古墳で、これについては明確な墳丘をもたない。隣接する摂津の三島では、中臣鎌足墓の可能性がある阿武山古墳や桑原古墳群などの一部の特異な事例を除けば、塚原古墳群や塚脇古墳群などの主要な群集墳では、墳丘はごく小規模か無墳丘のものが大半であり、薄葬化の傾向が顕著になる点で乙訓もおおよそ類似した状況とみなせるだろう。大和や南河内では横口式石槨が群集墳中にも存在するが、むしろ特異な状況であり、畿内の縁辺部や地方では、埋葬施設は単葬化した小型の横穴式石室か木棺直葬となるのが一般的であり、乙訓の様相もこれと符合する。

なお、七世紀後半になると全国的にも古代寺院の造営がピークを迎えるが、乙訓でも樫原廃寺や宝菩提院廃寺、乙訓寺廃寺、鞆岡廃寺、山崎廃寺などが建立されることがこれまでに知られている。こうして乙訓の古代寺院は、山崎廃寺を除けば六世紀前半までに前方後円墳を築造したグループごとに造営されていることがはやくから指摘されている。直前の六世紀後半~七世紀前半の有力層の古墳が不明確になることから検証の余地を残すが、伝統的な有力グループを継承する形で古代寺院が成立しているのは確かといえる。この時期は乙訓でも古墳の築造が激減しており、小規模なものを含めて終末期の古墳を丹念に拾い上げる作業が、地域の有力層の動向を考える上で重要となるだろう。

(四) 乙訓における六世紀後半から七世紀の社会構造と変化

ここまでみてきた六世紀後半から七世紀という時期は、全国的にみて巨石墳・群集墳の時代とも評されるが、横穴式石室の規模を軸にした新しい秩序の形成がとくに重要視されており[註16]、周辺では北の嵯峨野の地域にその典型的なあり方を見出すことができる。蛇塚古墳や後続する大覚寺古墳群などの大型古墳を中心にして、平面形などに特徴のある横穴式石室の一群が山麓の群集墳にまで一定的な拡がりをみせており、見事なピラミッド型の階層秩序を見出すことができる[註17]。乙訓では、今里大塚古墳の横穴式石室の構造が明確でなく、乙訓一帯を包括するような石室の地域色が現状では明確でないため、同じような社会構造を描き出せるかどうかは定かではないが、群集墳中にやや規模の大きな中核的な古墳が存在しており、これを軸にした一定の秩序が形成されていたとみるのが穏当である。こうした秩序の形成は、埋葬施設の構造差によって階層秩序が表現される六世紀前半から大きく変化しており、横穴式石室が広く普及する六世紀後半を墓制上のひとつの転換期とみなすことが可能である。そのいっぽうで、先に示した六世紀前半以前の動向と比べると、各グループの階層構造や秩序、集団間の関係に対する具体的イメージを描くことが現状では困難で、地域社会の構造を復元することがこれからの大きな課題である。乙訓の場合は、長岡遷都や近現代の開発によって消失した古墳が多くあり、後・終末期古墳の分布や横穴式石室の構造などの基礎情報の充実がまずは肝要である。こうした作業を前提にしながら、横穴式石室の構造などをもとにして集団間関係を丁寧に分析することが今後は重要となるだろう。

四　古墳時代後・終末期の乙訓の地域的特質

これまでの検討をもとに、古墳時代後・終末期の乙訓の地域的特質をまとめると、継体大王が活躍した六世紀前半は、前方後円墳の築造動向からそれぞれ異なる交流のネットワークを有する自立した首長層が並立し、競合的な関係性の中でそれぞれの経営基盤が成り立つ図式を読み取ることができる。そのなかでも、物集女車塚古墳が墳丘構造や石棺、副葬品などからやや質的に優れており、継体大王と最も結びつきが強い被葬者像を想定することも可能である。

後続する六世紀後半については、一部を除いて古墳の規模が急激に縮小することから首長層の動向が不明瞭になるが、個々のグループごとに規模の大きな群集墳を抱え、なおかつ七世紀後半にはそれぞれに寺院が造営されることから、個別の枠組みは堅守されたとみるのが穏当である。とくに七世紀以降は、全国的にみても首長層の把握方法がひとつの課題であり、群集墳の動向や石室構造、埋葬方法などから有力層をあぶり出すことが重要で、国造制や部民制といった当該期の社会制度や、屯倉に代表される地域開発との関連も念頭に置く必要がある。

また、乙訓では埋葬施設の構造と規模から後・終末期の社会構造のあり方と変化を読み取ることができる点は重要であり、六世紀前半は埋葬施設の構造差によって階層差が表現されるのに対し、六世紀後半以降は横穴式石室の規模を軸にした新しい秩序が形成されることから、六世紀後半が地域の社会構造の転換点とみなすことができる。教科書的なイメージとは異なり、畿内型石室を定型化させた大和や中・南河内と五世紀以前に横穴系墓制が浸透した九州を除けば、六世紀前半までは全国的にも竪穴系埋葬が残るのが実情であり、横穴式石室が普及する典型的な古墳時代後期のイメージは、おおよそ六世紀後半以降の様相とみなすのが適切である。この時期に墓制上の大きな変化は、社会組織の変革を伴うひとつの画期を認めることができると筆者は考えており、乙訓の後・終末期古墳の動向は、この時期の全国的な動向ともよく符合するものとして理解できるだろう。

このように、乙訓では六世紀前半に継体大王の弟国宮への遷都という特異な状況が看守できるが、そのいっぽうで後・終末期の古墳築造動向は、全国的な動きと深く結びついたものと評価することも可能である。乙訓という舞台は、首長墓系譜論をはじめとしてはやくから全国的な動向との比較がおこなわれてきた点で研究史上極めて重要であるが、乙訓を対象とした古墳時代研究は古墳時代の社会動向を反映する映し鏡としても重要であり、この点を強調して小稿のむすびとしたい。

（註1）高松雅文「継体大王期の政治的連帯に関する考古学的研究」『ヒストリア』二〇五、大阪歴史学会、二〇〇七

（註2）都出比呂志「古墳時代首長系譜の継続と断絶」『待兼山論叢』二二史学編、大阪大学文学部、一九八八

なお、乙訓の首長系譜は、伝統的に地理的な区分をもとに北から樫原グループ・向日グループ・長岡グループに大別して分析が進められており、小稿でもこれを継承して三つの大別グループごとにその様相を把握していきたい。

（註3）秋山浩三・山中　章編『物集女車塚古墳』向日市教育委員会、一九八八

（註4）笹栗　拓・原田昌浩・渡井綾乃・梅本康広「物集女車塚古墳第4次」『長岡宮跡内裏「東宮」内郭後宮・野田遺跡・物集女車塚古墳』財団法人向日市埋蔵文化財センター、二〇一一

（註5）梅本康広「畿内大型横穴式石室の構造」『近畿の横穴式石室』横穴式石室研究会、二〇〇七

（註6）豊島直博「武器・武具からみた井ノ内稲荷塚古墳・物集女車塚古墳の被葬者像」『井ノ内稲荷塚古墳の研究』大阪大学井ノ内稲荷塚古墳発掘調査団、二〇〇五

（註7）前掲註6に同じ

（註8）原田昌浩「山城盆地北部における古墳時代後期の埴輪生産」『埴輪論叢』七、埴輪検討会、二〇一七

（註9）和田晴吾「群集墳と終末期古墳」『新版古代の日本　五　近畿Ⅰ』角川書店、一九九二

（註10）宇野隆志「北山城における後期古墳の分布と群構成群」・山本輝雄「桂川右岸のおける群集墳の特質」いずれも『京都府の群集墳』京都府埋蔵文化財研究会、二〇〇九、に乙訓の群集墳の概要がよくまとめられており参考になる。

（註11）笹栗　拓「地域社会と群集墳論に関する一考察」『京都府の群集墳』京都府埋蔵文化財研究会、二〇〇九、菱田哲郎「七世紀における地域社会の変容」『国立歴史民俗博物館研究報告』一七九、二〇一三

（註12）丸川義広「横穴式石室平面形態の分析」『大枝山古墳群』財団法人京都市埋蔵文化財研究所、一九八九、丸川義広「横穴式石室平面形態の検討 補稿」『研究紀要』五、財団法人京都市埋蔵文化財研究所、一九九八

（註13）笹栗　拓「北摂・三島における後・終末期の鉄釘出土古墳」『大阪文化財研究』四五、公益財団法人大阪府文化財センター、二〇一四

（註14）前掲註11（菱田二〇一三）に同じ

（註15）古川　匠・柏田友香・大坪州一郎「山城地域」『古墳時代から飛鳥時代へ—集落遺跡の分析からみた社会変化—』古代学研究会、二〇一七

（註16）前掲註9文献に同じ

（註17）広瀬和雄「山城・蛇塚古墳をめぐる二、三の問題」『国立歴史民俗博物館研究報告』一七八、二〇一三

調査トピックス

大山崎町鳥居前古墳

角 早季子

一 はじめに

鳥居前古墳は、天王山から東に派生した独立丘陵の頂部に位置する。墳丘には葺石が葺かれ、埴輪列が廻る。埴輪は、川西宏幸の円筒埴輪編年のⅡ期(註1)に含まれ、相対的には新相にあたる。後円部頂部に位置する竪穴式石槨からは、画文帯環状乳神獣鏡、勾玉、管玉、刀剣、鉄鏃、甲片、巴形銅器、鎌などの農具、針などの工具といった豊富な副葬品が出土した。

乙訓地域に所在する古墳には、低地に立地する古墳と、丘陵上に立地する古墳がある。前者には、今里車塚古墳や恵解山《いげのやま》古墳、物集女車塚《もずめくるまづか》古墳などがある。後者には、元稲荷古墳や長法寺南原古墳、鳥居前古墳などがある。これらは、墳丘から京都盆地が一望できる。とくに、鳥居前古墳は墳丘の築造方法と古墳からの眺望の関係性がうかがえる。

二 鳥居前古墳の墳丘の構築について

鳥居前古墳は、前方部を北北東に向ける前方後円墳である。後円部三段、前方部一段の整形な墳丘に、東側にのみ一段多く築造された状況が発掘調査によって明らかになった(図1)(以下東側にのみ施工された最下段を一段目とする)。一段目は、西側にはおよばず、墳丘を一周しない。本古墳は基本的に地山を削り出して成形するが、東側のみ、前方部側面から後円部くびれ部付近にかけて、墳裾外から少なくとも二段目まで盛土がなされている(図2)。丘陵の東寄りを選地して築造しているため、墳丘築造過程において土砂の足りない東側のみ盛土することで、古墳の設計企画を維持していると考えられる。また、東側からの景観を意識し、古墳をより大きく見せようとした意図がうかがえる。

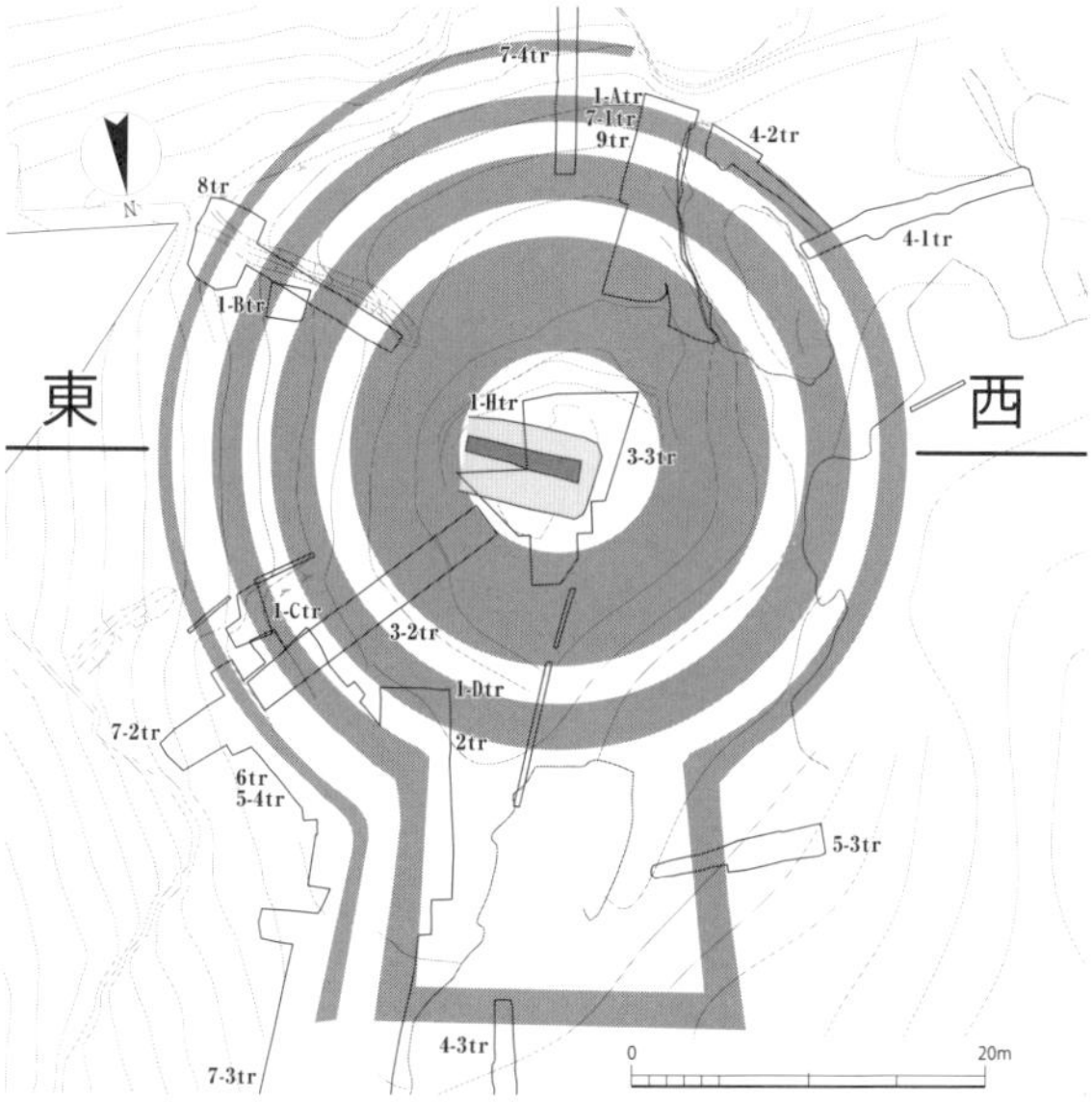

図1　鳥居前古墳墳丘平面図

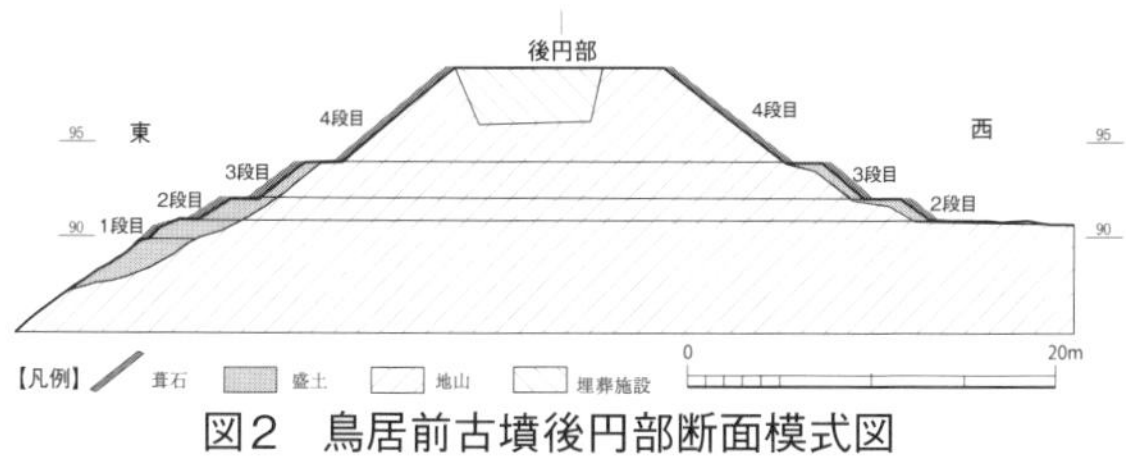

図2　鳥居前古墳後円部断面模式図
(古閑正浩 2012 を一部改変)

三 鳥居前古墳からの可視領域について

鳥居前古墳からの可視領域を国土地理院公開の基盤地図情報をベ

ースマップとし、ＧＩＳソフトウェアの一種であるＱＧＩＳを利用して分析した（図３）。この図面に、古墳時代前期後半から中期初頭の主要古墳と集落を重ねた。北側には、小泉川を挟んで位置する長法寺南原古墳が見える。北東には、伝高畠陵古墳などの向日丘陵上の古墳や、乙訓地域の集落が見える。また、京都盆地の集落と北山、東山が一望できる。東側には、境野一号墳が見える。南東側には、巨椋池を挟んで、庵寺山古墳や西山古墳群が見える。眼下には、淀川、木津川、桂川の三川と巨椋池が見える。一方、西側は天王山によって視界が開けない。

以上のことから鳥居前古墳は東側に眺望が開け、乙訓地域、京都市内、南山城地域の古墳や集落が一望できる場所に位置することがわかる。また、眼下には淀川、木津川、桂川や巨椋池が見下ろせる立地であり、水上交通との関係もうかがえる。

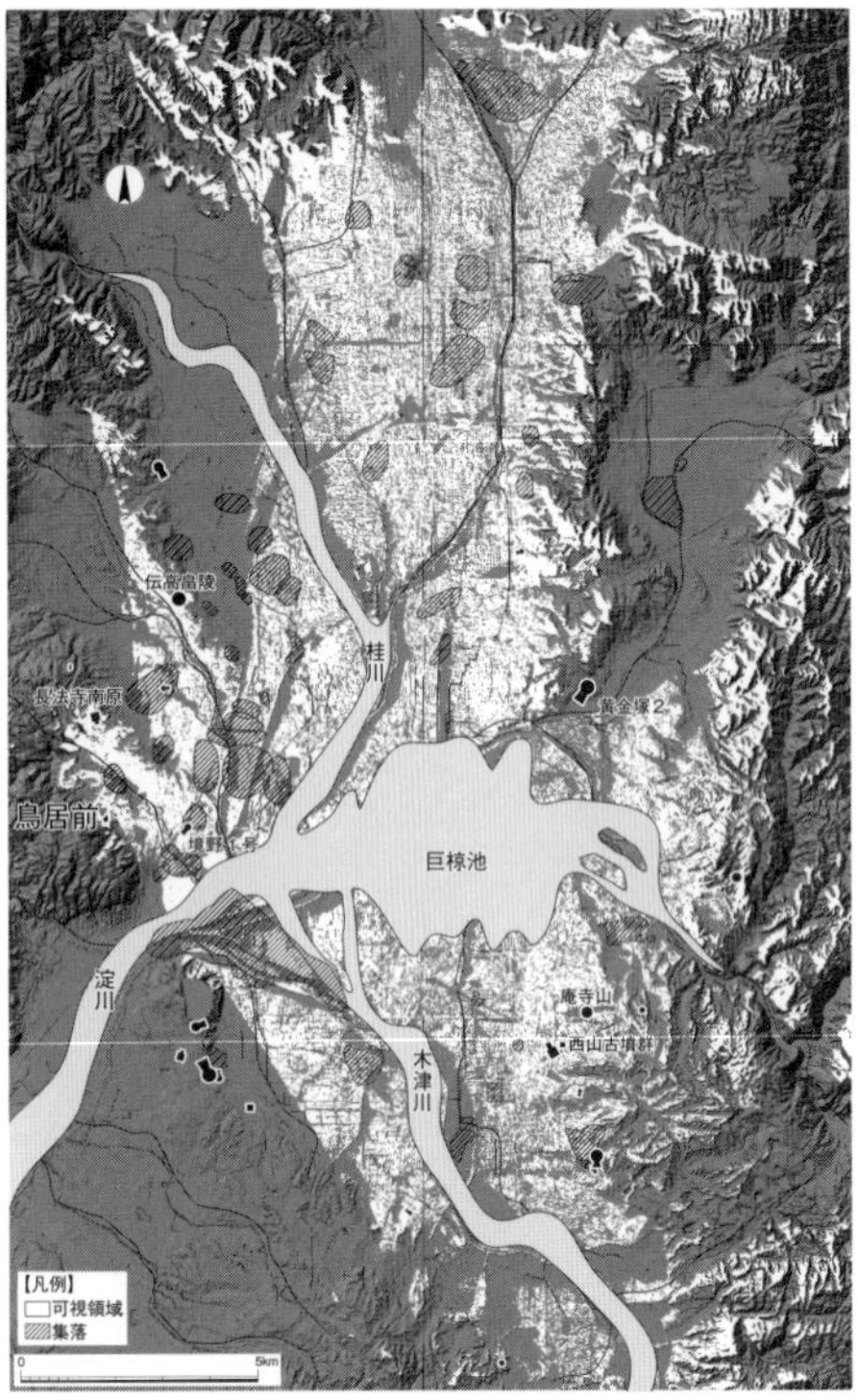

図３　鳥居前古墳からの可視領域

四　おわりに

鳥居前古墳の東側は、盛土を施工しながら一段多く築造されたことが明らかとなった。これは、東側に位置する古墳や集落、水上交通からの視線を意識した造りとなっていることを示している。

鳥居前古墳のように眺望を意識した墳丘構築方法は、乙訓地域の古墳の中では、元稲荷古墳で指摘されている。[註2]元稲荷古墳では、眺望の利く東側が、西側と比べ墳丘が大きく見えるよう施工されている。墳丘構築法と眺望の関係は、一定面積調査されることが前提となる。今後の調査の進展によって、墳丘構築法と眺望についても議論が深まることが期待される。

（註１）川西宏幸「円筒埴輪総論」『考古学雑誌』六四―二、古代学研究会、一九七八

（註２）原田昌浩「元稲荷古墳の墳丘復原と築造規格」梅本康広編『元稲荷古墳の研究』（『向日丘陵古墳群調査研究報告』第２冊）公益財団法人向日市埋蔵文化財センター、二〇一五

参考文献

柏田友香・古川　匠・浅井猛宏「山城地域」『古代学研究会２０１４年度拡大例会・シンポジウム集落動態からみた弥生時代から古墳時代への変化』古代学研究会、二〇一四

古閑正浩『大山崎町埋蔵文化財調査報告書』四三、大山崎町教育委員会、二〇一二

古閑正浩「鳥居前古墳」『乙訓古墳群調査報告書』京都府教育委員会、二〇一五

第二章　副葬品の生産と授受

三角縁神獣鏡の授受と地域

森下　章司

一　配布論と古墳時代研究

古墳時代の政治や社会に関する研究の基礎には、考え方の根本となる説明方法がいくつかある。その重要な柱のひとつは、小林行雄が三角縁神獣鏡の研究から導き出した「配布論」である。（註1）

三角縁神獣鏡の同笵鏡が出土している古墳を調べると、一組の同笵鏡はひとつの古墳に集中するのではなく、全国の古墳で「分有」されていることが判明した。この現象は、各地の首長が個別の活動で三角縁神獣鏡を入手したのではなく、中心となる勢力から各地の首長に配布されたことから発生したとみられる。三角縁神獣鏡のように貴重な器物の授受行為は、配布中枢たる大和政権の影響下での支配関係の成立、服属の証を意味する。すなわち三角縁神獣鏡の配布は、大和政権の勢力圏の成立を意味し、時期による分布の拡大や変化は、勢力圏の動きを物語るものである。

こうした見方は古墳時代のほかの器物の研究にも応用され、石製品や甲冑、馬具あるいは墳形や埴輪に関しても、王権（以下、配布の中枢を「王権」と表現する）から配布されたものとみる説が提出された。副葬品や古墳の諸要素の広がりから、王権の動向を研究することができるようになったのである。

資料の分布から王権をとらえ、地方勢力との政治的関係を考える。方法としては広い意味での考古学の分布論に属するが、分布の背景に授受や服属という「行為」や、それを通じた勢力同士の関係性を読み取る方法が開発されたことに意味がある。銅鏡の分布から支配の中心の推移をとらえる見方は、富岡謙蔵や梅原末治の銅鏡研究でもすでに登場していたが、考古資料から「行為」や「動態」としての政治的関係を説明した配布論は、新次元の研究法を確立したものであった。

その後の研究で対象範囲は大きく広がり、さらに政治的背景について踏み込んだ解釈も進められるようになった。しかし、そうした配布における授受行為の「実際」がどのようなものであったかという点を説明しようとする試みは少ない。（註2）「与える」「与えられる」以上の具体的な状況の説明はとぼしい。もちろん授受の際のやり取りを、考古資料から直接に読み取ることはできない。また古墳に副葬された品という器物の最終的な段階の状況から、授受の段階にまで遡って検討するには、多くの前提条件を考慮することが必要となる。

ここでは配布論をもとに、多くの推測を交えた「思考実験」として授受行為の実態について、いくつかの復元を試みたい。それは向日丘陵古墳群の被葬者のような地域勢力と、王権との具体的な結びつきを推定する手がかりともなるだろう。

なお以下では、同じ笵ないし型から作られた三角縁神獣鏡を「同笵鏡」と呼ぶ。また各種類の三角縁神獣鏡の種類を指す場合は、京都大学考古学研究室作成の三角縁神獣鏡目録番号を使用する。

二　三角縁神獣鏡の授受

（一）三角縁神獣鏡の集積

まず王権の元、配布中枢に三角縁神獣鏡が大量に集積されている状況を想定してみよう。それは多種多様な同笵鏡の組で構成されていることになる。同笵鏡を一組と数えると、三角縁神獣鏡には現在一四〇組あまりが確認されている。

ただし、その中には時期差もある。三角縁神獣鏡の時期区分については研究者によって若干の違いがあるものの、ここでは大雑把に古・中・新の段階に分けて議論を進めよう。古段階では少なくとも五〇組くらいが集められた状況を想定できる。大和古墳群中に位置する黒塚古墳では、二五組の三角縁神獣鏡が出土した。それらは古段階にまとまるもので、王権の中枢に近い位置にあった被葬者が一括して得たものとみてよい。初期の段階に授与できる三角縁神獣鏡として数多くの三角縁神獣鏡の組が集積されていた状況を想定できる。

こうした多数の同笵鏡の組で構成された大量の三角縁神獣鏡の集積から、どのように選ばれ、組合せられ、授与されたのであろうか。

（二）同笵鏡の保管と授与

小林行雄がすでに論じているように、三角縁神獣鏡の集積は、同笵鏡の組や大まかな種類によって整理・保管されていた可能性が高い。「将来され、また保存されていた状態のうちに、比較的容易にその同笵鏡であることがみわけられるような」方式があったものと推定できる。（註3）この論を元にして、新たな資料を加えて改めて検討する。

複数出土古墳での三角縁神獣鏡の組合せを検討すると、多くは異なる同笵鏡の組で構成されていることがわかる。後で触れるように同笵鏡の組をふくむ例もあるが、その割合は一定以下にとどまる。

黒塚古墳では三三面の三角縁神獣鏡が出土しており、先にも述べたように二五組からなる。京都府椿井大塚山古墳では三角縁神獣鏡は三二面以上が出土したが、型式からみると二つの段階のものからなる可能性が高い。ここでは時期差を無視して全体をみると、二七組を数えることができる。

そのほか一〇面以下の出土古墳でも、副葬鏡が同じ組の同笵鏡だけで構成されることは、ほとんどない。同笵鏡同士をまったく区別せず、大量の三角縁神獣鏡のまとまりの中から任意に選んで授与した場合、入手した数全部ないし大半が同笵品で占められてもおかしくはない。同笵鏡の組に関して一定の区別が行なわれ、それが可能な保管・整理状況にあったと考えるのは自然である。

小林は、こうした区別の方法として、三角縁神獣鏡の同笵鏡は五枚一組で「匣」に保管されていたという説明方法を示した。「匣」の存否は証明困難であり、また同笵鏡の組が、「五枚」といった同一面数ですべて構成されていたとは考えられない。しかし、少なくとも保管・管理において区別できる仕組があったことはまちがいない。何らかの形で同笵鏡の組ごとに明確に分けて保管され、そこから各一面取り出して与えたという説明は、資料の倍増した現在においても認められる解釈である。

(三)「種類」による保管と授与

同笵鏡の組だけでなく、三角縁神獣鏡の「種類」に関しても一定の区別があり、そこから意図的に組合せて授与した可能性がある。これについても小林の論で示唆されているが、ここでは区別があったかどうかを問題とする。試みに次のような二大別により、各出土古墳における組合せをみてみよう。

古い段階の三角縁神獣鏡は基本的に四つの乳で内区を区分するものが多い。その中で内区の周囲に長文の銘文をめぐらすものがある(銘帯式　図1左)。一部の鏡式を除いて、各区画に複数の神像と獣像を配し、四神四獣式や三神五獣式などの「複像式」の神獣像配置をとる(見せかけの複像式もある)。

一方、長文の銘を用いず、「天王日月」を基本とした短銘を方格に入れ、獣文などをめぐらすものがある(方格銘式　図1右)。岸本直文による神獣像表現分類②など細身の神像表現がめだつ。[註4]

二つの鏡群の文様の視覚的な違いは大きい。三角縁神獣鏡に何らかの文様的区別がなされたとすれば、この違いが一番に反映している可能性が高い。一定以上の三角縁神獣鏡が出土した古墳について、こうした分類による種類の構成状況を検討したのが表1である。

とくに黒塚古墳や椿井大塚山古墳のような大量出土古墳では、双方の鏡群を、おおむね同程度ふくむことがわかる。ただし兵庫県西求女塚《にしもとめづか》古墳のように銘帯式のみで構成される例もある。また岡山県湯迫車塚古墳では「陳氏」の製品が多くを占めており、特定の「種類」に片寄る例もある。

こうした構成状況は、三角縁神獣鏡の保管においては同笵鏡の組という単位だけでなく、大まかな種類に応じた整理があったことを示唆する。授与の際に文様のちがいを明確に区別して分与したというより、小林の表現を借りると、「鏡群別に管理されているような場合が考えられる」。そこから意図的に組合せを選択して授与した結果、授与→保有→副葬を経て、ある程度の区別が副葬鏡の構成にも残されたものとみる。その意図は、さまざまな種類の三角縁神獣鏡を組合せて与えることにあったものと考える。

(四)三角縁盤龍鏡

さらに特定の種類で、意図的に選択された可能性の高い鏡もある。三角縁盤龍鏡と呼ばれる鏡式は、龍虎などの大型の獣を向かい合わせ、神像を用いない点で、ほかの神獣鏡とは大きく異なる図像構成をもつ。また直径二四センチを越える大型品が多いことも特色である。

出土状況をみると、黒塚古墳と椿井大塚山古墳をはじめとして滋賀県雪野山古墳、同大岩山古墳、兵庫県吉島古墳、大分県赤塚古墳など複数面の三角縁神獣鏡出土古墳の多くが三角縁盤龍鏡をふくむことが注目される(表1)。各古墳に一面しか副葬されないという点も共通する。黒塚古墳や椿井大塚山古墳のような大量副葬古墳でも三角縁盤龍鏡は一面のみである。黒塚古墳では三角縁盤龍鏡のみ木棺小口の頭部側に置かれており、副葬時にも区別があったことを示す。

三角縁盤龍鏡はとくに選ばれて、複数面を授与する場合に一面をふくめるという約束ごとがあったものとみられる。小林行雄は小型の吾作四神四獣鏡(目録番号三五)が西日本に多く分布することから、それが選別されて授与されたものと推定した。複数面を授与する際、特定の種類を選んで組合せる行為もあったと考えられる。

図１　左：銘帯式　右：方格銘式（兵庫県権現山 51 号墳出土）
（権現山 51 号墳刊行会『権現山 51 号墳』1991、第 49・47 図より）

表１　三角縁神獣鏡複数出土古墳の組合せ

出土古墳	面数	盤龍式	銘帯式	方格銘式	三神三獣式	その他
黒塚古墳	33	3	18 21(2) 23 34 35 36-37 (2) 37 40 52 52-53(2) 53 (2) 62 67 79(2)	43 44 57 60 68 70(2) 74 (3)		33 55 100-101
椿井大塚山古墳	32+	3	16 21 25 26(2) 28 32 34 35(2) 37 53 82	9 10 43 44 46(3) 68 69 75 80 81 92	105 109	42(2) 56
湯迫車塚古墳	11	1	13 14 16(2) 18 31	9 74		56 63
西求女塚古墳	7		25(2) 35 37 40 59 67			
石塚山古墳	7+		35	65 70 74	105(2) 107	
万年山古墳	6	2	35 58	76	111 118	
赤塚古墳	5	4		80	104 105	90
権現山 51 号墳	5		16 21 26	48-49		86
吉島古墳	4	2	36	44(2)		
雪野山古墳	3	5	39	44		
大岩山古墳	3	1	15	96		
宮ノ洲古墳	3	6		91		11

数字は京大目録番号　（　）は複数面出土を示す

（五）同笵鏡の複数授与

先にみたように、基本的には同笵鏡の組はあまり重ならない形で組合せられたとみられるものの、一つの古墳から同じ組の同笵鏡が出土していないわけではない。

黒塚古墳では二五組のうちに二面以上の同笵鏡をふくむものは七組もあり、うち一組は三面の同笵鏡である。三割近くの組が同笵鏡二面以上からなる。椿井大塚山古墳出土の三角縁神獣鏡は、二七組中に四組の同笵鏡をふくむ。そのうちの一組は三面からなり、率は一五パーセントとなる。一一面出土の湯迫車塚古墳でも一〇組中の一組が同笵鏡二面である。福岡県石塚山古墳では本来は十数面の三角縁神獣鏡が出土したらしいが、現存の七面中に一組二面の同笵鏡をふくむ。西求女塚古墳は地震で崩壊した埋葬施設からの出土品であり、本来の副葬数は不明だが、七面中に一組二面の同笵鏡がある。さらに副葬数は少ないが、兵庫県吉島古墳や京都府長法寺南原古墳出土の四面中にも一組二面の同笵鏡をふくむ。

このように一定以上の数が副葬された古墳では、そのうちに同笵鏡を二～三面程度ふくむ傾向のあることが確認される（表1で(2)のように表現してある）。黒塚古墳や椿井大塚山古墳のように副葬鏡数が増えれば、ふくまれる同笵鏡の組数が増えてゆく。ただし、三割以上が同笵鏡の組で構成される例はない。一つの古墳から出土する同笵鏡は最多で三面にとどまり、多くが二面に限られる。

偶然というには、複数出土古墳の多くが同笵鏡をふくむ傾向が明確になりつつある。具体的な意図は説明できないが、一定以上の面数を授与する場合には、同笵鏡を複数面入れるという約束事のあった可能性を考える。

（六）参向型の授受

三角縁神獣鏡の授受については、以前は「使者」が各地に赴いて配布したとみる説も有力であった[註5]。それは配布主体としての椿井大塚山古墳の被葬者の役割を大きくみる考えにも起因する。現在では、地方の首長などが配布元を訪れて入手する「参向型」の授受とみる説が強い[註6]。上に復元した三角縁神獣鏡の保管状況と選択の特色も、保管場所に近いところで授受が行なわれたとみないと説明が困難である。

小林は「東方型」「西方型」「中央型」という表現で、鏡群によって配布の段階や対象地域にちがいがあった可能性を論じた。現在では、古い段階の三角縁神獣鏡出土古墳が畿内をふくむ西日本、とくに瀬戸内海に面する地域に集中することは明確である。出現期ないし前期の古墳すべてに三角縁神獣鏡が副葬されるわけではなく、分布地域によって疎密が認められる。「東」と「西」に分けて配布されたのではなく、授与対象者が拡大・拡充していったとみるべきだろう。

「参向型」の器物の授受は、地域から中央への人の動きによって成立する。通説どおり、三角縁神獣鏡が政治的関係の成立によって入手されたものであるなら、以上のような集積と一定の約束にもとづく選択・組合せによる授与の「場」の成立が大きな意味をもつ。

（七）授与の機会

参向型の場合、地域の入手者はどのような機会に授与を受けたのであろうか。

複数出土古墳において、三角縁神獣鏡の型式は年代的なまとまりを示す。椿井大塚山古墳のように複数段階で構成されるものや佐味田宝塚古墳、新山古墳のようにまとまりがとぼしい例もあるが、多くはない。一度の機会に複数面を得るのが基本であったと考える。

一方、複数の古墳の出土鏡群同士が、まったく同じ種類の組合せとなる例は認められない。ただし黒塚古墳や椿井大塚山古墳のような大量出土鏡群中に、ほかの三～四面出土古墳の組合せと共通する組をふくむ例はある。

一致しないだけでなく、組合せ同士を比較すると、重なりをもちつつズレがあるという傾向をみる。新段階の三角縁神獣鏡であるが、最も多く同笵鏡をもつ目録番号九三鏡（天・王・日・月・唐草文帯二神二獣鏡）を出土し、複数の三角縁神獣鏡をもつ古墳の構成を並べると表2のようになる。新段階の三角縁神獣鏡では同笵鏡の組数が少なくなるが、組合せがまったく共通する例はなく、ズレがある。

たとえば地方の二人の首長が同時に中央に参向し、同じ「場」で複数面の三角縁神獣鏡の授与を受けた場合、一致する組合せがかなり多く生じてもよいのではないだろうか。大きくは同じ時期であっても、首長それぞれに授与の機会が異なっていたことを示す。

（八）地域と授受

一方、今後の検討課題であるが、一定地域の首長の授受の機会が接近する場合もあった可能性をみる。三角縁神獣鏡の一組の同笵鏡が特定の地域内から出土するという現象を取り上げる。

中段階の三角縁神獣鏡である目録番号一〇五の天王日月・獣文帯三神三獣鏡の同笵鏡は、一面が椿井大塚山古墳で出土しているほかは、福岡県の石塚山古墳、原口古墳、天神森古墳、大分県赤塚古墳と北部九州で五面が出土している。福岡県御座古墳出土の鏡片も同笵品の可能性がある。

寺戸大塚古墳後円部から出土した櫛歯文帯三仏三獣鏡（目録番号一二一）は、京都府百々池《どどいけ》古墳、園部垣内古墳から同笵鏡が出土しており、森浩一は「大堰川・桂川水系ぞい、あるいは古山陰道ぞいの南北二六キロの範囲となる」ことに注意する。[註7]

河野一隆がとりあげているように、天・王・日・月・唐草文帯二神二獣鏡（目録番号九三）の同笵鏡は、岐阜県円満寺山古墳、長塚古墳、愛知県東之宮古墳と濃尾平野周辺を取り囲むような位置に築かれた前期古墳で共有されている。[註8]ただし先にも述べたように、鏡の組合せ全部が共通するわけではない。

辻田淳一郎は、こうした平野を越えた地域同士で分有される例に関して、一人の地域首長が入手した同笵鏡を周囲に再分配した「二次的授受」と複数の地域首長の入手時期・機会が重なった場合の二つが考えられることを述べる。[註9]

先に述べたように、一つの古墳で四面以上の同笵鏡が出土した例がないことから、目録番号一〇五の三角縁神獣鏡が北部九州の一人の首長に与えられ、そこから二次配布されたとみるのはむずかしい。

副葬鏡の組合せ全部が共通するわけではないから、「同時」機会に入手したものとは説明できないが、特定地域の首長の入手の機会が接近していたために、一組の同笵鏡が共有されることになった可能性はある。福永伸哉[註10]や辻田が述べているように、三角縁神獣鏡の

表2　三角縁神獣鏡93鏡出土古墳の組合せ

ヘボソ塚古墳		88		93					
長法寺南原古墳	80			93（2）	103				
円満寺山古墳				93					134
東之宮古墳			89	93		123	127		
長塚古墳東主体				93				132	

分布が希薄であった地域で、ある段階から三角縁神獣鏡、あるいは仿製三角縁神獣鏡が副葬されるようになる、という現象が認められている。三角縁神獣鏡の授与が、一定範囲の地域の首長たちに対して集中して行なわれた場合の存在を示唆する。

（九）仿製三角縁神獣鏡の授受

以上の分析は三角縁神獣鏡を主体としたものであるが、仿製三角縁神獣鏡に関しては様相が異なる。一般に三角縁神獣鏡に続いて、前期後半段階には仿製三角縁神獣鏡が中央から配布されたと説明されるが、そのちがいは大きい。

まず仿製三角縁神獣鏡に関しては、大和でまとまった数量を出土する古墳が確認されていない。もちろん調査例、とくに前期後半の大型古墳の発掘例がとぼしい点を考慮する必要はある。しかし部分的な盗掘による出土品とはいえ佐紀陵山古墳では大型仿製鏡が出土し、前期後半〜中期初頭にかけての奈良県新山古墳、佐味田宝塚古墳では仿製三角縁神獣鏡が副葬鏡の主体とはなっていない。三角縁神獣鏡を大量出土した黒塚古墳や奈良県桜井茶臼山古墳のように、大和において大量に集められ、重要な鏡群としてまとめて副葬された例や三角縁神獣鏡のように広い地域に与えられた形跡は今のところとぼしい。

また一つの古墳から複数の仿製三角縁神獣鏡が出土している例では、同笵鏡をふくむ割合が高い点も異なる。同笵鏡の組数が少ないことも考慮の必要はあるが、以前に触れたように、一つの古墳で出土した仿製三角縁神獣鏡の同笵鏡は連続して鋳造されたものが組をなす例が多く、鋳造後、順次授与された可能性が高い。[註11] すくなくとも各種の鏡が大量に集積され、そこから選択・授与されるという状況ではなかったと考える。

なお同様の現象を示す例として、仿製鏡の連作鏡があげられる。文様や形態に連続的な変化が認められ、連作品と表現できる三〜五面の仿製鏡が一つの古墳からまとまって出土する例がいくつかある。仿製三角縁神獣鏡と同様に、数面ごとに順次授与されたものであり、大量に集められた集積中から選んで渡すのとは異なる方式ということができよう。

三　器物の組合せと授受

小林行雄は鍬形石・車輪石・石釧といった腕輪形石製品や合子形石製品なども宝器として配布されたものと解釈した。その後、腕輪形石製品の製作地は北陸を中心とすることが判明しているが、配布の中枢は畿内にあり、生産地と配布地は異なっていたとみるのが通説である。

こうした器物も配布されたものとすれば、先に検討した鏡の授与とは如何なる関係で行なわれたのであろうか。

（一）複数器物の授受

三角縁神獣鏡と腕輪形石製品の共伴例は多くある。しかし二つの古墳で三角縁神獣鏡の組と石製品とが種類や型式まで共通する例はない。

東之宮古墳と大阪府弁天山C一号墳は、それぞれ三角縁波文帯神獣鏡（同笵ではない）を出土し、合子形石製品と古い段階の腕輪形石製品も副葬されており、器物の種類というレベルで共通性が高い。ただし合子の型式は異なり、また東之宮古墳には鍬形石・車輪石・石釧の三種が副葬されているのに対し、弁天山C一号墳は鍬形石を欠く。装飾レベルでは、車輪石も型式を異にする。双方に同じ機会にセットとして選択・授与されたとみるのはむずかしい。兵庫県城の山古墳でも三角縁波文帯神獣鏡をふくむ三角縁神獣鏡・合子形石製品・石釧と類似品目をもつが、品目以上の共通性は見出しがたい。

大阪府紫金山古墳と山口県長光寺山古墳とは、仿製三角縁神獣鏡を主体とした鏡の組合せ、古い型式の鍬形石、筒形銅器の出土など副葬品の共通性はかなり高い。仿製三角縁神獣鏡は双方に同笵品をもつ。また福岡県一貴山銚子塚《いきさんちょうしづか》古墳と佐賀県谷口古墳は先にみたように仿製三角縁神獣鏡は共通する同笵鏡をふくみ、鏡群の共通性は高い。しかし谷口古墳では石釧が多く出土しているのに対し、一貴山銚子塚古墳では腕輪形石製品の出土はない。器物の組合せ全体が一致するわけではない。

同一機会における各種品目セットでの授与を積極的に示す例は少ない。器物の種類ごとに授与の機会にちがいがあったと考えたい。王権の中で器物の種類に応じて保管状況を異にし、授与の主体や機会を別にした可能性がある。

（二）授与の機会と地域

授受の機会・方式が色々分かれていたとしても、それが継続的に行なわれたかどうかが王権と地域首長の関係を考える上でもっとも重要である。

これまでにも指摘されていることであるが、三角縁神獣鏡の入手が継続的になされたことが確認できる地域と、散発的あるいは断続的な地域とがある。神戸市域の前期古墳では、西求女塚古墳を筆頭として各段階の三角縁神獣鏡を副葬する古墳が連続して築かれており、ひとつの首長墓系譜が各代ごとに、継続的に授受の機会を得たことを物語る。兵庫県の揖保川流域でも時期を異にする古墳から、各段階の三角縁神獣鏡が出土している。

向日丘陵の首長墓系譜でも、断片的な資料ではあるが、三角縁神獣鏡の古段階（北山古墳）と中段階（寺戸大塚古墳後円部）、仿製三角縁神獣鏡（寺戸大塚古墳前方部　妙見山古墳前方部）が各古墳から出土しており、継続的な入手が行なわれたことを示す。

一方福岡平野では、継続して三角縁神獣鏡が副葬される小地域は認められない。(註12) 東海以東の地域では、一部の地域をのぞいて三角縁神獣鏡の流入は単発的な場合が多かった。

先にみたような選択と授受の場が各代の首長ごとに設けられ、参向型で参画したとすれば、地域によって王権との関係性に格差のあったことを認める。

四　まとめ

以上、三角縁神獣鏡を中心とした副葬品の種類と組合せ関係に着目し、配布にともなう授与行為に関して踏み込んだ推測を行なってみた。

複雑化を避けるために後回しにしたが、こうした議論を行なうためには、いくつもの前提条件を考慮・検討する必要がある。副葬品＝入手品のすべてではない。また「二次配布」のように、中枢との直接の授受以外の入手経路も想定されるが確認はむずかしい。さまざまな経緯や選択を経て古墳に副葬された器物から、元の授受行為を直に復元するのには問題がある。

しかし、そうした条件を考慮した上でも、三角縁神獣鏡をはじめとする多種多様な大量の器物が配布中枢に集積されていたこと、そこから数や種類を「選択」し、組合せて授与されたことは確認できる。授受の機会はさまざまに分かれていた可能性が高く、特定の機会に多数の入手者に一斉に与えるという形式ではなかったと考える。「代替わりをふくむ「中央政権」におけるなんらかの契機に、諸地域の有力者が次々とおとずれ、その際に分与されたとみるのが、現状ではもっとも適合的」とする説明もある。[註13] 中央の事情であるのか、諸地域の事情であるのかは議論が必要であろう。また三角縁神獣鏡以外の器物を考慮するなら、授受の機会は地域の有力者にとって一回性のものではなく、複数回にわたって行なわれた可能性がある。

向日丘陵の前期古墳群の長年にわたる調査は、地域の一連の首長墓の実態に関して豊富な情報をもたらした。その中で明らかになった点のひとつは、代々の首長墓が継続的に築かれたことが明確な一方、古墳の諸要素（墳形　埴輪の特徴　埋葬施設の構造）など変化した要素も大きいことである。

本論で検討した結果から、器物の集積をもとにした選択・組合せによる授与の「場」が設けられ、入手者や器物の種類に応じた多くの機会が与えられたものとみる。それは単なる授与ではなく、ひとつの「制度」として中央と地方の接触の方式が設定され、継続的に維持されていたことを示す。

向日丘陵に築かれた首長墓系譜における変化の大きさも、器物の授受の継続と同列にとらえられ、つながりの不安定性を物語るのではなく、王権との絶え間ない接触と関係性の強さを物語るものと考える。

（註1）小林行雄「古墳の発生の歴史的意義」『史林』三八―一、史学研究会、一九五五、一・二〇頁。以下小林の学説全般については、小林行雄一九六一『古墳時代の研究』青木書店を参照する。
（註2）川西宏幸「同型鏡考―モノからコトへ―」『筑波大学　先史学考古学研究』一一　筑波大学歴史・人類学系、二〇〇五、二五・六三頁、下垣仁志「倭王権と文物・祭式の流通」『国家形成の比較研究』、学生社、二〇〇五、七六・九九頁
（註3）前掲註1（小林行雄一九六一、一〇九頁）
（註4）岸本直文「三角縁神獣鏡製作の工人群」『史林』七二―五、史学研究会、一九八九、一・四三頁
（註5）角川源義「同笵鏡配布者の道」『古代の日本』六　中部、角川書店、一九七〇、五四・六四頁
（註6）前掲註2（川西二〇〇五）、森下章司「器物の生産・授受・保有形態と王権」『国家形成の比較研究』学生社、二〇〇五、一七九・一九四頁、辻田淳一郎『鏡と初期ヤマト政権』すいれん舎、二〇〇七ほか
（註7）森　浩一「まとめ」『園部垣内古墳』同志社大学文学部考古学調査報告第六冊、同志社大学文学部文化学科、一九九〇、一二四・一三一頁
（註8）河野一隆「過去の調査」『長塚古墳範囲確認調査報告書』大垣市埋蔵文化財調査報告書第三集、大垣市教育委員会、一九九三、一一・一九頁
（註9）前掲註6（辻田二〇〇七）に同じ
（註10）福永伸哉『三角縁神獣鏡の研究』大阪大学出版会、二〇〇五
（註11）森下章司「鏡と石製品からみた紫金山古墳」『紫金山古墳の研究―古墳時代前期における対外交渉の考古学的研究―』京都大学大学院文学研究科、二〇〇五、二八三・三〇四頁
（註12）前掲註6（辻田二〇〇七）に同じ
（註13）下垣仁志『三角縁神獣鏡研究事典』吉川弘文館、二〇一〇、二四二頁

鉄製品の多量副葬とその意義

阪口　英毅

一　恵解山古墳の副葬品埋納施設

恵解山《いげのやま》古墳は、長岡京市勝竜寺・久貝に所在する前方後円墳である。これまでの発掘調査によって、墳丘長約一二八メートル、後円部径約七八・六メートル、前方部幅約八〇メートルを測ること、後円部・前方部ともに三段築成であること、前方部の両側に造り出しを設けること、葺石・埴輪・周濠を備えることなどが確認されている[註1]（図1）。乙訓古墳群における最大規模墳であり、山城地域に範囲を広げても久津川車塚古墳（墳丘長約一八〇メートル）に次ぐ威容を誇る、古墳時代中期を代表する古墳の一つといえる。

　後円部の埋葬施設については、結晶片岩・石英斑岩・竜山石の石材が出土したことから、それらを使用した竪穴式石槨や長持形石棺が存在した可能性が指摘されているが、残念ながら詳細は不明である。一方、前方部においては、多量の鉄製品をおさめた副葬品埋納施設[註2]が発掘調査されており、このことが恵解山古墳を全国的にも著名な古墳たらしめている。

　副葬品埋納施設は、前方部第三段墳丘のほぼ中央部に、施設の長軸を墳丘主軸線に平行させて設営されたものである（図1）。墓地造成工事中の重機の掘削により、その北半に攪乱をこうむっていたが、長さ六・三メートル以上、幅〇・九メートル程度の平面隅円長方形の坑に、長さ五・六メートル以上、幅〇・七～〇・七五メートル、内法の深さ〇・二メートル程度の木櫃状の構造物を設置し、小口を粘土塊でおさえていたものとみられる。釘や鎹が出土していないことから、木櫃状の構造物は緊結金具を使用しない組み合わせ式のものであったと推定されている。その中に、多量の鉄製品を六群

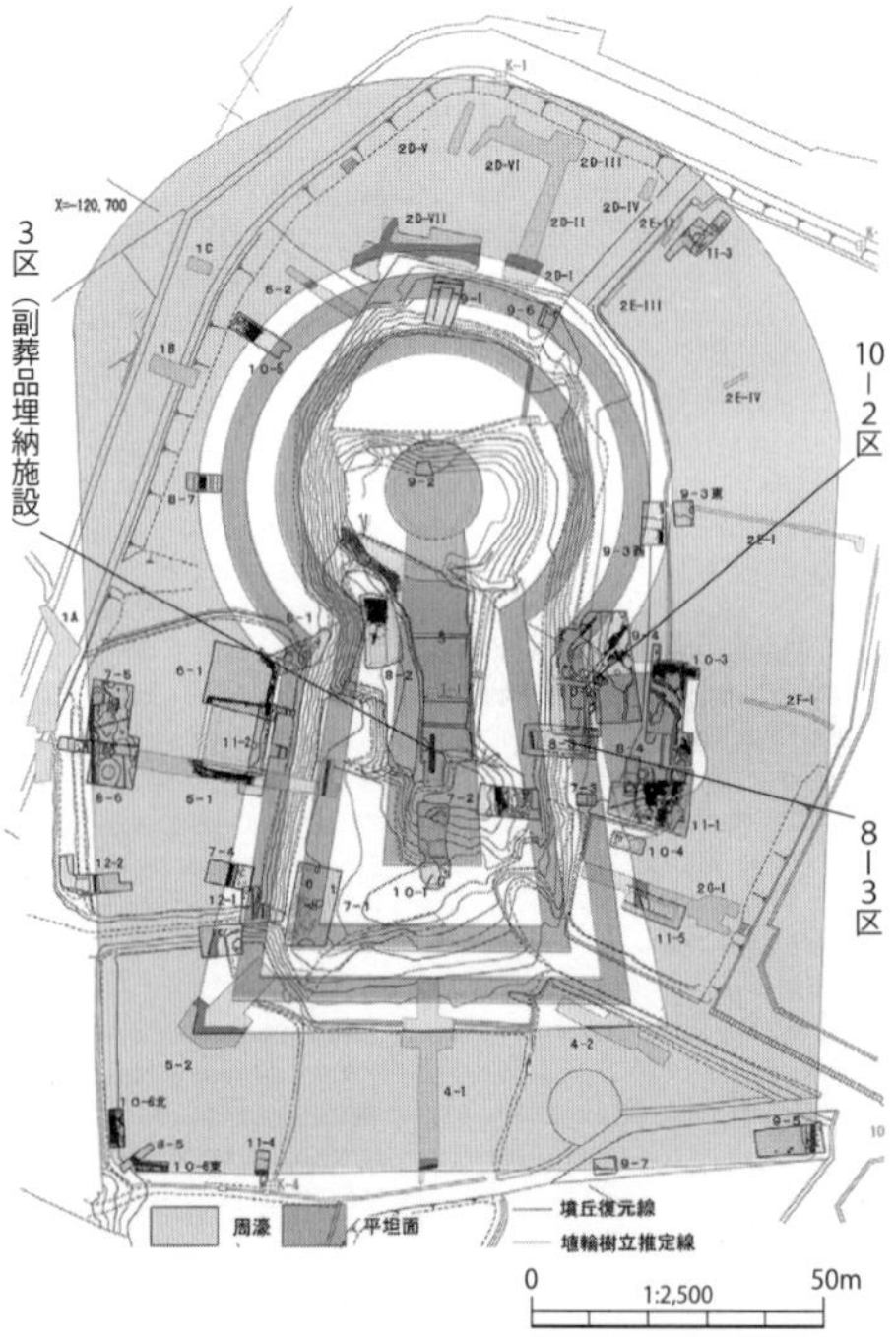

図1　恵解山古墳墳丘復元図

に分けて埋納していた（図2）。一見してわかるとおり、施設内には人体を埋葬するスペースはまったく認められない。鉄製品の六群はA～F群と呼称されているが、それぞれの上層と下層で鉄製品の品目を区別し、さらに多様な形式をそろえる鉄鏃（図3）においては群ごとに形式の相違を意識した上で埋納している（表1）。また、一点の短刀も含めると一三三点以上にも及ぶ刀剣の切先方向をすべて南側にそろえることからも、きわめて計画的に鉄製品が配置された様相を看取しうる。先にふれた、墳丘における設営位置をみても、古墳築造の工程において、副葬品埋納施設は明確な計画性をもって設営されたと評価できよう。

また、恵解山古墳では、前方部東側の調査区である八‐三区でも農工具を主体とする多量の鉄製品が、一〇‐二区では斧形石製品一点が、それぞれ墳丘盛土の再堆積層から出土した（図1）。このことから、先にみた副葬品埋納施設とは別の埋納施設、あるいは埋葬施設が前方部に設営されていた可能性も指摘されている。

このように、主たる埋葬施設とは別個に多量の副葬品を埋納する施設を設営する事例を、いかに評価できるだろうか。本稿では、この課題に対し、研究史上でも注目されてきた副葬品埋納施設および多量副葬という二つの論点を軸に、これらをあわせもつ事例が存在する意義について考える。それをふまえて、乙訓古墳群における恵解山古墳の位置づけについて論及することとしたい。

二　副葬品埋納施設の諸例

ここでは、副葬品埋納施設を、「主たる埋葬施設とは別個に設営され、人体埋葬の痕跡が認められず、副葬品のみが埋納された施設」と定義する。この条件を満たす事例を管見の及ぶ範囲で集成したところ、古墳時代前期から中期にいたる二三古墳の三七事例をみいだした（表2）。ただし、学史的に著名な事例を抽出したにとどまっており、おそらくは遺漏も多いことと思われる。また、奈良県大和天神山古墳や大阪府七観古墳などのように、人体埋葬の存否について確定しえない事例をも含めて提示している。しかしながら、そうした不確定要素を考慮したとしても、古墳全体の数からみれば

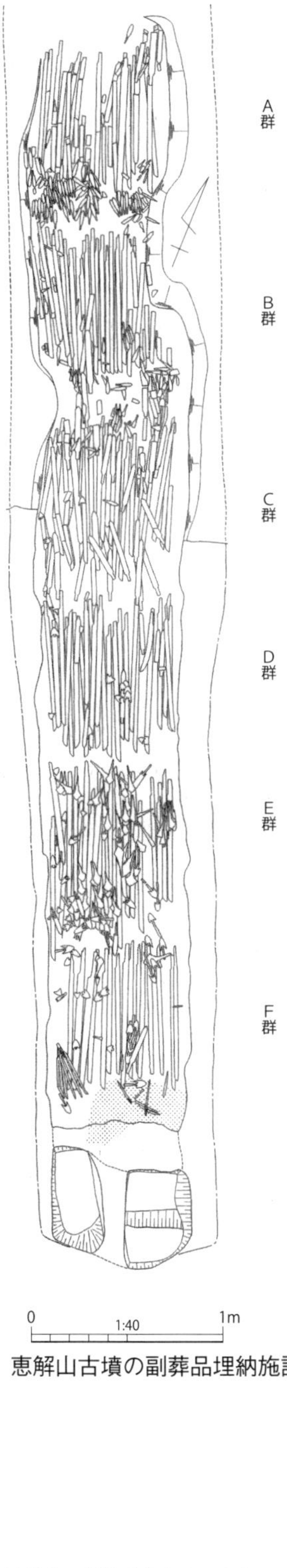

図2　恵解山古墳の副葬品埋納施設

表1　恵解山古墳前方部出土遺物

調査区	群別		鉄刀	鉄剣	短刀	鉄槍	鉄鏃 A	B	C	D	E	F	G	H	I	J	K	L	M	ヤス状刺突具	鉄斧	鋤先	手鎌	鉄鎌	刀子	斧形石製品	備考
3区(副葬品埋納施設)	A群	上面	0	0	0	3	50≦	0	0	0	0	0	0	0	0	0	0	0	0	0	0	0	0	0	10	0	重機により攪乱。
		下面	17≦	3	0	0	−	−	−	−	−	−	−	−	−	−	−	−	−	0	0	0	0	0		0	
	B群	上面	0	0	0	1	60≦	0	0	0	0	0	0	0	0	0	0	0	0	0	0	0	0	0	0	0	重機により攪乱。
		下面	25≦	1	0	0	−	−	−	−	−	−	−	−	−	−	−	−	−	0	0	0	0	0	0	0	
	C群	上面	0	0	0	1	30≦	0	0	0	0	0	0	0	0	0	0	2	1	0	0	0	0	0	0	0	重機により攪乱。
		下面	23	2	0	0	−	−	−	−	−	−	−	−	−	−	−	−	−	0	0	0	0	0	0	0	
	D群	上面	0	0	1	5	0	1	0	0	0	1	0	0	0	0	0	8	5	0	0	0	0	0	0	0	
		下面	21	3	0	0	−	−	−	−	−	−	−	−	−	−	−	−	−	0	0	0	0	0	0	0	
	E群	上面	0	0	0	0	0	11	5	25	13	4	6	2	3	6	8	2	14	0	0	0	0	0	0	0	
		下面	20	2	0	0	−	−	−	−	−	−	−	−	−	−	−	−	−	0	0	0	0	0	0	0	
	F群	上面	0	0	0	1	0	0	1	1	0	7	6	2	0	1	2	4	8	2	0	0	0	0	0	0	
		下面	15	0	0	0	−	−	−	−	−	−	−	−	−	−	−	−	−	3	0	0	0	0	0	0	
	不明		16	1	0	14≦	183≦(すべてA形式)													0	0	0	0	0	0	0	
8−3区・10−2区			0	6	0	0	1													0	36≦	10≦	1	5≦	5	1	
計			121≦	17	1	11	288≦													5	36≦	10≦	1	5≦	15	1	

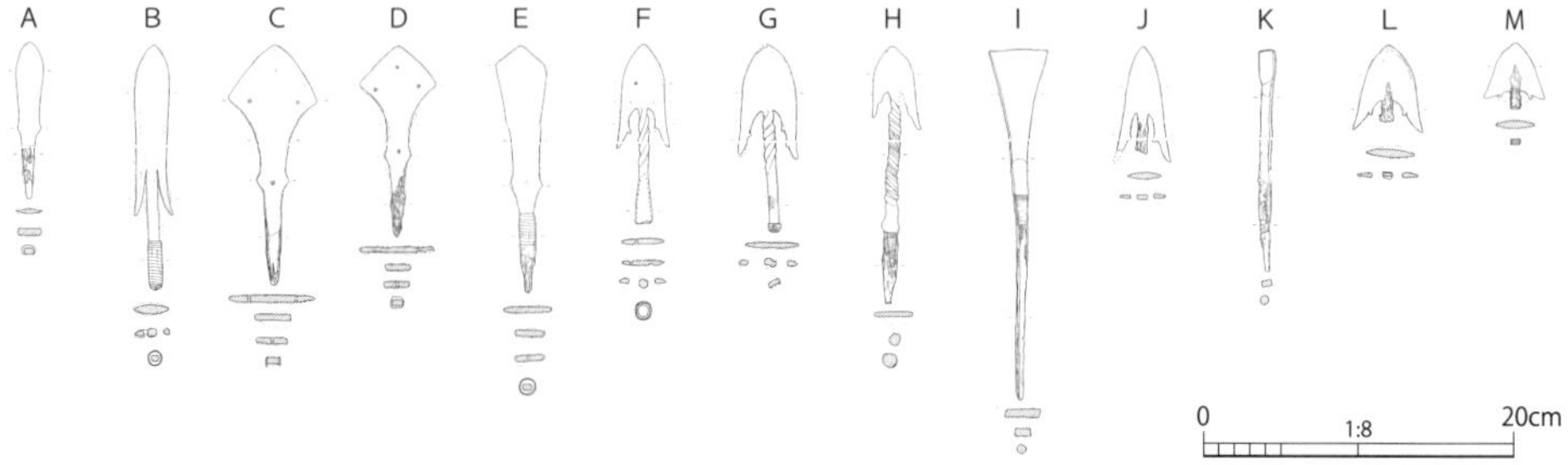

図3　恵解山古墳出土鉄鏃の形式

決して普遍的とはいえない存在であることは十分に了解されるであろう。

副葬品埋納施設という語で一括してはいるものの、各事例を構成する属性の内実は、一見して多様であることがわかる。主たる埋葬施設に近接して設営された小石室に大型の内行花文鏡一面を埋納していた奈良県下池山古墳・柳本大塚古墳のような事例もあれば、巨大前方後円墳を主墳とする陪冢とみなされ、きわめて多量の鉄製品を埋納していた大阪府アリ山古墳・野中古墳などのような事例もある。

陪冢とされる事例の中には、大阪府西墓山古墳や奈良県大和六号墳のように、墳丘の調査範囲のどこにも人体埋葬の痕跡が認められず、「遺物のみを埋置した陪冢[註3]」や「副葬用陪冢[註4]」として注目を集めてきた事例も含まれる。ただし、人体埋葬の不在を完全に証明することは困難であることも事実であり、「いずれの陪冢にも人体埋葬がともなうと考えた方が理解しやすい[註5]」との見解もある。

恵解山古墳の副葬品埋納施設の類例を求めるならば、前方部に設営している事例として、大阪府盾塚古墳、岐阜県遊塚古墳(図5)、大阪府百舌鳥大塚山古墳、福井県向山一号墳(図5)、大阪府黒姫山古墳、奈良県今井一号墳をあげることができる。副葬品埋納施設の規模と構造が類似する事例としては、西墓山古墳(図5)をあげうる。鉄製武器を中心とする副葬品の質と量については、百舌鳥大塚山古墳四号施設・五号施設、西墓山古墳東列、七観古墳第三槨などと対比することができるだろう。

三　副葬品埋納施設をめぐる論点

辻川哲朗は、こうした副葬品埋納施設を「器物埋納施設」と呼称し、「主たる埋葬施設との平面的関係」に着目して以下の類型に分類した[註6]（図4・表2）。

1類　主たる埋葬施設の棺・槨外かつ墓壙内に設ける。

2類　主たる埋葬施設の墓壙外であり、かつ後円（方）部内に設ける。

3類　主たる埋葬施設外であり、同一墳丘内の前方部に設ける。

4類　主たる埋葬施設のある墳丘とは別個に、独立した別墳丘内に設ける。

辻川は、「器物埋納施設」の時間的な様相として、1・2類は前期前葉までさかのぼるが、3類は前期中頃に、4類は中期中頃以降に出現すること、時間が経過するにしたがって主たる埋葬施設から設営位置が離れていく傾向が認められることを指摘した。また、空間的な様相として、前・中期を通じて近畿地方中央部に集中すること、とくに4類は近畿地方中央部に限定されることを指摘している。

以上のように様相を整理した上で、辻川は「器物埋納施設」の成立を、①埋葬儀礼空間の拡大、②埋葬儀礼段階の増加、③多量埋納の実現、という三つの目的によるものとみた。その背景として、「儀礼の視覚的強調」が意図されていたとし、①・②によって「埋葬儀礼を参列者に大規模に、かつ反復してアピールした」と考えている。また、文化人類学において〈蕩尽行為〉とされる行動様式を参考に、③を「稀少性をもつ「威信財」を多量に廃棄（消費）することで、埋葬儀礼主宰者の社会的威信を高める」行為と解釈する。

豊島直博は、辻川による類型に照応すれば2〜4類に該当する「鉄器埋納施設」を対象に、埋納品に着目した分類を提示した[註7]。すなわち、「甲冑を埋納しない施設は刀剣、鉄鏃、鉄鋌など、特定の器種を極めて多量に埋納する傾向があるのに対し、甲冑を含む施設は武器や農工具の埋納量が少ない傾向が認められる」とし、前者を「武器型鉄器埋納施設」、後者を「甲冑型鉄器埋納施設」と呼称する（表2）。武器型鉄器埋納施設は中期初頭から中葉、甲冑型鉄器埋納施設は中期中葉から後葉まで存続するとする。さらに、武器型鉄器埋納施設に埋納された刀や鉄鏃の型式学的検討をふまえ、それらの武器は実戦用ではなく、儀礼に用いる儀器としての性格をもつものと解釈した。

四　多量副葬をめぐる論点

豊島はまた、鉄製品の多量副葬を検討するにあたり、棺内副葬武器は被葬者の「生前の武威や活躍を表象」するのに対し、棺外副葬武器は儀礼主宰者の「武器の保有量に裏付けられた軍事力、ひいては鉄資源を豊富に入手する能力を儀礼参加者に対して表象」していたと考えた[註8]。武器型鉄器埋納施設についても、「棺外副葬と同様に儀礼の参加者に多量の鉄器を埋納する儀礼を見せることに重要な意義があったと想定」している。

川畑純は、前期から中期にいたる武器副葬事例を丹念に集成し、その展開と変遷をあとづけることにより、「中期中葉の画期」を指摘した[註9]。前期後半から中期前半にかけて武器副葬量は増加の一途をたどり、分布に「畿内地域の優位性」と九州地方北部以外の「東方偏重」が認められるのに対し、中期後半には武器副葬量において上

副葬品											備考	類型	
農工具							石製品			そのほか		辻川 2000	豊島 2000
手鎌	斧	刀子	鉇	鑿	錐	鋸	鎌	斧	刀子				
										鏡 1	大和古墳群	1類	－
										鏡 1	大和古墳群	1類	－
		○	○							鏡 23，楔形鉄製品，朱	大和古墳群	(2類)	武器型
19	14	45≦	51	3≦	1					銅鏃 236，鉄製弓 1，銅製弭 1，石製鏃 50，玉杖		2類	武器型
	10	29	16	4						鏡 5，八ツ手葉形銅製品 1，銅釧 1，筒形銅器 5，鍬形石 1，車輪石 3，石釧 1，石製坩 1，石製紡錘車 1，石製鏃 7		1類	武器型
										琴柱形石製品 4，紡錘車 1，勾玉 110，管玉 19，垂飾品約 21，筒形銅製品片 2，櫛 3		1類	武器型
20	(17≦)										古市古墳群	3類	武器型
30	2	18	25	48	42	9				埴製盒 4，手斧 9，鋳鉄製斧形品 5，銛 12，ヤス約 10，釣針 4，針約 30，筒形銅器 1，碧玉釧形品 1		1類	－
	2		5				5	8	137	坩形石製品 1，車輪石 1，鑿形石製品 1，鉇形石製品 1，銅鏃 33，柄付手斧 1，陶質土器 1，革製漆塗盾		3類	武器型
												3類	武器型
1	36≦	5						1					武器型
										ガラス小玉 535，筒形石製品 1，膸当 4，草摺 1，鉄枠付盾 1，柄付手斧 1，櫛約 200	百舌鳥古墳群 1号槨・7号槨は埋葬施設	2類	甲冑型
										櫛 1			甲冑型
	1		1			1				柄付手斧 16，鉗 1，そのほか鉄製品 4			武器型
												3類	武器型
										小札 114			武器型
										手斧 1，鏨 1，鉄棒 1			－
										金銅製帯金具 5，円環形青銅製品 1，筒状青銅製品 10≦，鋳造鉄斧 3，轡 3，鉸具 1，円環形鉄製品，素環頭状鉄製品		1類	－
85	7	5	12	7	15	1				鉄床 1，頬当状鉄製品 2，棒状鉄製品 2，石突状鉄製品 4，鍑 1，巴形銅器 4			－
	57	4									古市古墳群，墓山古墳の陪冢	4類	武器型
72≦	139≦	45≦	102≦	132≦	9≦	12≦	1≦	10≦		異形鉇 46≦，刺突具 66≦			武器型
	134	151	14	90	1	7				鉤状鉄製品 412，異形鉇そのほか 4，土製丸玉 11	古市古墳群，誉田御廟山古墳の陪冢 中央施設は埋葬施設	2類／4類	武器型
										帯状鉄板 15≦			－
										轡 1，鞍 1，鐙 2，雲珠 4≦，鉸具 8，三環鈴 2	百舌鳥古墳群，上石津ミサンザイ古墳の陪冢 第1槨（東槨）は埋葬施設の可能性あり	2類／4類	武器型
	4		1							素環頭大刀 1，柄付手斧 2			甲冑型
										素環頭大刀 2，蛇行剣 2			武器型
										鎹（木櫃状施設緊結用）10≦，盾と思われるもの		2類	甲冑型
(10)	106	(67)	13	(10)			6	1			佐紀古墳群，ウワナベ古墳の陪冢	4類	武器型
												3類	甲冑型
										弓 6，靫 4，小札草摺 2		1類	甲冑型
										鉄製草摺	古市古墳群，墓山古墳の陪冢 第2列は埋葬施設	1類／4類	甲冑型
									○	石臼 1，石杵 1，金銅金具片 13			武器型
	30												武器型
14			○	2	○					刺突具 2			武器型
	57	4					13	6	360	鏡 2，蜘蛛手形鉄製品 2，鏃形石製品 1，双孔円板 1，勾玉 725，子持勾玉 4，臼玉約 20,000	百舌鳥古墳群，百舌鳥御廟山古墳の陪冢	4類	武器型
		2								鉄製草摺 4，鐔 6		3類	甲冑型
												3類	甲冑型

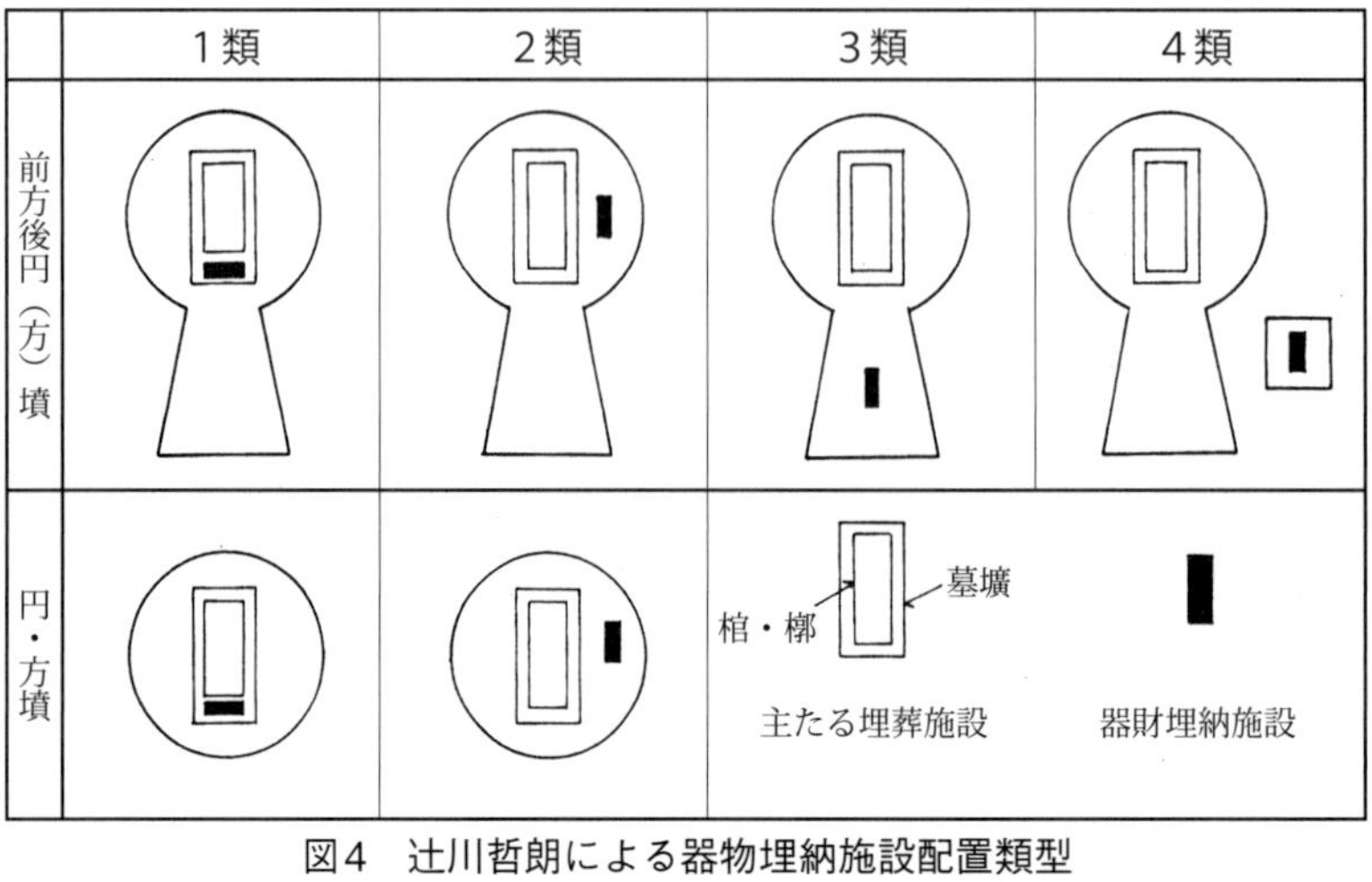

1類　主たる埋葬施設の棺・槨外かつ墓壙内。
※本稿では、無墓壙かつ埋葬施設と同時構築と認められる事例も、1類に含める。

2類　主たる埋葬施設の墓壙外であり、かつ後円（方）部内。

3類　主たる埋葬施設外であり、同一墳丘内の前方部。

4類　主たる埋葬施設のある墳丘とは別に、独立した墳丘内。

図4　辻川哲朗による器物埋納施設配置類型

表２　副葬品埋納施設の諸例

古墳名	府県	墳丘		時期	副葬品埋納施設																
		形状	規模（m）		位置	名称	構造	規模（m）		鉄鋌	鉄製品										
								幅	長		武器					武具					
											鏃	刀	剣	ヤリ	ホコ	甲	冑	頸甲	肩甲	鎌	鍬鋤先
下池山古墳	奈良	前方後方墳	125	2 期	墓壙内	小石室	竪穴式石槨	0.42	0.45												
柳本大塚古墳	奈良	前方後円墳	94	2 期	墓壙内	副室	竪穴式石槨	1.06	1.06												
大和天神山古墳	奈良	前方後円墳	113	3 期	後円部	木櫃主体	竪穴式石槨	1.4	6.1		5	3	4							1	
メスリ山古墳	奈良	前方後円墳	235	3 期	後円部	副室	竪穴式石槨	0.72	6.0		5（矢）	1	1	212≦							
新沢千塚 500 号墳	奈良	前方後円墳	62	3 期	後円部	副槨	木櫃状施設	0.5	6.5≦		1	23	4	8	1	1				18	21
池ノ内５号墳	奈良	円墳	16	4 期	−	第３棺（施設）	木棺 or 木板	0.42	2.83			13	9								
盾塚古墳	大阪	帆立貝式古墳	73	4 期	前方部	前方部遺構	不明	不明	不明			40	15		6（3≦）					2（6≦）	4（5≦）
金蔵山古墳	岡山	前方後円墳	165	4 期	墓壙内	中央石室副室	竪穴式石槨	0.75	1.6		43				2					19	8
遊塚古墳	岐阜	前方後円墳	80	5 期	前方部	埋納施設	土坑	0.85	2.2		67	3	18		1					4	
恵解山古墳	京都	前方後円墳	128	5 期	前方部	副葬品埋納施設	木櫃状施設	0.75	5.6≦		472≦	146≦	11	57≦							
						−	不明	不明	不明		1		6							5≦	10≦
百舌鳥大塚山古墳	大阪	前方後円墳	163	5 期	後円部	2 号施設	粘土槨	0.65	5.9				1			4	1				
						3 号施設	粘土槨	不明	5.6				1			1	1				
						4 号施設	粘土槨	不明	不明		6 群	2 群約 100			1					2	
					前方部	5 号施設	粘土槨	不明	不明			5	86		17						
						6 号施設	粘土槨	不明	不明		117	1	1		3						
						8 号施設	粘土槨	不明	不明												
行者塚古墳	兵庫	前方後円墳	99	5 期	墓壙内	中央副葬品箱	木櫃状施設	0.25	0.8												
						西副葬品箱	木櫃状施設	0.35	1.5	40	9	6	8		1					15	6
西墓山古墳	大阪	方墳	20	6 期	−	東列	木櫃状施設	0.6	4.8		42	109	87≦	1							
						西列	木櫃状施設	0.6	5.4			56								237≦	294≦
アリ山古墳	大阪	方墳	45	6 期	−	北施設	木櫃状施設	1.38	3.02		1542	77	8	8	1					201	49
						南施設	木櫃状施設	不明	不明												
七観古墳	大阪	円墳	50	6 期	−	第１槨（東槨）	粘土床	0.85	2.0≦		75≦	3									
						第２槨（西槨）	木櫃状施設	0.9	1.3≦		20	3	1	6	1	7≦	8	4	3≦		
						第３槨	粘土床	0.7	4.0≦			130≧	30≧	1	3						
御獅子塚古墳	大阪	前方後円墳	55	6 期	後円部	第２主体部	木櫃状施設	0.65	4.4		184	1		3	4	1	1	1	1		
大和６号墳	奈良	円墳	30	6 期	−	埋納施設	粘土床	0.5	2.0	872										100	85
向山１号墳	福井	前方後円墳	46.8	7 期	前方部	前方部武器武具埋納施設	木櫃状施設	0.6	3.5		58	9		1	2	1					
土保山古墳	大阪	円墳	36	7 期	−	2 号棺	粘土槨	0.7≧	2.85≧		百数十						2		2	1	
野中古墳	大阪	方墳	37	7 期	−	第１列	木櫃状施設	0.42	3.95			8	3			10	10	7	7		
						第３列	木櫃状施設	不明	約 3		111≦	1≦									
						第４列	木櫃状施設	不明	不明	129≦		145	13		3						
						第５列	木櫃状施設	1.0≦	1.5≦	○										2≦	15≦
カトンボ山古墳	大阪	円墳	50	7 期	−	主体部	粘土床	1.2	不明		20	4	7		1						
黒姫山古墳	大阪	前方後円墳	116	7 期	前方部	前方部石室	竪穴式石槨	0.83	4.03		56	14	10		9	24	24	12	12		
今井１号墳	奈良	前方後円墳	31	7 期	前方部	前方部土坑	土坑	1.25	2.5		約 100		○			1	1	1	1		

〈凡例〉

・「時期」は『前方後円墳集成』編年〔広瀬 1991〕による。 広瀬和雄　1991「前方後円墳の畿内編年」『前方後円墳集成』中国・四国編、山川出版社、pp.24-26

・「類型」の〔辻川 2000〕および〔豊島 2000〕は下記の文献を指す。各類型の定義は下記によるが、各事例がいずれの類型に属するかの判断ついてはあらためて検討しており、必ずしも下記とは一致していない。

辻川哲朗　2000「器財埋納施設に関する一解釈」『考古学に学ぶ』同志社大学考古学シリーズⅦ　同志社大学考古学シリーズ刊行会　pp.279-287

豊島直博　2000「鉄器埋納施設の性格」『考古学研究』46－4　考古学研究会　pp.76-92

〈引用文献〉

下池山古墳　卜部行弘（編）　2008『下池山古墳の研究』橿原考古学研究所研究成果 9　奈良県立橿原考古学研究所
柳本大塚古墳　佐藤小吉　1919「磯城郡柳本村大字柳本字大塚所在大塚発掘古鏡」『奈良県史蹟勝地調査会報告書』6　奈良県　pp.17-21
千賀　久　1981「柳本大塚古墳」『磯城・磐余地域の前方後円墳』奈良県史跡名勝天然記念物調査報告 42　奈良県教育委員会　pp.42-43
大和天神山古墳　小島俊次（編）　1963『大和天神山古墳』奈良県史跡名勝天然記念物調査報告 22　奈良県教育委員会
メスリ山古墳　伊達宗泰（編）　1977『メスリ山古墳』奈良県史跡名勝天然記念物調査報告 35　奈良県教育委員会
岸本直文・所　梓（編）　2008『メスリ山古墳の研究』大阪市立大学考古学研究報告 3　大阪市立大学日本史研究室
新沢千塚 500 号墳　網干善教・伊達宗泰・森　浩一・山田良三・猪熊兼勝・堀田啓一・寺沢知子・菅谷文則　1981「500 号墳（茶臼山古墳）」『新沢千塚古墳群』奈良県史跡名勝天然記念物調査報告 39　奈良県教育委員会　pp.23-78
池ノ内５号墳　菅谷文則　1978「池ノ内５号墳」『磐余・池ノ内古墳群』奈良県史跡名勝天然記念物調査報告 28　奈良県教育委員会　pp.56-87
盾塚古墳　北野耕平　1964「野中アリ山古墳」『河内における古墳の調査』大阪大学文学部国史研究室研究報告 1　大阪大学文学部国史研究室　pp.119-184
末永雅雄（編）　1991『盾塚 鞍塚 珠金塚古墳』由良大和古代文化研究協会
三木　弘（編）　1999『土師の里遺跡―土師氏の墓域と集落の調査―』大阪府埋蔵文化財調査報告 1998－2　大阪府教育委員会
金蔵山古墳　西谷眞治・鎌木義昌（編）　1959『金蔵山古墳』倉敷考古館研究報告 1　倉敷考古館
遊塚古墳　遊塚古墳群資料調査検討会　2011「附編 2　遊塚古墳群出土遺物研究」『大垣市史』考古編　大垣市　pp.799-906
恵解山古墳　岩崎　誠・木村泰彦・中島皆夫・原　秀樹・山本輝雄・西村　康・金田明大　2012『国史跡恵解山古墳の調査』長岡京市文化財調査報告書 62　長岡京市教育委員会
百舌鳥大塚山古墳　森　浩一　2003「失われた時を求めて―百舌鳥大塚山古墳の調査を回顧して―」『堺市博物館報』22　堺市博物館　pp.1-19
行者塚古墳　菱田哲郎・高橋克壽・森下章司ほか　1997『行者塚古墳発掘調査概報』加古川市文化財調査報告書 15　加古川市教育委員会
西墓山古墳　山田幸弘・川村和子（編）　1997「西墓山古墳―古市古墳群の調査研究報告Ⅲ―」藤井寺市文化財報告 16　藤井寺市教育委員会
アリ山古墳　北野耕平　1964「野中アリ山古墳」『河内における古墳の調査』大阪大学文学部国史研究室研究報告 1　大阪大学文学部国史研究室　pp.119-184
七観古墳　阪口英毅（編）　2014『七観古墳の研究― 1947 年・1952 年出土遺物の再検討―』平成 19～21 年度科学研究費補助金（若手研究（B））・平成 22～24 年度科学研究費補助金（若手研究（A））研究成果報告書　京都大学大学院文学研究科
御獅子塚古墳　柳本照男　2005「御獅子塚古墳」『新修豊中市史』4　考古　豊中市　pp.305-317
大和６号墳　清喜裕二（編）　2017『宇和奈辺陵墓参考地旧陪冢ろ号（大和６号墳）―出土遺物の整理報告―』宮内庁書陵部
向山１号墳　高橋克壽・永江寿夫（編）　2015『若狭 向山１号墳』若狭町
土保山古墳　陳　顕明　1960『土保山古墳発掘調査概報』高槻叢書 14　高槻市教育委員会
川端博明（編）　1998『土室古墳群 発掘調査報告書』名神高速道路内遺跡調査会調査報告書 6　名神高速道路内遺跡調査会
野中古墳　北野耕平　1976『河内野中古墳の研究』大阪大学文学部国史研究室研究報告 2　大阪大学文学部国史研究室
カトンボ山古墳　森　浩一・宮川　徏　1953『堺市百舌鳥赤畑町 カトンボ山古墳の研究』古代学叢刊 1　古代学研究会
黒姫山古墳　末永雅雄・森　浩一　1953『河内黒姫山古墳の研究』大阪府文化財調査報告書 1　大阪府教育委員会
今井１号墳　藤井利章　1984「五条市 今井１号墳 発掘調査概報」『奈良県遺跡調査概報』1983 年度（第２分冊）　奈良県立橿原考古学研究所　pp.359-372

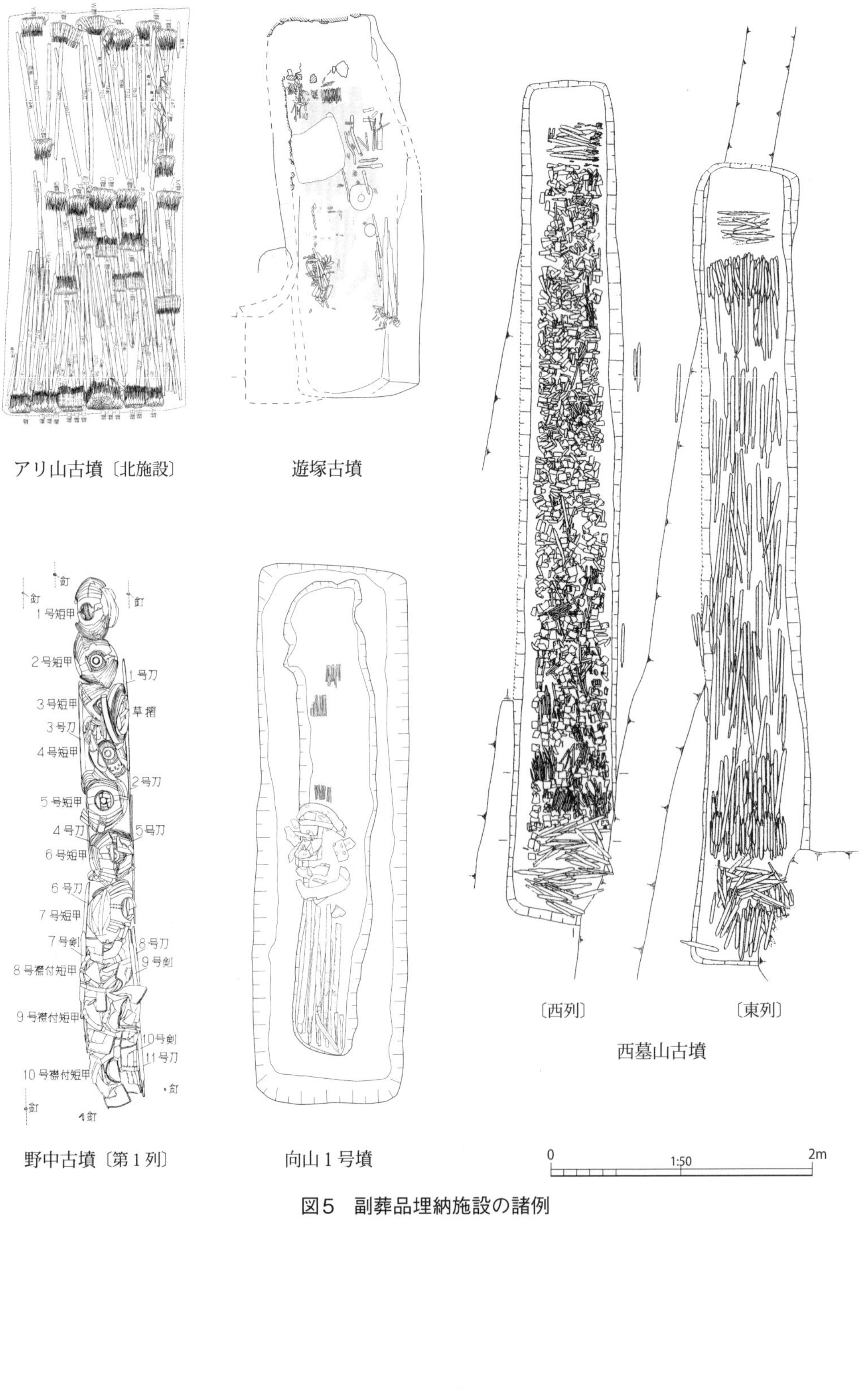

図5　副葬品埋納施設の諸例

位の古墳による「占有率」が急激に低下するとともに、面的に平準化された分布を示すように変化するという。こうした認識に立脚した上で、副葬品埋納施設については、「単一施設への埋納量の増大の当然の結果として、別個の特定の施設に器物のみを集積したような状況がつくり出されたとする理解[註10]」を追認している。

五　鉄製品多量副葬の意義

（一）副葬品とはなにか

鉄製品の多量副葬については、筆者も甲冑を題材として言及したことがある。[註11]このときの議論を鉄製品一般に敷衍することも可能と考えるため、まずは概括的に前稿の内容をトレースする。前稿では議論の前提として、実用／非実用の問題がついてまわる「副葬品」をいかなるものとして評価するべきかとの課題から検討を始めた。

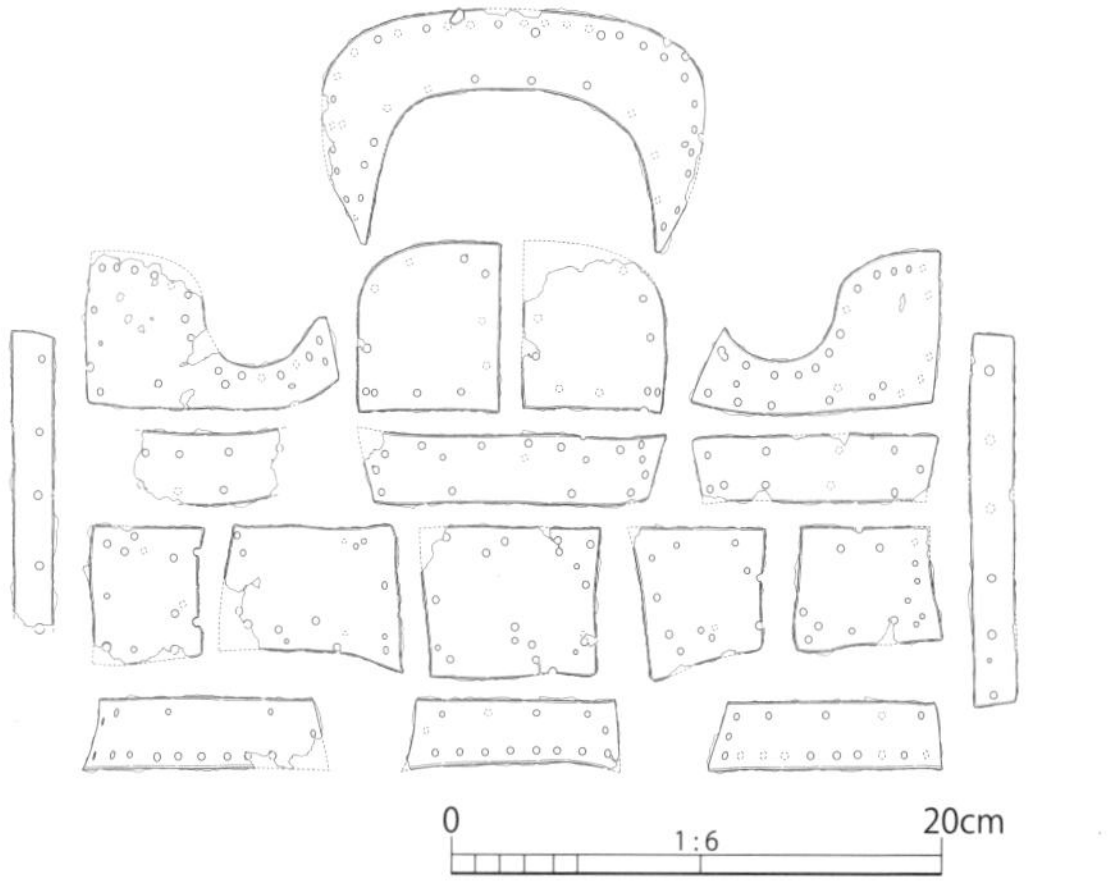

図6　滋賀県真野１号墳出土短甲形鉄製品

甲冑の場合、実用説に有利な状況証拠として、①ほとんどが実際に着装可能とみられる、②機能性向上の視点から説明可能な型式変化が認められる、③補修の可能性のあるもの、補修をしていた可能性のある集落遺跡が存在する、の三点をあげうる。一方、非実用説に有利な状況証拠として、①少数ながら着装不可能でミニチュアとみなせる事例（図６）が存在する、②着装時の動作に支障をきたす構造のものが存在する、の二点をあげた。以上をふまえ、「大多数の甲冑は実用武具として製作されたが、古墳に副葬される場面においては実用武具としてよりも葬送儀礼に対する道具立てという性格が意識されていた」、「中にはそうした性格が第一義的なものへと変化して、そのような場面における使用を念頭に製作された「儀器」も存在した」と解釈した。

先に、武器型鉄器埋納施設に埋納された武器が儀器としての性格をもつとする豊島の見解にふれたが、埋納施設に限らず、埋葬施設にともなうものも含めた副葬品一般について、また武器や甲冑に限らず、すべての品目の副葬品について、「副葬の場面」においては儀器としての性格が第一義とされたと考えられることを重視し、強調したい。

（二）鉄製品副葬の意義

前稿では、中期における甲冑副葬の意義を検討するにあたり、「意匠性[註12]」の変化から推定した甲冑の社会的役割の変化をふまえ、「副葬の場面」においては「被葬者の甲冑を「被葬者の武威」としてイメージ」していた蓋然性が高いと考えた。また、①前胴が外側へ無理に押し広げられている、②分解されている、③開閉する側の前胴が取り外されて後胴におさめられている、または反対側の前胴よりも内側へ無理に押し込まれている、④内部に武器や農工具などがおさめられている、といった「特徴的な出土状況例」に注目し、①〜③は「甲冑副葬行為を「機能の否定」としてイメージ」していた可能性、④は「甲冑副葬行為を武器や農工具などの鉄製品の副葬行為と同等・同根の事象としてイメージ」していた可能性を示すものと考えた。以上をまとめると、中期における甲冑副葬は、第一義的には「被葬者の武威」の「解体」を表象する行為であるとの理解が可能である。また、「副葬の場面」においては、武器や農工具などのほかの鉄製品についても、同様に「被葬者の軍事力」や「被葬者の生産力」などの「解体」が表象されていたと考えうる。

（三）鉄製品多量副葬の意義

では、甲冑の多量副葬については、どのように理解することができるだろうか。甲冑副葬の意義をふまえ、また甲冑多量副葬の事例には意匠性の顕著な製品が含まれる傾向が強いことを考えあわせると、副葬する甲冑の質と量をともに荘厳化することにより「被葬者の武威」とその「解体」をとくに強調したものと考えることができる。この解釈を鉄製品一般の多量副葬に敷衍するならば、副葬する鉄製品の質と量をともに荘厳化することにより「被葬者の力」とその「解体」をとくに強調したものということになる。辻川が指摘する「儀礼の視覚的強調」に通底する理解といえるだろう。

六　乙訓古墳群における恵解山古墳の評価

ここまでの議論をふまえ、乙訓古墳群における恵解山古墳の評価に論及することでまとめとしたい。あらためて副葬品埋納施設の分布をみると、前期の大和古墳群、中期の百舌鳥・古市古墳群を中心にその周辺地域と、各地の拠点的な前方後円墳に限定されていることが注意される（表2）。副葬品埋納施設をともなう埋葬儀礼は政権中枢で案出されたこと、それを共有しえた各地の首長は政権中枢と密接な関係を構築していたことがうかがえよう。

また、多量副葬の到達点の一様相と評価しうる4類の事例は、辻川が指摘するとおり、その可能性のあるものまで含めても、百舌鳥・古市古墳群と佐紀古墳群に認められるのみであり、その出現は中期中葉（『前方後円墳集成』編年6期）以降に限られる。中期前半（5期）に位置づけられる恵解山古墳の副葬品埋納施設は3類であるが、このことは、この時期としては空間的にも段階的にも、もっとも複雑化を遂げた埋葬儀礼の執行を許されたものと評価してよいだろう。政権中枢にとっての乙訓古墳群の築造集団の重要性、中期前半における乙訓古墳群の盟主墳としての恵解山古墳の重要性、これらのいずれをも雄弁に示す事象といえよう。

（註1）岩崎　誠・木村泰彦・中島皆夫・原　秀樹・山本輝雄・西村　康・金田明大『国史跡恵解山古墳の調査』長岡京市文化財調査報告書六二、長岡京市教育委員会、二〇一二

（註2）「副葬品埋納施設」との名称は報告書（前掲註1）による。埋葬をともなわない「埋納施設」からの出土品を「副葬品」と呼称するためには、一定の説明が必要であろう。ここでは、以前に提示した以下の立場により、「副葬品埋納施設」との名称を踏襲する。

「本稿では大量副葬と大量埋納を区別して考えない。例えば、陪冢あるいは前方部などにおいて人体埋葬を伴わない施設に大量の甲冑が埋納された場合でも、それらには主墳あるいは後円部などが存在し、そこには被葬者が想定されるのであるから、あくまでもそうした被葬者に対する副葬行為の一形態として理解する。」

阪口英毅「古墳時代中期における甲冑副葬の意義」『表象としての鉄器副葬』鉄器文化研究会、二〇〇〇、三一‐五一頁

（註3）森　浩一「古墳の性格の考察（特に陪塚について）」『堺市百舌

鳥赤畑町　カトンボ山古墳の研究』古代学叢刊一、古代学研究会、一九五三、三六・四三頁
（註4）石部正志「副葬用陪塚の発達」『考古学手帖』三、塚田　光、一九五八、一・二頁
（註5）藤田和尊「陪冢論の現状」『墳墓構造と葬送祭祀』古墳時代の考古学三、同成社、二〇一一、四四・五三頁
（註6）辻川哲朗「器物埋納施設に関する一解釈」『考古学に学ぶ』同志社大学考古学シリーズⅦ、同志社大学考古学シリーズ刊行会、二〇〇〇、二七九・二八七頁
（註7）豊島直博「鉄器埋納施設の性格」『考古学研究』四六―四、考古学研究会、二〇〇〇、七六・九二頁
（註8）豊島直博「大量副葬」『表象としての鉄器副葬』鉄器文化研究会、二〇〇〇、一四一・一五二頁
（註9）川畑　純「武器埋納の展開と変遷」『七観古墳の研究』京都大学大学院文学研究科、二〇一四、三三三・三五二頁
　川畑は、埋葬施設への副葬事例と埋納施設への埋納事例をあわせて「埋納」という語を使用している。本稿では前掲註2で示した立場により、これを「副葬」に置き換える。
（註10）前掲註4文献など
（註11）前掲註2文献に同じ
（註12）前掲註2文献では「装飾性」としていたが、この用語では「装飾性」を広義に解釈しすぎているきらいがあり、不適当と考えるにいたったため、左記の文献において引用した際に「意匠性」に修正した。
　阪口英毅「三角板革綴短甲の特質再論」『五條猫塚古墳の研究』総括編、奈良国立博物館、二〇一五、二八九・三〇二頁

挿図出典

図1　前掲註1、第九〇図を一部改変。
図2　前掲註1、第九二図を一部改変。
図3　前掲註1、第一〇四～一一二図を一部改変。
図4　前掲註4、図一を一部改変。
図5　西墓山古墳　表2「引用文献」該当文献、図二五を一部改変。
遊塚古墳　表2「引用文献」該当文献、第五図を一部改変。
向山一号墳　表2「引用文献」該当文献、図四六を一部改変。
アリ山古墳　表2「引用文献」該当文献、図版第四二を一部改変。
野中古墳　表2「引用文献」該当文献、図版第八を一部改変。
図6　栗本政志（編）『真野遺跡発掘調査報告書Ⅱ』大津市埋蔵文化財調査報告書一〇〇、大津市教育委員会、二〇一六、図五六を一部改変。

表出典

表1　前掲註1を参照して筆者が作成。ただし、副葬品の点数について、「副葬品の出土状況」（一四三・一四六頁）と「副葬品埋納施設の出土遺物」（一四七・一七四頁）とで記述に齟齬があることから、より詳細な後者によった。A～C群の各群における鉄鏃の点数のみ、後者に記述がないため前者によった。
表2　表中の「引用文献」を参照して筆者が作成。

埴輪の生産と流通

宇野　隆志

一　埴輪研究史のなかの乙訓古墳群

埴輪研究は編年論と生産体制論に大きく二分されるが、円筒埴輪の編年論は乙訓古墳群出土埴輪を題材に出発したと言っても過言ではない。とくに前期古墳の円筒埴輪編年では、その研究史において重要な役割を担っており、乙訓古墳群の埴輪を基礎として、現在でも十分有効性のある埴輪編年の方向性が早くから示されてきた。

すなわち川西宏幸は、山城地域の古墳出土埴輪を検討の基礎に据え、外面調整や透孔の形態・穿孔方式、突帯形態、焼成技術などの諸属性の組み合わせの違いから円筒埴輪をⅠ～Ⅴ群に分類し、計五期（Ⅰ～Ⅴ期）におよぶ全国的な円筒埴輪編年を構築した。(註1)乙訓古墳群の古墳では、元稲荷古墳、寺戸大塚古墳、妙見山古墳がⅠ期、長法寺南原古墳、鳥居前古墳がⅡ期、物集女車塚《もずめくるまづか》古墳がⅤ期の標識古墳として挙げられている。

山城地域の古墳出土埴輪が川西編年の基礎に置かれた一因として、当該地域における資料の充実が挙げられようが、向日丘陵に立地する前期古墳群の調査成果に拠るところがとくに大きい。京都大学による一連の発掘調査により、同一首長系譜の前期古墳出土埴輪の内容が明らかになり、調査成果公表の段階ですでに、編年指標として円筒埴輪の外面調整の変遷が明らかにされるとともに、埴輪が前期古墳の編年基準になりうることが指摘されている。(註2)調査担当者の一人である都出比呂志は、その後も元稲荷古墳の特殊器台形埴輪や寺戸大塚古墳の円筒埴輪の内容に言及しつつ、古墳時代前期の円筒埴輪ひいては前期古墳の編年案を提示するとともに、埴輪と副葬品の編年観の比較から、長法寺南原古墳の年代的位置づけに関しても再検討を行なっている。(註3)さらに、都出が進めた首長系譜論では、乙訓古墳群がケーススタディの対象地域であり、(註4)乙訓地域に対して、各古墳系列に変動や消長を認めつつも、有力墳の通時的な築造が認められる全国的にみてもひじょうに稀有な地域としての評価を与えることができる。こうした評価の背景に、名産品である筍栽培のための土入れに伴う古墳の不時発見例や、長岡京跡という広範な遺跡に重複して覆われることによる埋没古墳の新規発見例が数多くあることも忘れてはならない。

一方、埴輪研究における生産体制論では、高橋克壽が畿内の古墳時代前期における埴輪生産を論じる際に、乙訓における前期古墳出土埴輪を取り上げた。(註5)同一首長系譜と目される元稲荷古墳、寺戸大

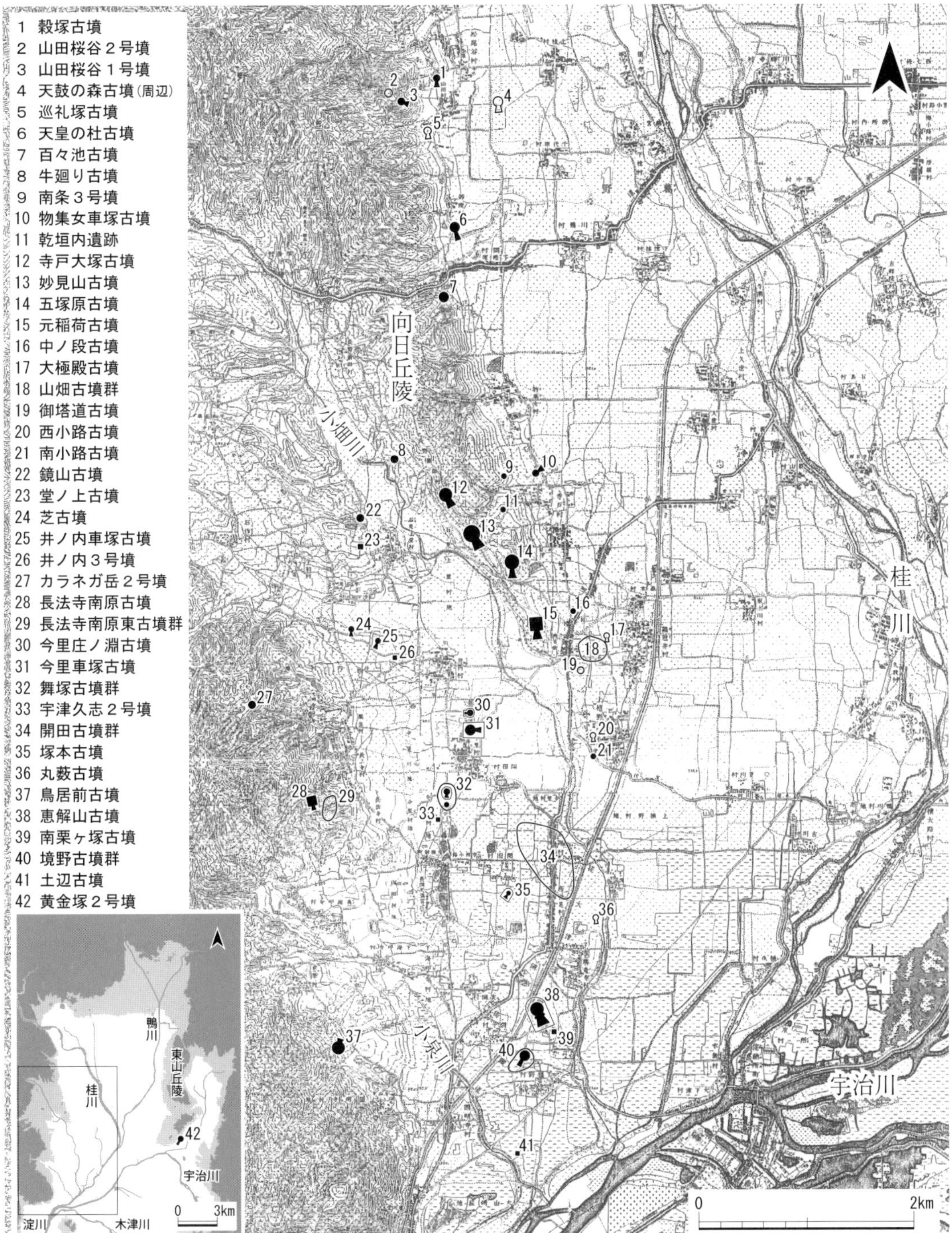

図1 乙訓における埴輪出土古墳（S＝1/60,000）

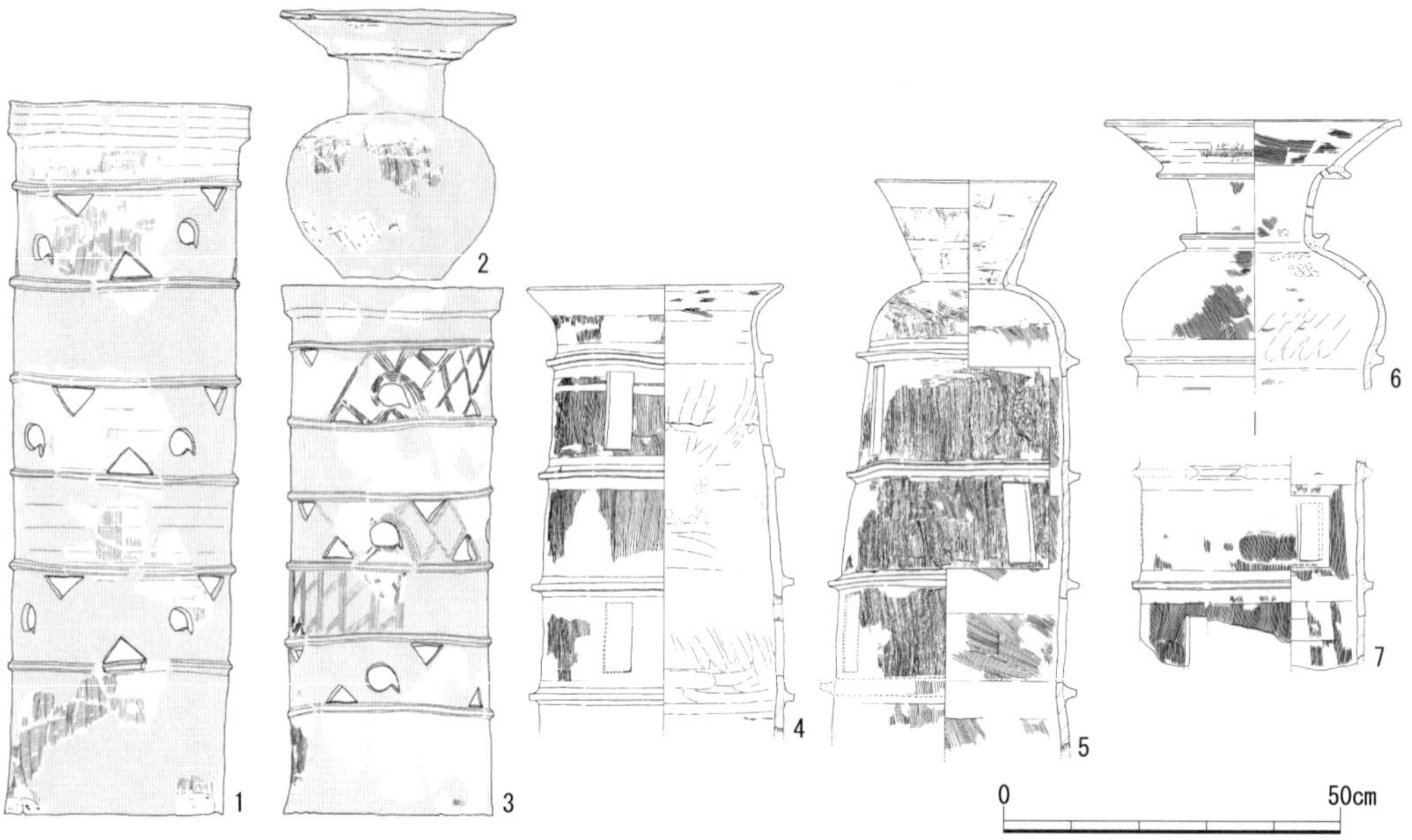

図2　乙訓古墳群の埴輪（川西Ⅰ群、S＝1/15）
1～3：元稲荷古墳　4～7：寺戸大塚古墳

塚古墳、妙見山古墳の段階では、三古墳の埴輪の特色が異なることから、埴輪製作集団が古墳の造営ごとに組織され、終われば解体されるような「一回性の埴輪生産」であったと当該期の埴輪生産像を読み取った。廣瀬覚はさらにこれを発展させ、一回性の埴輪生産が一地域内で完結するものではなく、新たに組織される際には工人移動を伴うような外部からの強いインパクトを受けていたとし、その候補地として大和東南部を想定した。[註6] さらに、ハケメパターン分析を軸とするミクロな分析を通して、単一工房の可能性や工房内における工人の位置関係など寺戸大塚古墳の埴輪製作組織についても言及している。[註7]

乙訓古墳群の埴輪は早くから編年研究において重要な位置を占めるにとどまらず、近年でも多くの研究に取り上げられている。とりわけ古墳時代前期における埴輪研究を牽引する一地域として、乙訓地域を位置づけることができよう。以下では、これまでの発掘調査等で知られるようになった乙訓地域の埴輪を題材に（図1）、その生産と流通について川西編年の段階設定に基づきながら、概要を述べることとしたい。

二　乙訓地域における埴輪の生産と流通

（一）古墳時代前期前半（川西編年Ⅰ期）（図2）

前期前半における有力墳の築造は、樫原の一本松塚古墳を除けば、向日丘陵の前期古墳群に限定される。五塚原古墳、元稲荷古墳、寺戸大塚古墳、妙見山古墳の順に築造され、墳丘立地や葺石使用石材からは古墳間の強い紐帯が示される一方、墳丘形態や埋葬施設、埴輪など、古墳間で技術や情報の継承といった直接的な系譜関係を想定できない要素も多く、古墳の築造ごとに外部からの影響を受けたと推測される。

埴輪は元稲荷古墳、寺戸大塚古墳、妙見山古墳において認められる(図2)。

元稲荷古墳では、後方部および前方部の墳頂平坦面の一画における限定的な埴輪の使用が確認されている。前方部頂では、受け口状の口縁部をもつ都月型の特殊器台形埴輪と二重口縁壺が共伴する。続く寺戸大塚古墳では、墳丘における埴輪の大量配列が達成され、外反口縁をもつ普通円筒埴輪とともに、二重口縁タイプと直口壺タイプの朝顔形埴輪が併存する。透孔は方形が主体である。妙見山古墳の埴輪は全容が不明瞭であるが、各平坦面に配列され、普通円筒埴輪や朝顔形埴輪とともに楕円筒埴輪も含まれる。透孔は方形や三角形とともに、円形も認められる。口縁部高の狭い個体があり、一部には内面調整ケズリが施される。

これら三古墳の埴輪は、形態とともに基部成形や器面調整などの製作技術、器種構成などの違いが顕著であり、研究史で示されてきた理解が成立する。同一丘陵上に立地し、一連の系列を形成する古墳群において、特殊器台形埴輪からⅠ群埴輪までの変遷を連続的に把握できるきわめて重要な資料群である。

ところで、近年、五塚原古墳の調査において、後円部西裾から埴輪棺が検出された。棺本体に使用されていた埴輪は朝顔形埴輪に類似し、棺小口や透孔の閉塞には楕円筒埴輪の胴部片が用いられていた。器種構成や器面調整方法、突帯の形態、胎土などの特徴から、妙見山古墳の埴輪が五塚原古墳へ埴輪棺として転用された可能性が指摘されている。(註8) 棺本体の埴輪は朝顔形埴輪の頸部以上が省略された形態を呈し、張りのある球状部の中央付近と口縁の屈曲部よりわずかに下位に突帯が一条ずつめぐる。形態的な特徴から、何らかの容器を器台に載せた形態を形象した円筒埴輪と理解される。(註9)

棺本体の埴輪に関しては、埴輪棺という遺構の性格上、転用棺なのか、あるいは特製棺なのかを含め、その系譜を明らかにすることは容易でないが、球状部中央付近にめぐる突帯からみて、その深源に壺を意識して製作されたことは確かであろう。さらに注目されるのは、口縁の屈曲部よりわずかに下位にめぐる突帯である。このような突帯は通有の朝顔形埴輪の貼り付け位置とは異なるもので、乙訓地域では川西Ⅰ群の妙見山古墳の朝顔形埴輪片とともに、(註10) 川西Ⅱ群でも古い段階に位置づけられる境野一号墳の朝顔形埴輪の破片資料にも確認できることから、川西Ⅰ群からⅡ群への系譜の連続性を示す事例として捉えられ、さらには、乙訓という一地域内における工人集団の定着、専業性の高い継続的な埴輪生産の萌芽を示している可能性がある。

(二) 古墳時代前期後半から中期初頭（主として川西編年Ⅱ期）

(図3・4)

前段階では向日丘陵上の前期古墳にほぼ限定されていた有力墳の築造が、乙訓全体の各系列において、同時多発的に展開する。具体例を挙げると、向日丘陵上では妙見山古墳に続いて伝高畠陵古墳や御塔道古墳、北方の樫原では百々池《どどいけ》古墳や天皇の杜古墳、西方の西山丘陵では長法寺南原古墳やカラネガ岳二号墳、大山崎では境野一号墳や鳥居前古墳、そのほか小畑川右岸の丘陵上あるいは台地上には今里車塚古墳や今里庄ノ渕古墳、鏡山古墳などが築造される。

この段階の円筒埴輪は主に川西Ⅱ群（一部、Ⅲ群を含む）に位置

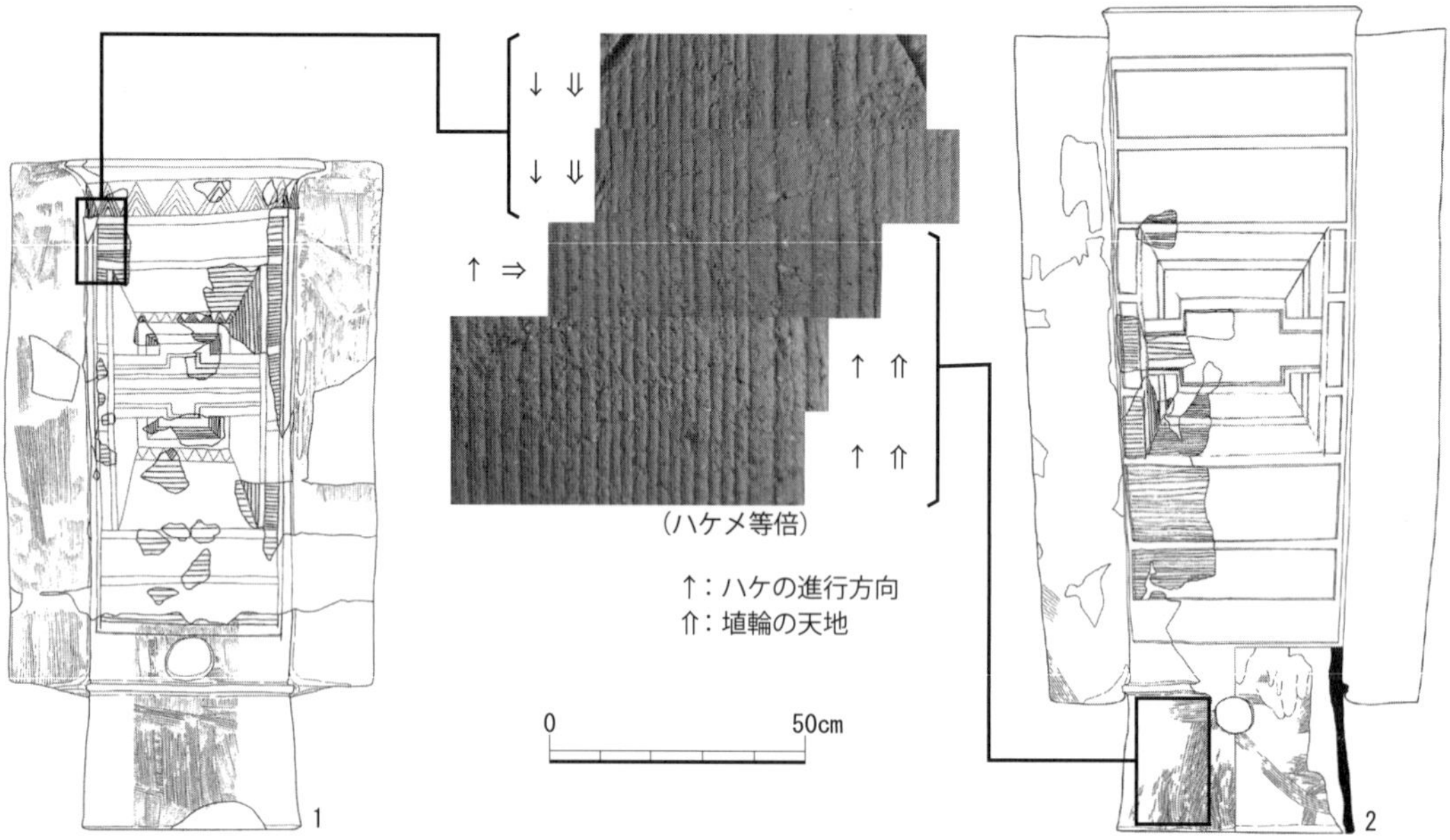

図3 「黄金塚タイプ」盾形埴輪とハケメパターン（S＝1/20）
1：黄金塚2号墳（W-24） 2：長法寺南原東3号墳

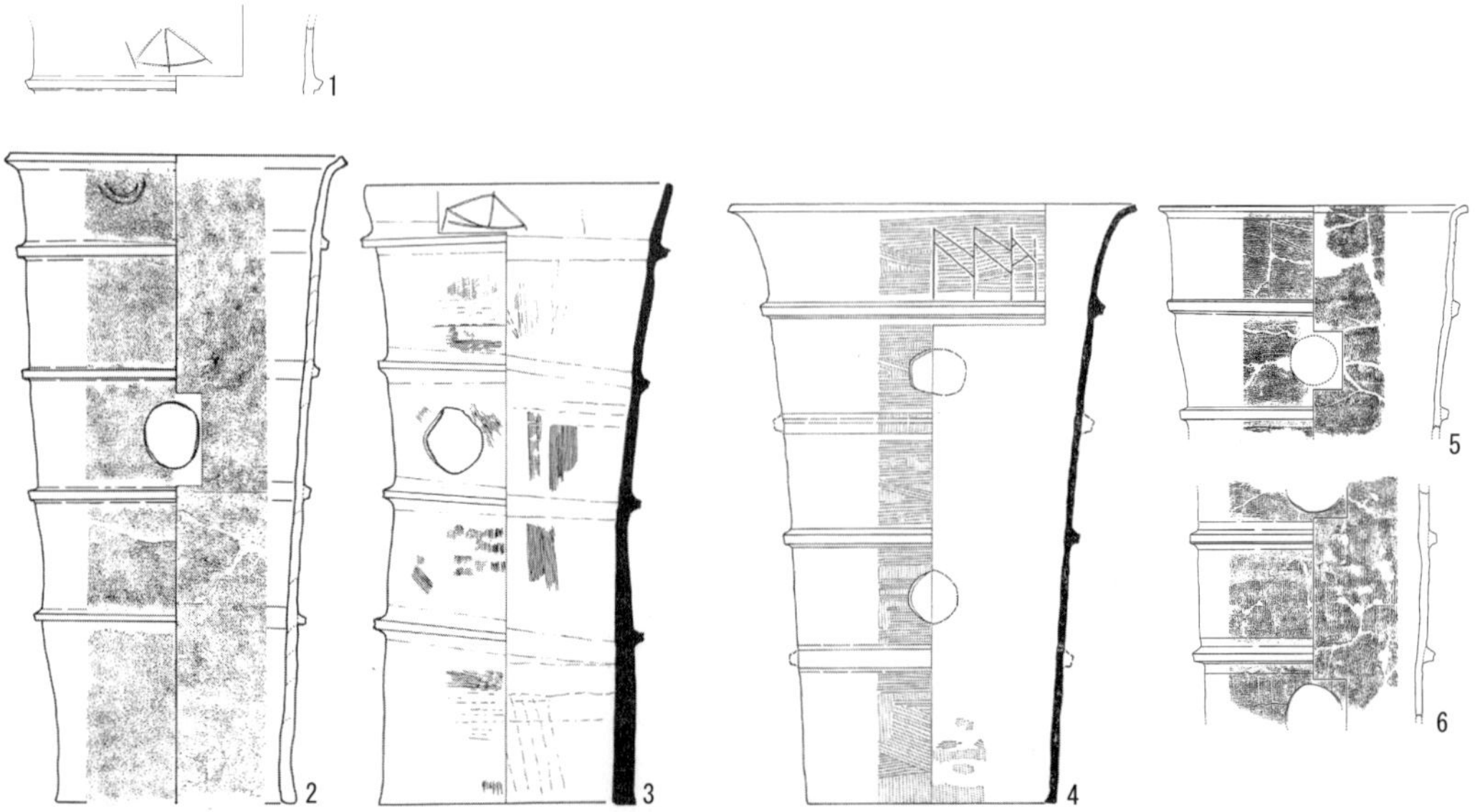

図4 乙訓古墳群の埴輪（川西Ⅱ・Ⅲ群、S＝1/12）
1・2：黄金塚2号墳 3：長法寺南原東3号墳 4：カラネガ岳2号墳 5・6：鳥居前古墳

づけられ、長法寺南原古墳や天皇の杜古墳、今里車塚古墳では鰭付円筒埴輪も含まれる。鳥居前古墳や鏡山古墳などでは、一部の個体にいわゆるB種ヨコハケの外面調整が散見されるものの、基本的にはB種ヨコハケ出現以前のストロークの長い外面ヨコハケが施される。この段階になると、前段階に顕著であった古墳ごとの個性的な形態は斉一化の方向へと向かい、古墳築造の増加に伴って埴輪生産も乙訓地域において定着したと考えられる。

とりわけ、乙訓地域およびその周辺における埴輪生産に関わる資料として注目されるのが、「黄金塚タイプ」の盾形埴輪である。[註11]この埴輪は、乙訓地域より一〇キロほど東の東山丘陵南端部に立地する黄金塚二号墳（全長一三九メートルの前方後円墳）の墳丘裾部において、普通円筒埴輪や朝顔形埴輪とともに規則的に樹立されていた盾形埴輪で、大型の鰭付円筒埴輪の胴部の片面に盾の表現をあしらったものである。黄金塚二号墳に代表される「黄金塚タイプ」の盾形埴輪は、不退寺裏山古墳（奈良市）、五手治古墳（羽曳野市）のほか、乙訓では今里車塚古墳、長法寺南原東三号墳、乾垣内遺跡から出土しており、乙訓を含む北山城地域における分布の偏在性を指摘しうる。こうした分布状況とともに、黄金塚二号墳の盾形埴輪（W-二四）と長法寺南原東三号墳の盾形埴輪のハケメパターンが一致することからも（図3）、同一の工人集団が黄金塚二号墳と乙訓に所在する各遺跡の埴輪生産に関わっていたことを示唆する。さらに、黄金塚二号墳と長法寺南原東三号墳の普通円筒埴輪の規格が共通することや、両者の口縁部に残されたヘラ記号がきわめて類似することからも（図4）、この想定が裏付けられるだろう。

こうした黄金塚タイプの盾形埴輪をめぐる埴輪生産体制は、廣瀬が五色塚古墳（神戸市）とその周辺遺跡で描き出した埴輪生産供給関係[註12]と同様であった可能性が高い。すなわち、五色塚古墳を核として、近在の舞子浜遺跡、歌敷山古墳群、幣塚古墳という一定範囲に分布する中小古墳や遺跡に、五色塚古墳築造を機に編成された工人集団による埴輪が供給されたというものである。このような埴輪生産体制は、当該期において有力古墳が同時多発的に林立する事象と整合的であり、埴輪の需要拡大に対する生産量および供給範囲の拡大拡充の結果とみることができる。埴輪の消費量や墳丘規模からみて、黄金塚二号墳の場合も五色塚古墳の事例と同様、黄金塚二号墳の築造を機に編成された工人集団が製作した埴輪群の一部が、乙訓地域の各古墳・遺跡に供給されたと考えられる。複雑で精巧な造形をもつ家形埴輪が、小規模墳の土辺古墳（一辺一〇メートルの方墳）から出土した事例も同様の脈絡で理解することが可能で、乙訓地域内あるいはその周辺の有力墳への使用のために製作された埴輪の一部が小規模墳へも供給されたのであろう。ほかにも、鳥居前古墳とカラネガ岳二号墳の普通円筒埴輪では、規格が共通し、かつ口縁部外面に刻まれたヘラ記号も類似する例があり（図4）、一地域内における工人集団の定着や、埴輪生産専業性の顕在化を表している可能性がある。

(三) 古墳時代中期（川西編年Ⅲ・Ⅳ期）（図5）

古墳時代中期においては、古市・百舌鳥古墳群の築造に伴う埴輪生産量の増加に起因したと推定される、埴輪製作技術の発展や焼成技術の変革が埴輪生産の大きな画期となる。しかし、この時期の乙訓では、埴輪を樹立する有力墳の動向自体が残念ながら鮮明ではない。

中期に製作された円筒埴輪の指標の一つであるB種ヨコハケは、

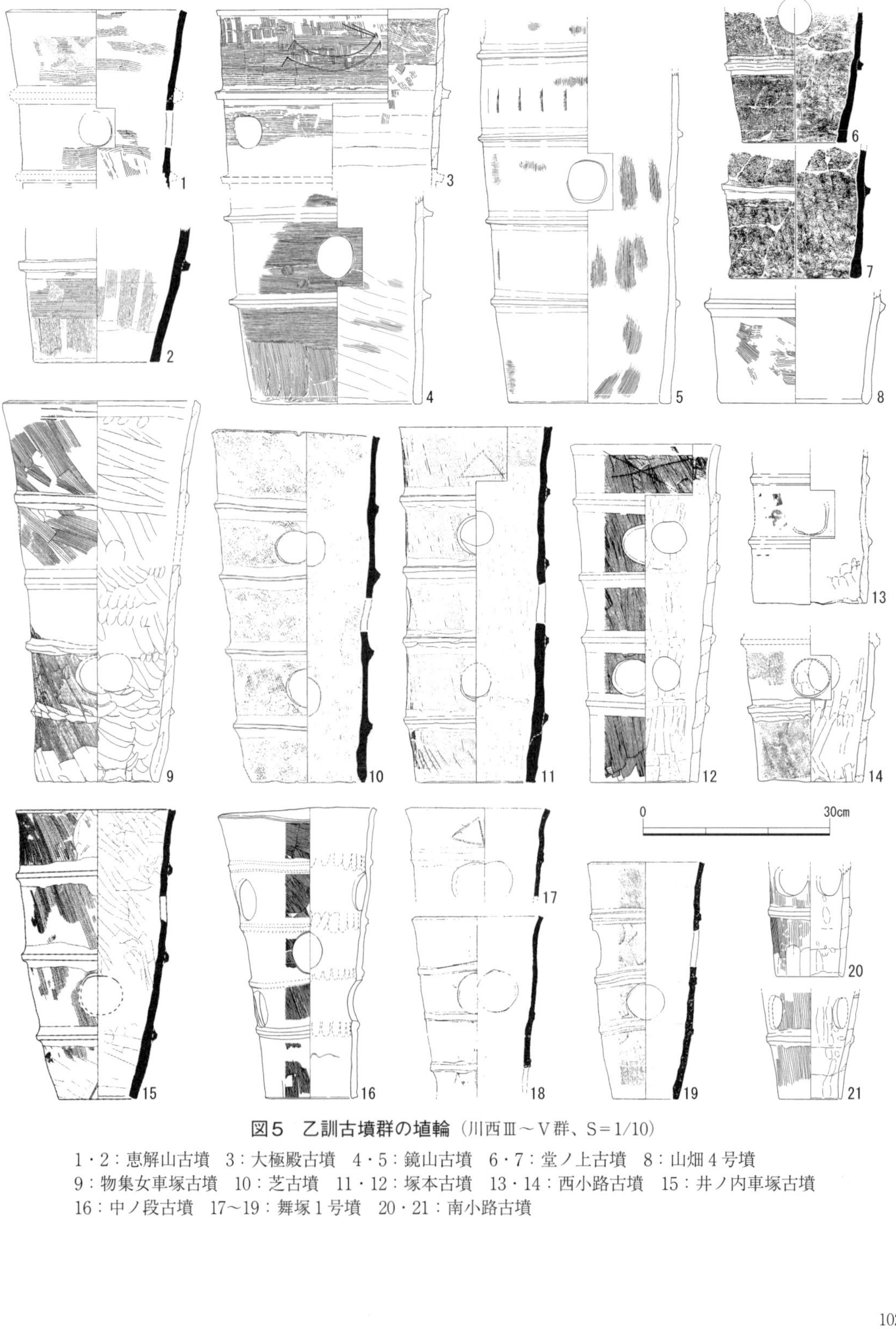

図5　乙訓古墳群の埴輪（川西Ⅲ～Ⅴ群、S＝1/10）

1・2：恵解山古墳　3：大極殿古墳　4・5：鏡山古墳　6・7：堂ノ上古墳　8：山畑4号墳
9：物集女車塚古墳　10：芝古墳　11・12：塚本古墳　13・14：西小路古墳　15：井ノ内車塚古墳
16：中ノ段古墳　17～19：舞塚1号墳　20・21：南小路古墳

前述のように、一部の古墳において前段階から単発的に出現するが、定式化したB種ヨコハケの使用は、乙訓最大の首長墳に位置づけられる恵解山《いげのやま》古墳（全長一二八メートルの前方後円墳）より確認できる。恵解山古墳では、墳丘各所や造出周辺から各種の器財埴輪や導水施設を表現した家形埴輪が出土し、当該期の埴輪様式を示す形象埴輪の品目を十分に備えている。しかし一方、古市・百舌鳥古墳群の大型前方後円墳や、南山城最大の中期古墳である久津川車塚古墳（城陽市・全長一八〇メートルの前方後円墳）などに使用された円筒埴輪に比べると、恵解山古墳の円筒埴輪は径や器高が小さく、造りも粗雑であり、乙訓最大の首長墳にしては頼りがない。近似する時期の木津川左岸域の首長墳である美濃山王塚古墳（八幡市・全長七六メートル以上の前方後円墳）の円筒埴輪も同様、小型で造りも粗雑である。いずれの古墳においても円筒埴輪にB種ヨコハケという当該期最新の外面調整技術を伴っていることを勘案すれば、各古墳の円筒埴輪の形態差あるいは技術差には、埴輪工人集団の熟練度や工人編成の差異が内包している可能性があり、埴輪製作に関わる技術伝播や工人編成を考えるうえで大変興味深い。

一方、向日丘陵の南端に近い大極殿古墳（前方後円墳か、規模不明）では、B種ヨコハケを施した比較的大型で精緻な円筒埴輪が盾形埴輪とともに出土する。川西編年Ⅳ期に位置づけられ、時期的に恵解山古墳に後続する、乙訓では数少ない中期古墳であるが、恵解山古墳から埴輪生産が継承された様相は読み取れない。また、川西編年Ⅳ期後半以降は、井ノ内古墳群や山畑古墳群、開田古墳群などの群集する小規模墳でも埴輪の樹立が顕在化し、京都盆地における同様の小規模墳とも軌を一にする。(註13)

中期古墳の円筒埴輪にみられる規格性という点においては、鏡山古墳と堂ノ上古墳の出土埴輪が注目される。谷を一つ隔てた丘陵尾根上に立地する両古墳は、一部の円筒埴輪にB種ヨコハケが認められ、中期初頭～前葉の近接する時期に位置づけられる。埴輪の全形はいずれも明らかでないが、鏡山古墳の底部径は二七センチ前後、底部高は一六・五センチ前後で、五条六段以上に復元できる個体も含まれる。(註14)一方、堂ノ上古墳の底部径は一六・二～二一・四センチ、底部高は一三センチ前後であり、両者の規格の違いは顕著である。墳丘は鏡山古墳が径三〇～四〇メートルの円墳、堂ノ上古墳は一辺三〇メートル以上の方墳に推定され、墳丘形態と埴輪の規格大小に相関関係が認められ、墳丘形態あるいは墳丘規模に応じて埴輪の規格を使い分けるという、中期的な埴輪生産の一様相を示す事例として理解できる。前述の大極殿古墳と近在する山畑古墳群（一辺一〇～二〇メートル前後の方墳群）との関係も同様の可能性がある。

（四）古墳時代後期（川西編年Ⅴ期）（図5）

乙訓における川西Ⅴ群の埴輪の代表例は物集女車塚古墳であり、(註15)一条目突帯に断続ナデ技法の痕跡が残る円筒埴輪が出土する。このほか、物集女車塚古墳の周辺からは東海系埴輪の破片がわずかながら出土している。畿内地域における東海系埴輪の出土古墳は現状で、五ヶ庄二子塚古墳（宇治市）、福井遺跡（茨木市）、勝福寺古墳（川西市）、荒坂横穴（八幡市）、堀切七号墳（京田辺市）など、淀川右岸域および木津川左岸域を中心に点的に分布しており、尾張地域周辺を核とする東海系埴輪の畿内への流入ルートやその範囲を明瞭に示している。出土古墳の築造時期や分布状況より、当該期の政治的変動に伴う、尾張地域における集団との交流を示す遺物である可

能性が指摘されている。(註16)

物集女車塚古墳のほかにも、芝古墳（芝一号墳）、井ノ内車塚古墳、塚本古墳、西小路古墳、中ノ段古墳、舞塚一号墳・二号墳、南小路古墳などでV群埴輪の出土が確認されてる。芝古墳では現状、普通円筒埴輪は四条五段構成に限られ、外面調整タテハケが右上がりで、底部調整に板オサエを施す個体が目立つ。隣接する井ノ内車塚古墳では、普通円筒埴輪は三条四段構成で、口縁部形態は直立気味のものが多い。塚本古墳の普通円筒埴輪は四条五段構成で、口縁部外面に「×」「△」「∩」などのヘラ記号をもつ個体が多く出土する。同一記号の個体間ではその形態や製作技法が共通するため、工人集団としてのまとまりを見出すことができるが、一方で、口縁端部や突帯の微細な形態の違いも認められ、抽出できる工人集団のまとまりは複数の工人で構成されていた可能性が高い。

これらの埴輪には、古墳ごとに段構成や底部調整の方法、口縁部形態などに個性が認められるものの、基本的な形態や器高、製作技術は古墳の枠を超えて共通性が高く、同一の工人集団によって製作された可能性が十分に見込まれる。原田昌浩は、これら乙訓に所在する古墳に加え、乙訓より桂川をさらに遡った天鼓の森古墳周辺出土や桂川左岸の天塚古墳出土の埴輪についても、製作技法の共通性から同一工人の製作関与を想定している。(註17)

現在のところ、乙訓では一元的供給を示すような埴輪窯の検出例はないが、以上のように、各古墳の埴輪の特徴から、同一集団による製作動向を類推することが可能である。今後、より詳細な分析を通して、埴輪生産体制や供給関係を明らかにしていく必要があろう。

三　埴輪にみる乙訓古墳群の意義—まとめにかえて—

以上のように、乙訓古墳群は、古墳時代前期から後期に至るまでの埴輪生産とその流通のあり方を通覧できる一つのモデルケースになりうる。これは、首長系譜論において乙訓地域が先駆的かつ代表的なモデルケースに位置づけられる背景と同様であり、ここに埴輪にみる乙訓古墳群の一大意義を見出すことができる。今後、乙訓古墳群の保存がさらに推進されるとともに、乙訓古墳群の埴輪を題材にして、埴輪研究の諸課題が解明されていくことを期待したい。

謝辞・付記

本稿作成にあたり、以下の諸氏・諸機関よりご協力を賜った。記して御礼申し上げる。（五十音順・敬称略）

馬瀬智光　梅本康広　熊井亮介　古閑正浩　高橋潔　中島皆夫
廣瀬覚　福家恭　大山崎町教育委員会　京都市考古資料館
京都市文化市民局　（公財）長岡京市埋蔵文化財調査センター
花園大学歴史博物館　（公財）向日市埋蔵文化財センター

（註1）川西宏幸「円筒埴輪総論」『考古学雑誌』六四―二、日本考古学会、一九七八、一 - 七〇頁
本稿では、川西の埴輪編年を「川西編年」、川西編年Ⅰ期を構成する埴輪群を「川西Ⅰ群」と表現し、Ⅱ期以降もこれに準ずる。

（註2）京都大学文学部考古学研究室向日丘陵古墳群調査団（近藤喬一・都出比呂志）「京都向日丘陵の前期古墳群の調査」『史林』五四―六、史学研究会、一九七一、一一六 - 一三九頁

（註3）都出比呂志「前方後円墳出現期の社会」『考古学研究』二六―

三、考古学研究会、一九七九、一七-三四頁、都出比呂志「埴輪編年と前期古墳の新古」『王陵の比較研究』京都大学文学部考古学研究室、一九八一、三五-四八頁

（註4）都出比呂志「前方後円墳の出現」『向日市史 上巻』向日市、一九八三、一一七-一五四頁、都出比呂志「古墳時代首長系譜の継続と断絶」『待兼山論叢』二二 史学篇、大阪大学文学部、一九八八、一-一六頁

（註5）高橋克壽「埴輪生産の展開」『考古学研究』四一―二、考古学研究会、一九九四、二七-四八頁

（註6）廣瀬 覚「寺戸大塚古墳出土の埴輪をめぐって」『向日市埋蔵文化財調査報告書』四九、向日市教育委員会、一九九九、一五七-一七〇頁

（註7）廣瀬 覚「寺戸大塚古墳における埴輪生産組織復原にむけての予察—第6・7次調査出土埴輪の総括にかえて—」『向日市埋蔵文化財調査報告書』五〇、向日市教育委員会、二〇〇〇、一一九-一四四頁

（註8）梅本康広「五塚原古墳出土埴輪中間報告」『向日市埋蔵文化財調査報告書』一〇八、向日市教育委員会、二〇一八、七一-八二頁

（註9）廣瀬 覚「五塚原古墳出土の異形朝顔形埴輪について」『向日市埋蔵文化財調査報告書』一〇八、向日市教育委員会、二〇一八、八三-八六頁

（註10）向日市文化資料館『向日丘陵の前期古墳』開館20周年記念特別展示図録、二〇〇四

（註11）伊達宗泰（編）『黄金塚2号墳の研究』花大考研報告一〇、黄金塚2号墳発掘調査団、一九九七

（註12）廣瀬 覚「五色塚古墳と前期後葉の埴輪生産」『史跡五色塚古墳 小壺古墳発掘調査・復元整備報告書』神戸市教育委員会、二〇〇六、二三九-二五六頁

（註13）宇野隆志「平安京下層・梅小路古墳出土遺物の検討」『立命館大学考古学論集Ⅴ』立命館大学考古学論集刊行会、二〇一〇、一八五-一九三頁

（註14）宇野隆志「向日丘陵西方に分布する古墳の築造意義」『古墳時代後期における地域首長墓像』第22回京都府埋蔵文化財研究会発表資料集 京都府埋蔵文化財研究会、二〇一五、七九-八八頁

（註15）前掲註1（川西一九七八）に同じ

（註16）梅本康広「淀川流域の東海系埴輪とその製作動向」『埴輪論叢』六、埴輪検討会、二〇〇七、一三七-一五七頁

（註17）原田昌浩「山城盆地北部における古墳時代後期の埴輪生産」『埴輪論叢』七、埴輪検討会、二〇一七、一四九-一六六頁

（なお、紙幅の都合上、本文中にふれた遺跡の文献掲載は省略した。ご了解いただきたい。）

挿図出典

図1：筆者作成

図2～5：埴輪実測図掲載の各文献をもとに筆者作成

前期古墳の土器と埴輪の系譜
―元稲荷古墳を中心にみた地域間関係―

山本　亮

一　はじめに

古墳の供献土器や埴輪は、その古墳に葬られた首長とその集団をめぐる地域間関係を如実に物語る。本稿では乙訓古墳群の元稲荷古墳の土器と埴輪の系譜について、その母体となる集落群から出土する土器と比較しながら読み解く。乙訓地域をモデルとして古墳時代前期の地域社会をめぐる地域間関係の具体像を明らかにしたい。

二　元稲荷古墳から出土した土器・埴輪

向日市に位置する元稲荷古墳は、乙訓地域において前期前半唯一の前方後方墳である。元稲荷古墳では以下の地点から土器、埴輪が出土しており、まずこれらの位置づけについて整理しよう。(註1)

①後方部竪穴式石槨内―直口壺
②後方部墳丘―大型複合口縁壺
③前方部墳頂―特殊器台形埴輪・壺形埴輪

このうち①の直口壺（図1-1）は、布留形甕と同じ技術で製作されたものである（布留系）。在地産と捉えて大過なく、土器編年上で元稲荷古墳を位置付けるのに適した資料である。直口壺の時期的指標については布留形甕と同様に口縁端部が肥厚するものが存在するため、その変化は布留形甕と同調すると思われがちである。しかし実際には直口壺の口縁端部の肥厚は布留形甕に遅れる。それは布留系の小型丸底壺や長脚高杯が顕在化し、布留系が土器群として確立する本稿の布留式古相（布留一式(註2)に相当、後述）まで時期が下がる。元稲荷古墳の直口壺は口縁端部の肥厚が十分ではなく、端面も内傾しないためやや古相を示すと考えてよい（布留一式古段階）。

②の大型複合口縁壺（図1-2）は、いわゆる讃岐系と称されることが多い。讃岐系とされる大型複合口縁壺は胎土に角閃石を豊富に含み、これは讃岐地域の香東川下流域や河内地域の生駒山西麓域などで多く産出する特徴的なものである。しかし、元稲荷古墳で出土したような「近畿型」(註3)の形態をもつものは、各部位の製作技法に讃岐地域を含む四国北東部的な技術は見出せない。むしろいわゆる伝統的V様式系の範疇で理解されるものであり、近畿地方に限らず広範囲に分布する製作技術である。『元稲荷古墳の研究』では胎土分析の結果、生駒西麓産という結論を得た。これにより、「近畿型」の大型複合口縁壺は生駒山西麓域で生産されていた可能性が高まった。少なくとも、元稲荷古墳の大型複合口縁壺が河内地域から搬入

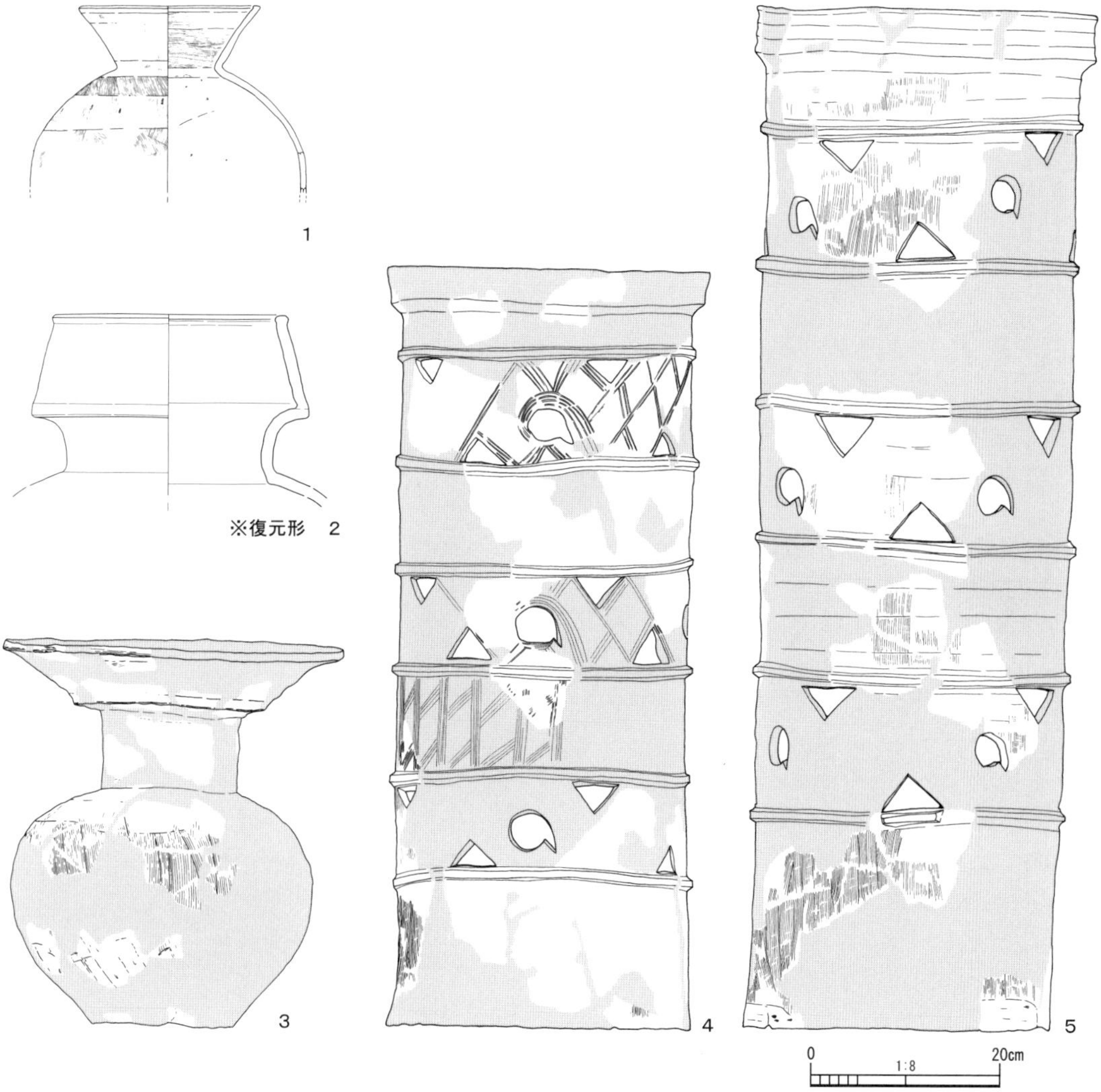

図1　元稲荷古墳の土器・埴輪（梅本編 2015）

されたことは疑いない。さらに元稲荷古墳では複数個体が出土しているが、古墳から多数が出土している事例は稀有なものである。

③については、まず特殊器台形埴輪（図1・4・5）は都月型でも最終段階に位置づけられる。壺形埴輪（図1・3）は特殊壺形ではなく、近畿でよくみられるような二重口縁壺の形態をとるものである。しかしその製作技術には近畿地方の二重口縁壺のいずれの系譜のものにも認められない特徴をもつ。むしろ特殊壺形埴輪の製作者による変容形と捉えられる。特殊器台型埴輪もまた、大和地域起源の製作技術が用いられていることが明らかとされている。（註4）胎土からも元稲荷古墳の特殊器台形埴輪と壺形埴輪は同じ製作者によるものと考えてよい。しかし都月型に関しては、分布が吉備地域と大和地域を中心にしている。元稲荷古墳の都月型もいずれかの地域の影響下にあるものと考えられるが、次節以降で検討しよう。

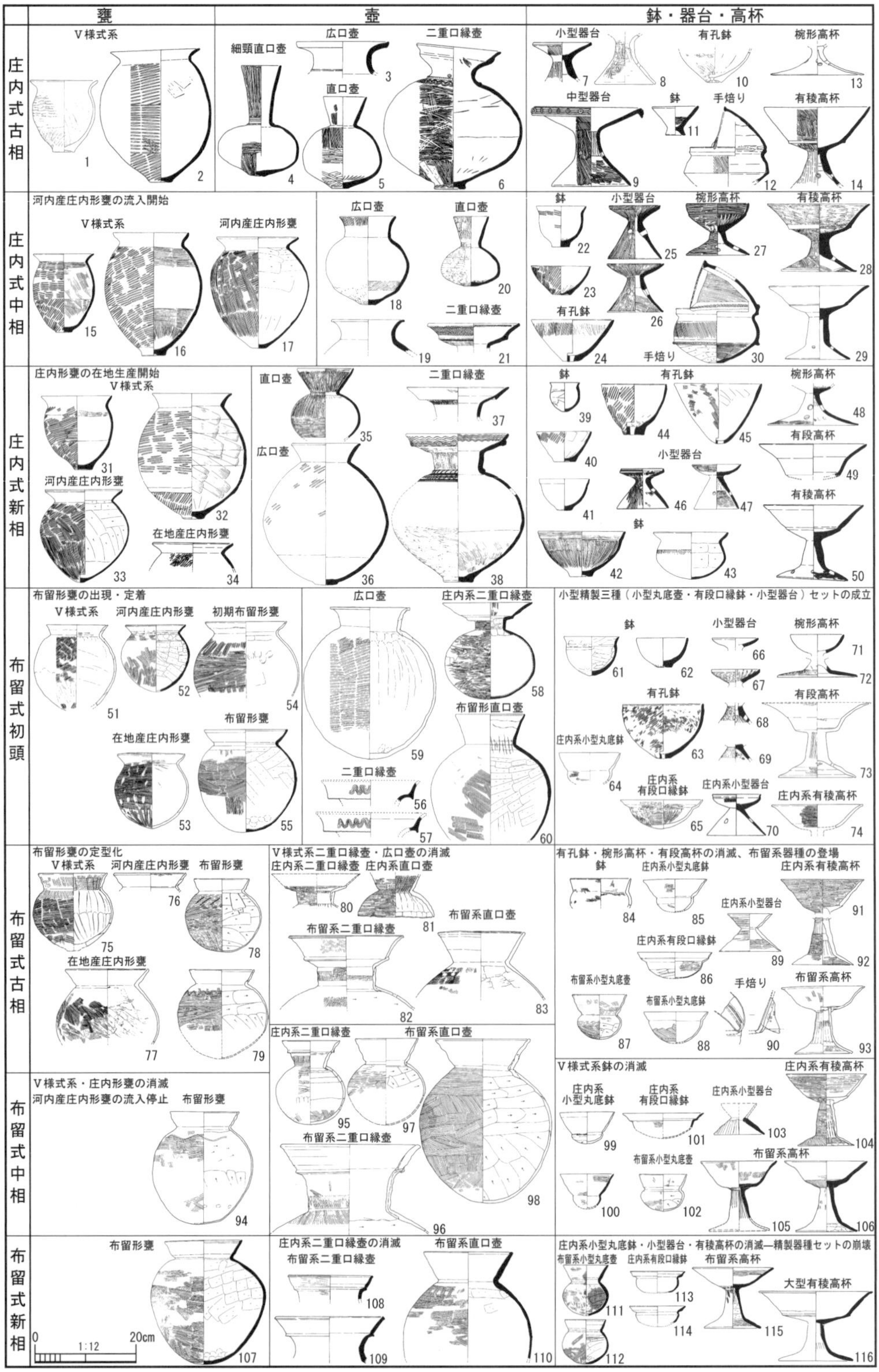

図2　乙訓地域の古式土師器編年（註５文献）

ちなみに、東殿塚古墳の埴輪は崩壊した都月型文様がみられ初期の朝顔形円筒埴輪を含むことから元稲荷古墳に後出すると考えられるが、出土土器には長脚化した精製有稜高杯を含むことをもって布留一式中段階から新段階に位置づけられることになる。東殿塚古墳の位置づけからみても、元稲荷古墳を布留一式の古段階に置くことは首肯されよう。

三　集落出土土器にみる古墳時代前期乙訓の地域性

それでは、土器や集落から元稲荷古墳を造営した集団を探る前提として乙訓地域の古式土師器編年について確認しよう。弥生時代終末から古墳時代前期末にかけて七つの様相に区分しうる[註5]（図2）。庄内式を三段階、布留式を未定型な時期も含め四段階に区分しうるが、資料的な制約もありその内容は寺沢編年[註6]に近い部分がある（布留〇～二式）。

乙訓地域の古式土師器を一言で表すと主体性がない。もっとも特徴的なのは河内産庄内形甕のあり方である。元稲荷古墳が眼下に見下ろす小畑川下流域では、庄内式中相と新相には河内産庄内形甕が甕形土器の多数を占めており、甕形土器の大きな部分を河内地域からの搬入に頼っている状況である。また庄内系[註7]の精製器種については小型丸底壺、有段口縁鉢、小型器台、有稜高杯という各構成器種を揃って在地生産しており、特徴的な胎土と焼成がよく似通うことから地域内で組織的に生産するものと評価できる。小型丸底壺の形態からは大和や南山城地域からの影響によるものと考えられる[註8]（図3）。南山城では精製器種のあり方は客体的であるので、組織的な生産を評価するならば生産中心地である大和からの影響を考えたい。全器種が定量的にみられるのはほかの地域と比べても珍しい。ただしその生産規模は地域全体をカバーできるものではなかったとみられ、布留式古相には布留系土器群もまた存在し、小型丸底壺と高杯では庄内系と布留系が併存する。

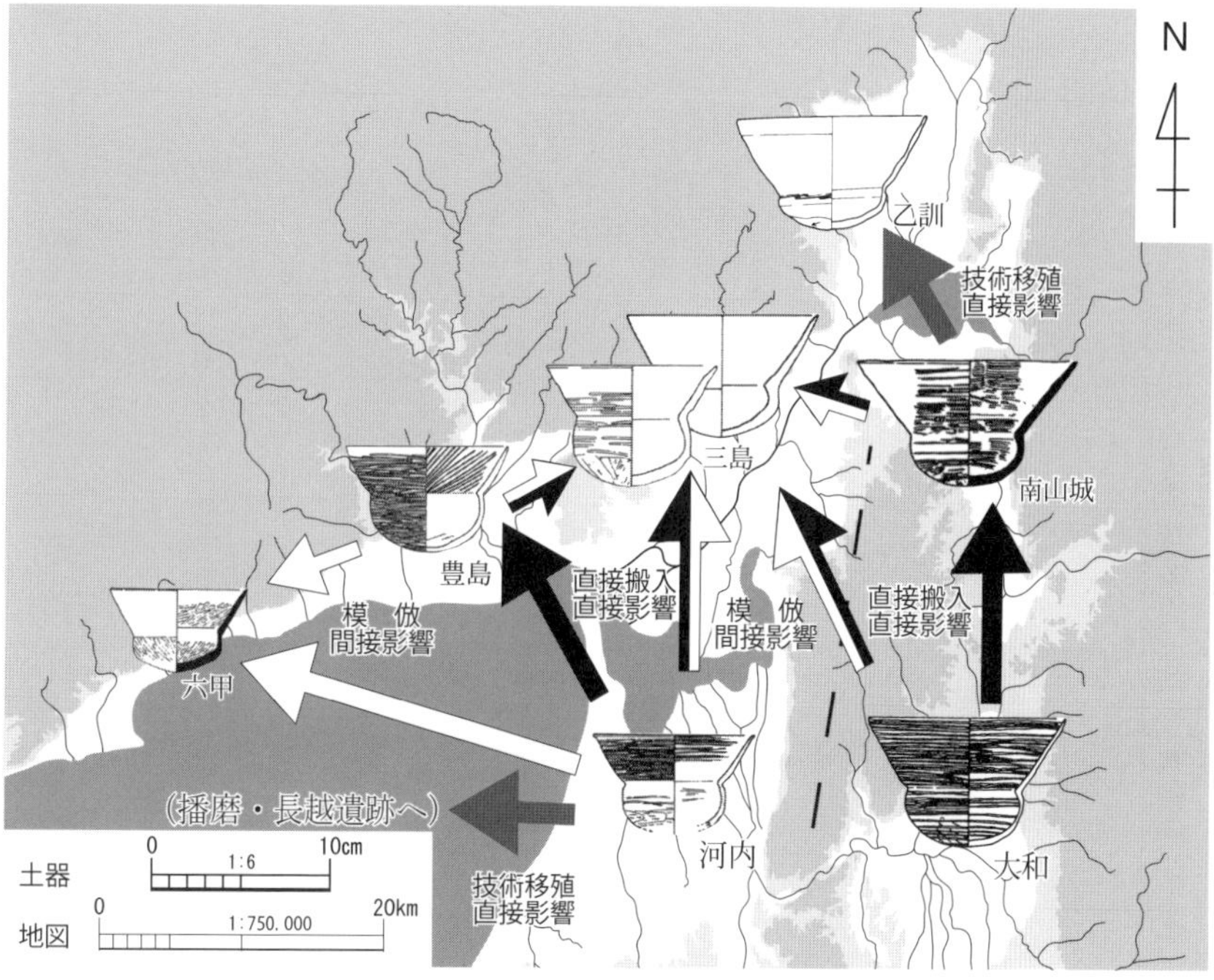

図3　小型丸底壺の地域性と影響関係（註8文献）

他地域系の土器[註9]（図4）で多いのは筆者が先に触れた河内産の庄

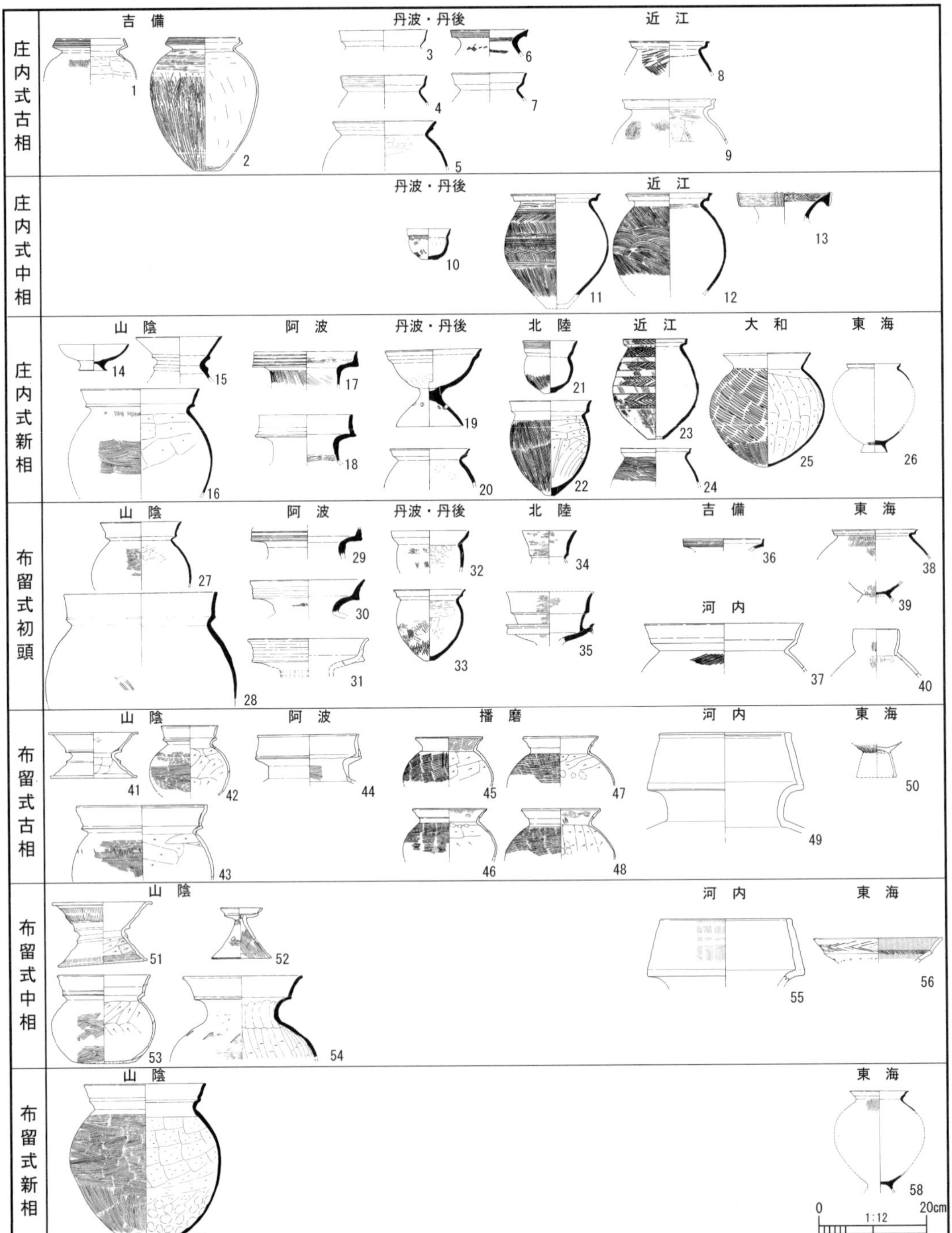

図4　乙訓地域における時期ごとの他地域系土器（註5文献、河内産庄内形甕は除く）

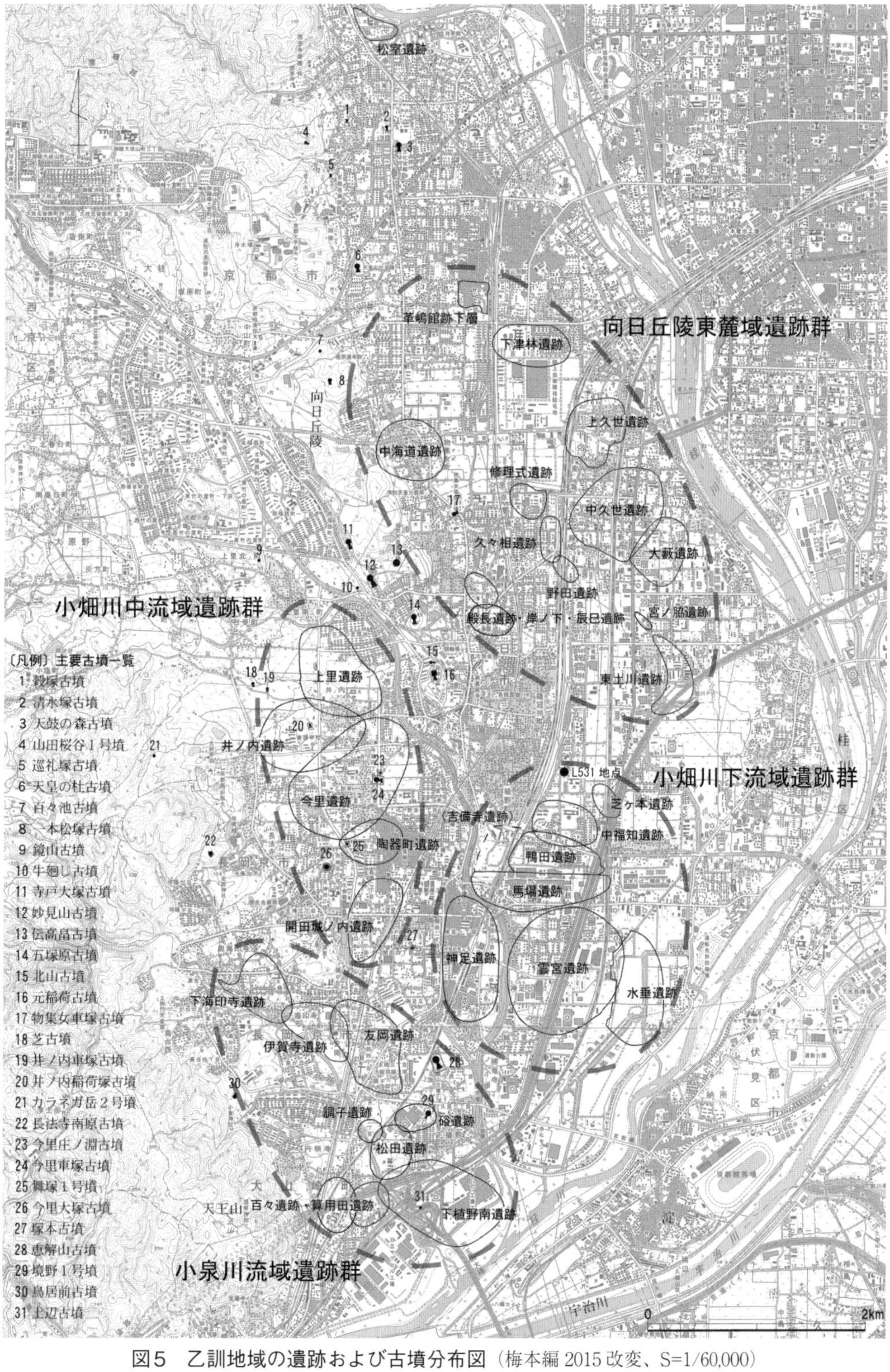

図5　乙訓地域の遺跡および古墳分布図（梅本編 2015 改変、S=1/60,000）

	遺　跡	庄内古	庄内中	庄内新	布留初	布留古	布留中	布留新
向日丘陵東麓域	中海道	SH32165 SH0403 SH0708 SH0711 SD0101 SK0613	SH1203 SH32101	SH32102	SD32103 SH32104 SH32106 SH32107 SB32110			
	中久世	SD-1B 中層	溝４	(SK1)	SD-1B 上層		１号住居址 河川９層	
	その他	修理式 SD0130 宮ノ脇 SD3603 SD3604 岸ノ下２号・３号墓	革嶋館住居址 41 溝 42	殿長 SX25601	辰巳 SX21270	修理式 SD0132 —野田 SX47101—	-(上久世)-	
小畑川中流域	今　里						SB1207 SK1225	SB1250 SB1251
	その他	井ノ内 SD2712				開田城ノ内 SX63502		開田城ノ内 SD2029
小畑川下流域	芝ヶ本				SK30532	SK30520 ——SD14550——	SD14524 SK14554 SX30516 SX30517 SX30546 SX30547	SX30505 SX30512 SX30513
	鴨　田				SH16160 SH16161 SD31930（吉備寺 SK27133）	SH34614 SE10669 SX2401 SD30832	SH16154 SH359101 SD14922 SX3007	
	馬　場		SH44 SX17646	SX64 １号方形周溝墓	SX17643 SE10823	SX63		
	雲　宮	SK5422		SD06	SK985		SD5308	SD500 SD693 SX800 SD1702
	水　垂	SB13 SH22	SH18 SH20 SD101 SD103	SH14 SH24 SH26 SH27 SH36 SH45 SD98	SH17 SX96（SX97）	—SD123 — — —	— SD122- —	SH34 SH35 SH37 SK99
	神　足		—SX22・23—					
小泉川流域	下植野南	SH395684		SHG54 SEF173	SH70 SHI154 SHF171 SHF174 SD36848 SR39561	— — — SD04	SD06- — — —	SH395690 SDG51
	その他	下海印寺 SH121 SK123 伊賀寺 SH05 百々 SH34959		百々 SX367046	松田 SB4601 SH50	調子 SH561	—SR395703 — — —(硲)— —	— — —
古　墳	樫　原					一本松塚	百々池	天皇の杜
	向日北				（五塚原）	寺戸大塚	妙見山	伝高畠陵
	向日南					元稲荷（北山）		
	長法寺今里						長法寺南原	今里車塚
	山　崎						境野１号	鳥居前

凡例　下線は建物跡　ゴシック字は墓　棒線は遺構の時期幅　点線は存在が想定される範囲　古墳は系列ごとに配置

図６　乙訓地域各遺跡の時期ごとの遺構と古墳（山本 2016 一部改変）

内形甕である。庄内式期を通じて多いのが近江や丹波・丹後など北側の隣接地域。庄内式新相には一挙に地域が増え、山陰や阿波、東海など遠隔地からの搬入品が増加する。河内地域からは布留式初頭以降に庄内形甕が減少する半面、大型鉢や大型複合口縁壺といった大型器種が搬入される。大和や吉備、播磨といった地域は特定の時期、特定の遺跡に限られ点的な存在しか示さない。多くの地域が布留式初頭に搬入の画期があるのに対し、河内地域のみから庄内形甕から大型器種への変化は見せながらもこの画期をまたいで搬入されている点が特筆される。

四　集落動態からみる古墳時代前期の乙訓地域

次に乙訓地域における集落と古墳の動態について確認しておく（図５・６）。乙訓地域は大きく向日丘陵東麓域、小畑川中流域、小畑川下流域、小泉川流域の四地域に区分しうる。

庄内式期の代表的な集落は向日丘陵東麓域の中海道遺跡で、鍛冶工房のほか布留式初頭には四面廂をもつ大型建物（ＳＢ三二一一〇）が存在する。墓域としては段丘上に殿長《でんちょう》遺跡や岸ノ下・辰巳遺跡に大型の方形周溝墓が築造されるが、周囲に集落遺跡はみあたらない。消長のタイミングからみても、現状では同じ段丘上に位置する中海道遺跡に対応する墓域とみるのが適当だ。

庄内式期には小畑川下流域も盛行期を迎える。庄内式期には水垂遺跡が中心的な位置を占めるが、大型の方形周溝墓を含む墓域から拡大する鴨田《かもんでん》・馬場遺跡が布留式に入ると盛行する。布留式古相には墓域も備えた有力な集落遺跡は鴨田・馬場遺跡に限られるため、元稲荷古墳の築造母体となったのは同集落と考えられる。

ちなみに元稲荷古墳よりも以前には五塚原古墳が存在する。五塚原古墳は撥形の前方部や斜路状平坦面など箸墓古墳と共通する特徴をもつが、いっぽうで後円部三段・前方部二段の段築は定型化した前期古墳に共通する特徴であり、少なくとも箸墓古墳以降に位置づけられる。箸墓古墳は布留〇式の古相から新相にかけて完成するとされるので、(註10) 元稲荷古墳の時期からみて布留〇式新相の幅の中、乙訓では本稿の布留式初頭に収めるのが適当だ。布留式初頭には中海道遺跡と鴨田・馬場遺跡がともに盛行期にある。どちらの集落が五塚原古墳を築造したのであろうか。鍵となるのは五塚原古墳の位置と、元稲荷古墳との墳形の差異だ。

五塚原古墳の西側には、現在存在しない尾根が存在していた。そのため、西方への視界はさえぎられる反面、東方へはよく視界が開けている。五塚原古墳の直下には殿長遺跡、岸ノ下・辰巳遺跡が存在している。先に中海道遺跡の墓域と想定した遺跡群だ。五塚原古墳を築造したのは中海道遺跡を中心とする向日丘陵東麓遺跡群の集団と考えたい。また墳形については、五塚原古墳が前方後円墳、元稲荷古墳が前方後方墳である。元稲荷古墳に続く寺戸大塚古墳は前方後円墳なので、同じ地域で前方後円墳の間に前方後方墳が収まることになる。この点については五塚原古墳が中海道遺跡により、元稲荷古墳（以降）が鴨田・馬場遺跡により築造されたとすれば説明がつく。すなわち集団の差異が墳形に結びついたと考える。前節でみた他地域系の土器の動向で布留式初頭に画期がみられる点も、この中心的な遺跡・集団の変化を反映するものであろう。付言すれば、中海道遺跡からは河内産庄内形甕はこれまでに一点も出土していない。交流により甕形土器の大半を河内産庄内形甕で賄っていた鴨田・馬場遺跡を中心とする小畑川下流域とは好対照なのである。

五　元稲荷古墳出土土器・埴輪の系譜とその評価

以上の動向を踏まえてあらためて元稲荷古墳から出土した土器、埴輪の存在の背景について検討したい。

元稲荷古墳を築造したのが鴨田・馬場遺跡を中心とする小畑川下流域の遺跡群であると考えた。同地域では土器様式に不可欠なほど河内産庄内形甕が多量に搬入されており、河内地域との交流は密なものであったことがうかがえる。布留式に入ると大型器種が搬入されており、元稲荷古墳の大型複合口縁壺もこの流れの中で理解できる。小畑川下流域が盛行期にある庄内式中相から布留式中相の全期間を通じて搬入され続けるのは河内産の器種に限られており、同地域との密接な関係を背景としたものと考えられる。

いっぽうで特殊器台形埴輪と壺形埴輪については、最初に吉備地域と大和地域の影響を考えた。このうち吉備地域の土器は、特定の時期、特定の遺跡にのみ存在しており影響は見出しえない。大和地域については搬入土器こそ点的にしか見出しえないが、庄内系の精製器種群は大和からの影響により在地生産されると考えられる点を特筆できる。精製器種群は分布に偏りがあることが指摘されているが、大和では纒向遺跡周辺が中心地とみなされる。(註11) 纒向遺跡はまさしく大和柳本古墳群の中にあり、初期王権に関わる重要な遺跡である。纒向遺跡周辺には、箸墓古墳や西殿塚古墳をはじめ、都月型の特殊器台形埴輪をもつ大型古墳が多いのも事実である。とくに元稲荷古墳の墳形については、西殿塚古墳との相似性が指摘されている。(註12) 特殊器台形埴輪の存在を大和地域との関係性のもとに求めてよいのであれば、小畑川下流域に大和地域からの影響で庄内系精製器種が群として生産されていることも同じ脈絡の中で評価することができよう。庄内系の精製器種はもともと吉備地域の影響下に成立するものであり、(註13) 特殊器台形埴輪にも吉備と大和の双方の影響があるとされる点も見逃せない。庄内系精製器種群の在地生産と特殊器台形埴輪の存在に、大和地域、とくに王権中枢との関わりが表示されていると考えたい。

六　おわりに

元稲荷古墳から出土した土器と埴輪の系譜について、その背景を考慮しつつ言及した。元稲荷古墳から出土した大型複合口縁壺、特殊器台形埴輪は、ともにその造営母体となった小畑川下流域の遺跡群において集落出土土器にも顕れる、集団としての動きを顕現しているものと捉えられる。とりわけ、過剰なまでの河内地域からの搬入土器と、群として在地で生産される庄内系精製器種群の存在という、ほかの地域と比べて特異な様相が如実に反映されていると言える。とくに後者は王権膝下の奈良盆地東南部との繋がりを示すものであり、地域の特色と言える。

古墳の土器・埴輪と集落の土器が連動した動きを示すというと、言ってしまえば当たり前のような事実であるが、実際には資料の欠落によって古墳と集落＝集団の関係性がその両側面から確かめられた例は少ない。その意味でも、乙訓地域の遺跡群がもたらす情報の豊かさを再認識させられる。

本稿はこれまで筆者が乙訓地域を対象に執筆してきた論考を下敷きとして成稿したものである。図1に用いた各図は『元稲荷古墳の研究』から引用したが、その他の図の出典については各論考に当られたい。また各論考を成すにあたりお世話になった皆様にこの場であらためて御礼申し上げる。

(註1) 山本　亮「壺形埴輪の系譜」「竪穴式石槨出土直口壺の位置づけ」「大型複合口縁壺の系譜と古墳出土の意義」『元稲荷古墳の研究』(公財)向日市埋蔵文化財センター、二〇一五

(註2) ここでは筆者の乙訓地域における土器編年に対照する編年として寺沢薫による区分を示す(寺沢　薫「畿内古式土師器の編年と二、三の問題」『矢部遺跡』奈良県立橿原考古学研究所、一九八六、寺沢　薫『箸墓古墳周辺の調査』奈良県立橿原考古学研究所、二〇〇二)。米田敏幸による編年(米田敏幸「土師器の編年　一近畿」『古墳時代の研究』六　土師器と須恵器、雄山閣、一九九一)では、寺沢の布留一式の新段階と布留二式が布留式期Ⅱに含まれ、本稿の布留式古相も一部が米田の布留式期Ⅱに含まれることになる。

（註3）梅木謙一「東田大塚古墳出土の大型複合口縁壺の検討―桜井市出土の大型複合口縁壺の理解にむけて―」『東田大塚古墳』（財）桜井市文化財協会、二〇〇六

（註4）原田昌浩「特殊器台形埴輪からみた元稲荷古墳の位置づけ」『元稲荷古墳の研究』（公財）向日市埋蔵文化財センター、二〇一五

（註5）山本　亮「古墳出現期の山城地域における地域間関係の一断片」『古墳出現期土器研究』二、二〇一四

（註6）前掲註2（寺沢一九八六）に同じ

（註7）本稿では先に布留形甕と同様の製作技術、すなわち胴部の外面をハケ、内面にケズリをほどこすものを布留系と呼ぶのに対し、底部の外面にケズリ、その他の部位をハケ・ナデ調整し、細筋の横ミガキを施す精製器種を庄内系と呼んでいる。これは次山淳の精製器種B群に対応し、吉備地域の製作技術を母体としながらも庄内式を通じて近畿でも定着することによる（次山一九九三）。布留系は山陰系技術を母体とするように、起源とする製作技術体系を異にする土器群として系統的に理解する取り組みが成果を挙げている。

（註8）山本　亮「近畿地方中部における小型丸底土器の地域相―山城・摂津・播磨の小型丸底壺（一）―」『東生』六、二〇一七

（註9）資料の制約からここに挙げた土器の多くが小畑川下流域のものである。ただし庄内式古相には吉備地域の土器は東土川遺跡、近江系の土器は中海道遺跡から出土しているなど向日丘陵東麓域の資料がある。

（註10）前掲註2（寺沢二〇〇二）に同じ

（註11）田中元浩「畿内地域における古墳時代初頭土器群の成立と展開」『日本考古学』二〇、二〇〇五

（註12）澤田秀実「墳丘形態からみた権現山五一・五〇号墳」『権現山五一号墳』同刊行会、一九九一

（註13）前掲註7（次山一九九三）に同じ

参考文献

梅本康広編『元稲荷古墳の研究』（公財）向日市埋蔵文化財センター、二〇一五

次山　淳「初期布留式土器群の西方展開」『古代』一〇三、一九九七

次山　淳「小型丸底土器の地域色」『古式土師器の年代学』（財）大阪府文化財センター、二〇〇六

山本　亮「乙訓地域の前期古墳と集落」『魂の考古学―豆谷和之さん追悼論文編―』豆谷和之さん追悼事業会、二〇一六

調査トピックス

京都市芝古墳（芝一号墳）

熊井 亮介

芝古墳は、善峰川右岸の低位段丘上に所在する。この段丘上には、一四基の古墳からなる芝古墳群が展開しており、芝古墳はその中で唯一の前方後円墳である。これまで、芝古墳は首長墓と認識されていたものの本格的な調査は実施されておらず、乙訓古墳群の中で明確に位置付けるための基礎資料の整備は急務であった。それを踏まえ、京都市では二〇一三（平成二五年度）年より五ヵ年にわたり調査を実施した。本稿では、その概略を述べる。

一 墳丘および外表施設（図1、4-1）

墳丘長は三二・三メートルを測る。周溝を有しており、これを含めた全長は四〇メートルにせまる。ただし、周溝の様相は一定ではなく、整った形態にはならない。東クビレ部には不整形な陸橋が取りつくが、造出は確認できない。段築については、後円部のみ二段築成となる可能性がある。葺石は無いが、埴輪は有しており、種類としては円筒埴輪と朝顔形埴輪が確認できる。

二 埋葬施設（図2、3、4-2・3）

後円部中央で横穴式石室を確認した。後世に石材が抜き取られており、玄室については壁体がほぼ遺存していないものの、羨道部付近については比較的良好に遺存していた。右片袖式の石室であり、全長は五・八メートル以上、玄室長は三・八メートル、玄室幅は一・五五メートルとなる。いわゆる畿内型石室の範疇で捉えられよう。袖部付近からは須恵器高坏（有蓋・無蓋）がまとまって出土しており、それらから築造時期が六世紀前葉に位置付けられる。

また、羨道の南東側では四基の埴輪が据えられた素掘りの墓道を検出した。墓道検出高と羨道床面高は約一メートルの落差があり、石室に向かって下る。精査の結果、墓道には二回の掘り直しが認められることから、三回以上の埋葬が想定される。追葬時の墓道埋土には埴輪片が含まれるが、胎土やハケ目などから墓道に据えられていた埴輪と同一個体と考えられる。つまり、初葬時に墓道に据えた埴輪を追葬時にも再利用したと考えられ、非常に興味深い。

三 まとめ

今調査を通して、芝古墳を乙訓古墳群の首長墓として位置付ける上で重要な情報を得ることが出来た。とくに、後円部で確認した石室は乙訓で最古級であり、この地域における横穴式石室の導入や、当該期の首長墓の実態を考える上で欠かせない。また、芝古墳に後続する首長墓の井ノ内車塚古墳と築造時期が非常に近接することが明らかとなった。それに加え、単龍環頭太刀を有する六世紀中頃の芝一四号墳や周辺の消滅した古墳の存在を踏まえるならば、井ノ内・上里地域の首長墓系譜には再検討の余地があろう。

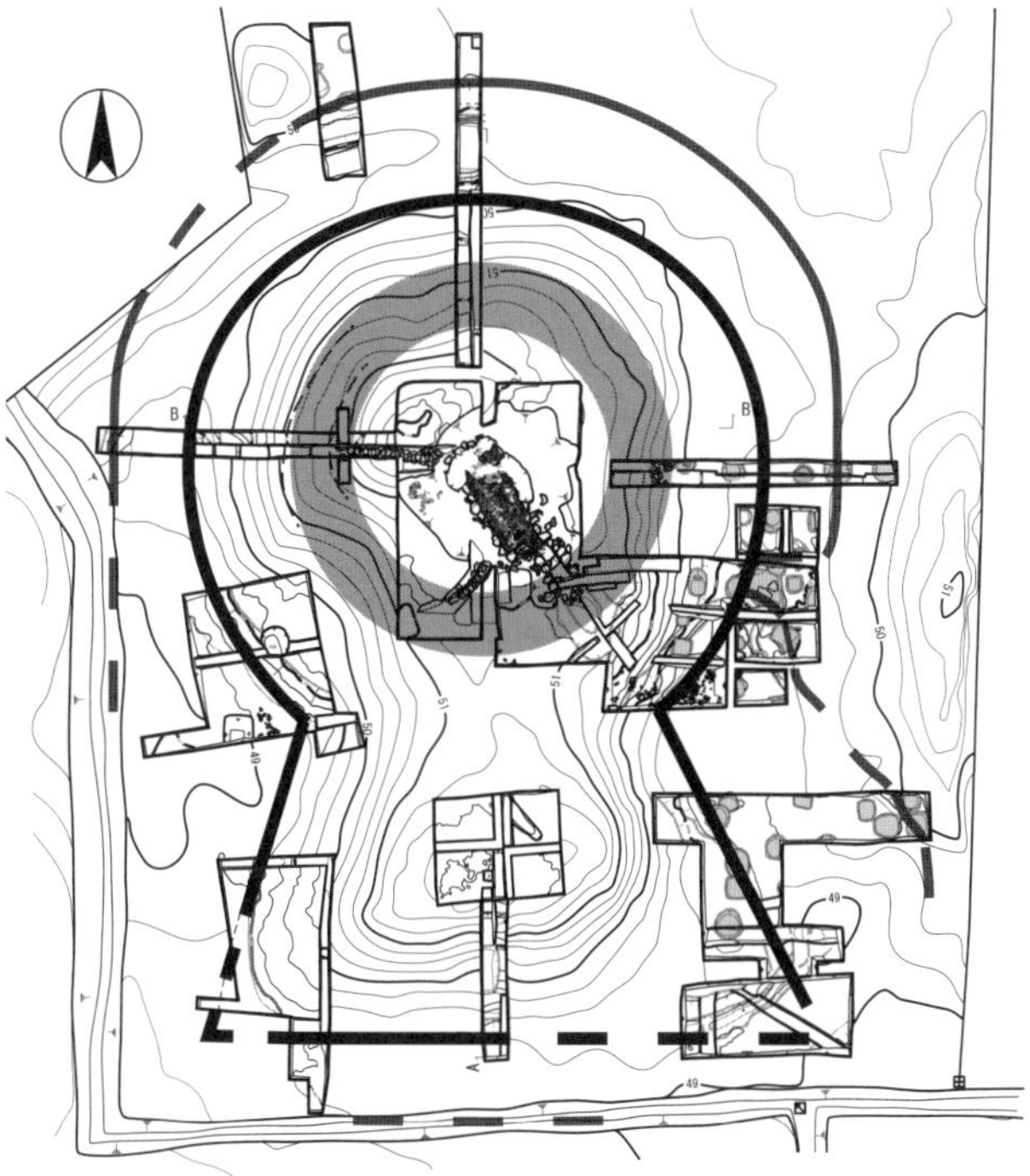

図1　墳丘復元図（1/500）

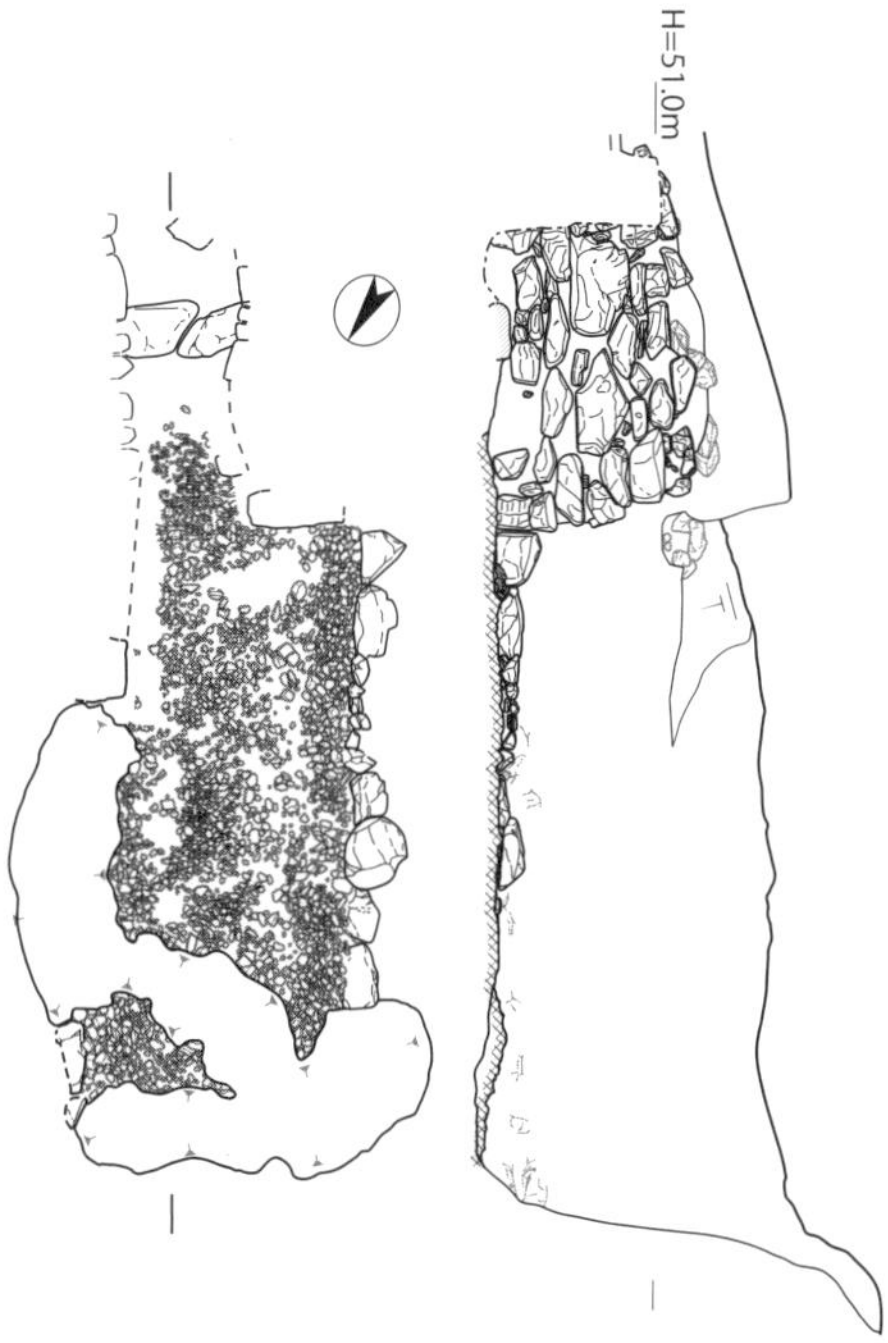

図2　横穴式石室（1/80）

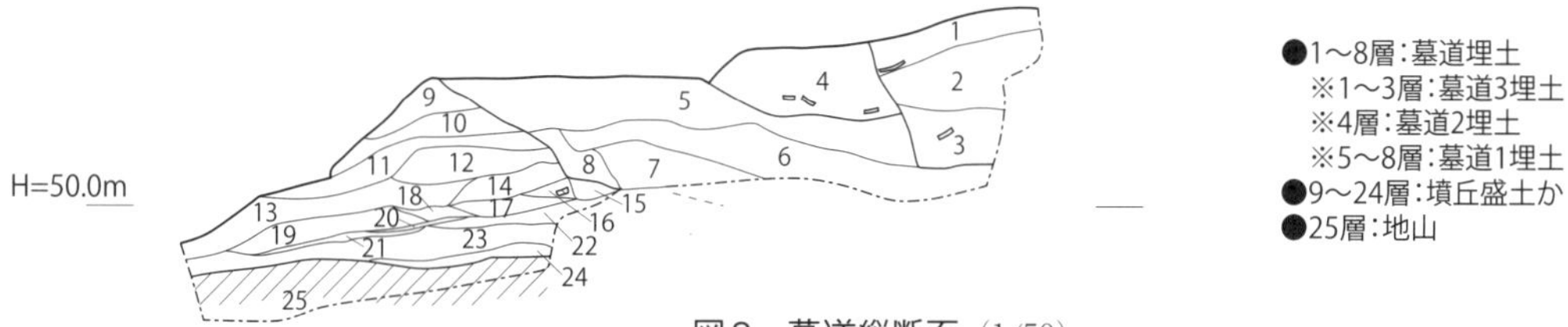

図3　墓道縦断面（1/50）

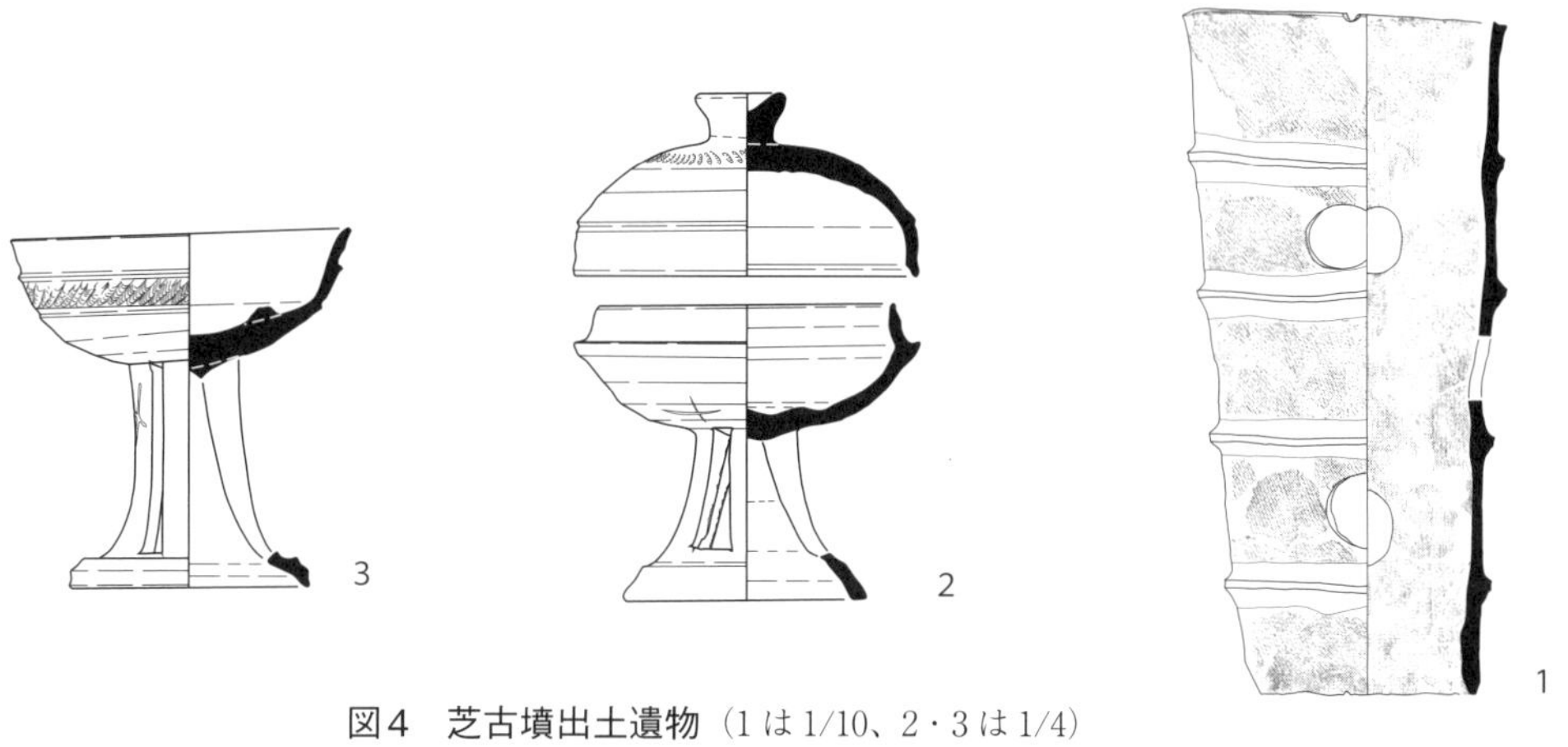

図4　芝古墳出土遺物（1は1/10、2・3は1/4）

第三章　畿内乙訓古墳群とその周辺

オトクニにおける前期古墳の変容とその背景

古閑　正浩

一　はじめに

京都盆地南西部の桂川・淀川と西山に囲まれた一帯は、南北約一〇キロ、東西約五キロの範囲におよぶ。北半の南北約二・五キロが葛野郡の一部で、それ以南が乙訓郡の全域で占められている。大和からの行路としては、山陽・山陰・北陸・東山の各方面の分岐点にあたり、木津川・宇治川・桂川の淀川水系によって大和・河内・摂津と山城をつなぐ水縁の要地に当たる。この地は、古墳時代を通じて造墓が継続し、畿内のなかでも古墳の密集地帯として知られている。平成二八年には、所在する主要古墳が「乙訓古墳群」として国の史跡に指定された(註1)。

乙訓古墳群の意義は、境界が明瞭な自然地形の範囲において、向日丘陵古墳群とこれを含めた四流域の造墓の変遷ぶりが、時代と地域性を示すところにある。したがって、乙訓古墳群は、重層的な性格を有しており、時空の包括的な概念として捉えたものといえる。限定的な地理的範囲や同様な地形条件の支群で構成される古墳群。これまでの捉え方とは、異なっているところに留意が必要であろう。そのため本稿では、乙訓古墳群の地理的範囲を指す場合は、「オトクニ」と称しておきたい。

ここでは、オトクニにおける古墳時代の動態のうち、前期における変容を取り上げたい。この変容は、乙訓古墳群の変遷のなかでも重要な画期に当たる。先行研究については、都出比呂志の論考があり、その視角や所見は首長系譜論として大きな影響を与えている(註2)。

古墳時代の専論をもたない筆者が起稿に至ったのは、境野一号墳と鳥居前古墳の調査の機会を得たことによる。ここで得られた着想を基にして検討を進めたい。特に重視したいのは、地域の中での古墳の位置付けである。とくに前期の調査例の増加によって、古墳の相対的な先後関係や併行関係が具体的に把握できるようになった。また、流域・水利・集落・耕地と古墳との関係を明らかにすることは、古墳の存在を意義付ける上でも有効であろう。造墓の変容の成因を探る際には、政権中枢部との政治的・技術的な諸関係だけでなく、地域の実態に改めて目を向けたい。また、オトクニでの現象を相対化するため、畿内における動向との併行関係を検討する。こうした検討を通じて、筆者なりに時代像と地域像を描いてみたい。

二　流域・集落・造墓

（一）円筒埴輪が示す造墓の過程

川西宏幸によって確立された円筒埴輪編年は、(註3)その後、資料の増加によって底部高・突帯間隔・口縁部高の形態的特徴や外面調整技法の検討がさらに深化した。また、特殊器台・鰭付円筒埴輪・器財形埴輪の検討も併行して成果が蓄積されてきた。現状では、埴輪の変遷については、ほぼ共通の理解が得られているように思う。ただし、Ⅲ期の開始期については、見解が二分している(註4)。

オトクニの埴輪の編年観については、廣瀬覚が示すように、Ⅲ期の成立を先行的に位置付ける要素は乏しい(註5)とみてよいだろう。こうした観点をふまえ、オトクニの造墓の過程のうち、Ⅳ期（中期）までを図1に示した。さらにⅠ期とⅡ期の古墳の分布を図2・図3に示した。古墳の分布は、地域的なまとまりを示し、その中で造墓が展開している。これをそれぞれの系譜として捉えると、樫原系譜・向日系譜・長岡系譜・山崎系譜の四つに区分できる。

さて、オトクニでは、五塚原古墳・元稲荷古墳が初期に位置付けられる。こうして向日系譜が端緒を開き、寺戸大塚古墳・妙見山古墳と継起し、Ⅰ期を通じて系譜を形成する（向日丘陵古墳群）。寺戸大塚古墳にほぼ併行する時期に、一本松塚古墳が築かれて、樫原系譜が生起する。Ⅱ期に至ってなお百々池《どどいけ》古墳・天皇の杜古墳と続く。

Ⅱ期では、新たに長岡系譜と山崎系譜が生起する。長岡系譜は、長法寺南原古墳が端緒となり、今里車塚古墳、さらにカラネガ岳二号墳・今里庄ノ渕古墳と続く。山崎系譜は、境野一号墳を端緒とし、鳥居前古墳が続く。この間に、小墳の土辺古墳が築かれている。向日系譜については、Ⅱ期に至って墳形と規模が変容する。伝高畠陵古墳がⅡ期後半に存在し、芝山古墳がこの前後に該当する可能性がある。樫原系譜・長岡系譜・山崎系譜のⅡ期は、向日系譜と比較した場合、古墳の立地が丘陵から扇状地まで広範囲におよんでいる点を特徴とする。

既述のようにⅠ期では、向日丘陵で有力古墳が四基にわたって継続的に築造される。拠点的な造墓といっていい。これに対して、Ⅱ期では、造墓が多発的に併存して展開しており、質的な変化をみせている。また、Ⅰ期の古墳の全長が一〇〇メートル前後、あるいはそれ以上を示すのに対して、Ⅱ期では、天皇の杜古墳の八六メートルを最大として、五〇～六〇メートル規模の古墳が多い。一基当たりの投下労働量が減少・分散化していることを示している。Ⅱ期でも新しく位置付けられる一群は、墳丘の縮小化が各系譜ともにみられる。

円筒埴輪編年からオトクニでの造墓の過程をみたとき、特筆されるのは、埴輪編年の画期と造墓の変容が対応している点である。Ⅱ期では、円筒埴輪の規格化(註6)や器財形埴輪の様式化が進む(註7)。これは墳形や外表施設、埋葬施設の様式化など、造墓の再編の中で位置付けられ、造墓の増加に対応したものであったことが想定される。

古墳時代の一〇期編年(註8)では、埴輪編年のⅠ期末・Ⅱ期初頭頃は、三期に当たる。妙見山古墳・境野一号墳・長法寺南原古墳が該当する。しかし、埴輪の先後関係は、妙見山古墳が明らかに先行する。古墳の立地・規模・系譜の重要な変容期に当たっており、造墓の過程を地域の中で論じる際には、埴輪編年が有効である。

（二）流域・集落遺跡と古墳との関係

オトクニは、主として四つの流域に区分され、便宜上、各流域をA～Dと表現しておく。古寺戸川流域（A流域）は、向日丘陵東麓の各谷の支流から集水する。上流をA1・中下流をA2に細分することができる。小畑川流域（B流域）は、西山の最も奥深い各支流から集水し、向日丘陵の西側に沿う広域な谷を上流域とする（B1）。オトクニの中では最も土砂水量が多く、向日丘陵の南東側一帯に広大な扇状地を形成する（B2）。風呂川・犬川流域（C流域）は、野山の東麓の各谷の支流から集水する。小泉川流域（D流域）は、野山と天王山に挟まれた各谷の支流から集水する。

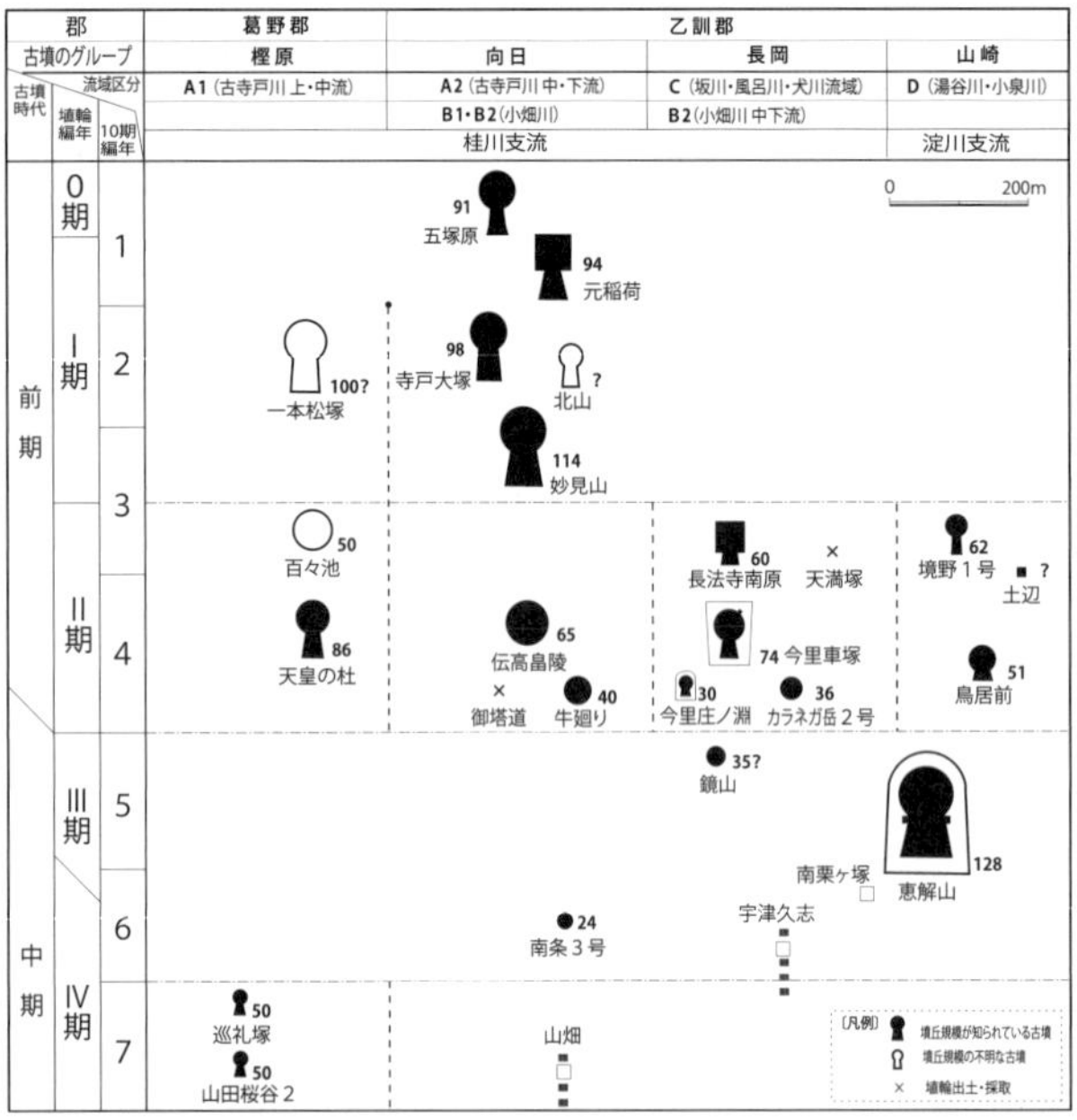

図1　オトクニにおける流域区分と古墳の変遷

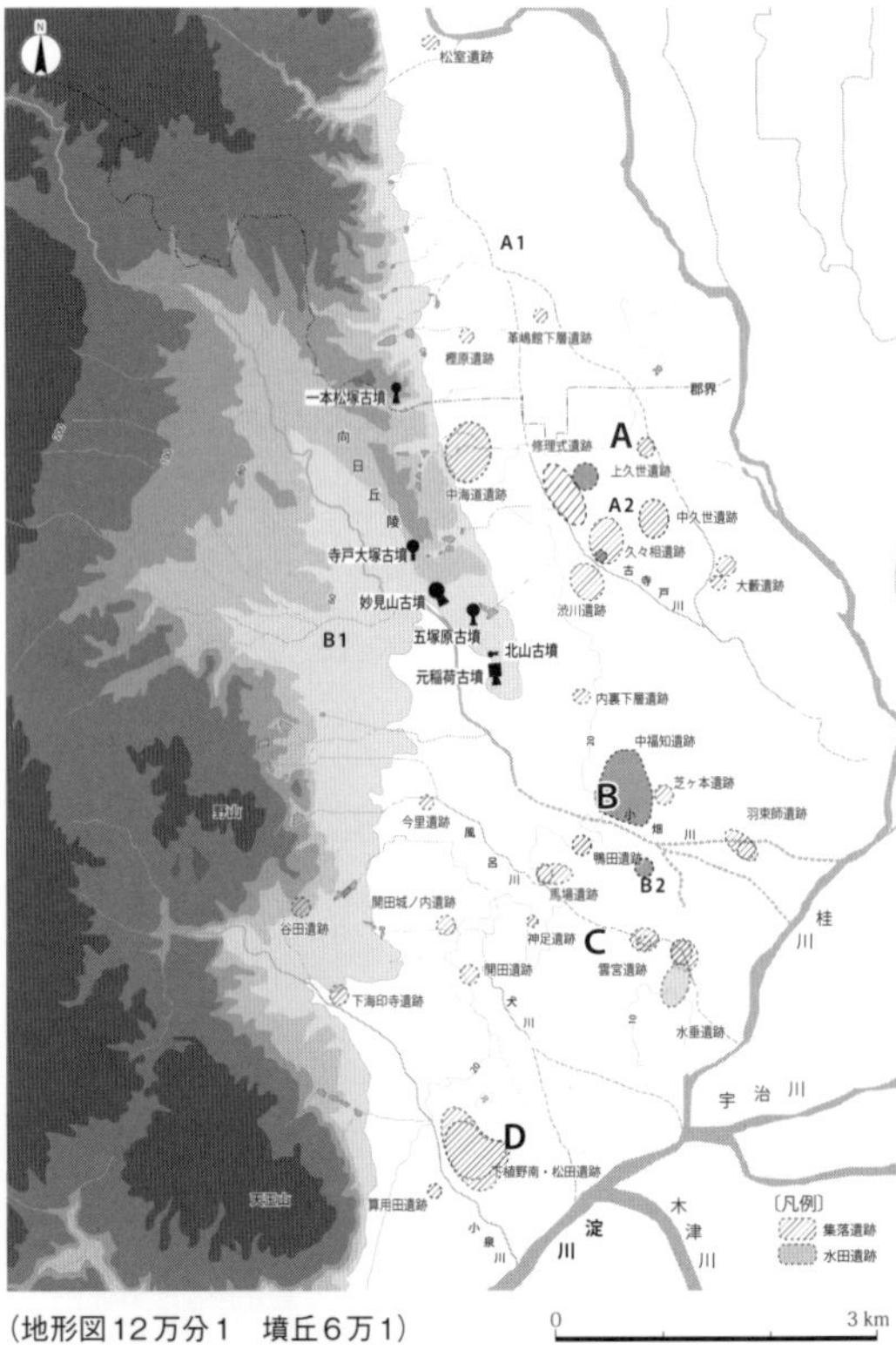

（地形図12万分1　墳丘6万1）
図2　古墳と集落の分布（埴輪Ⅰ期）

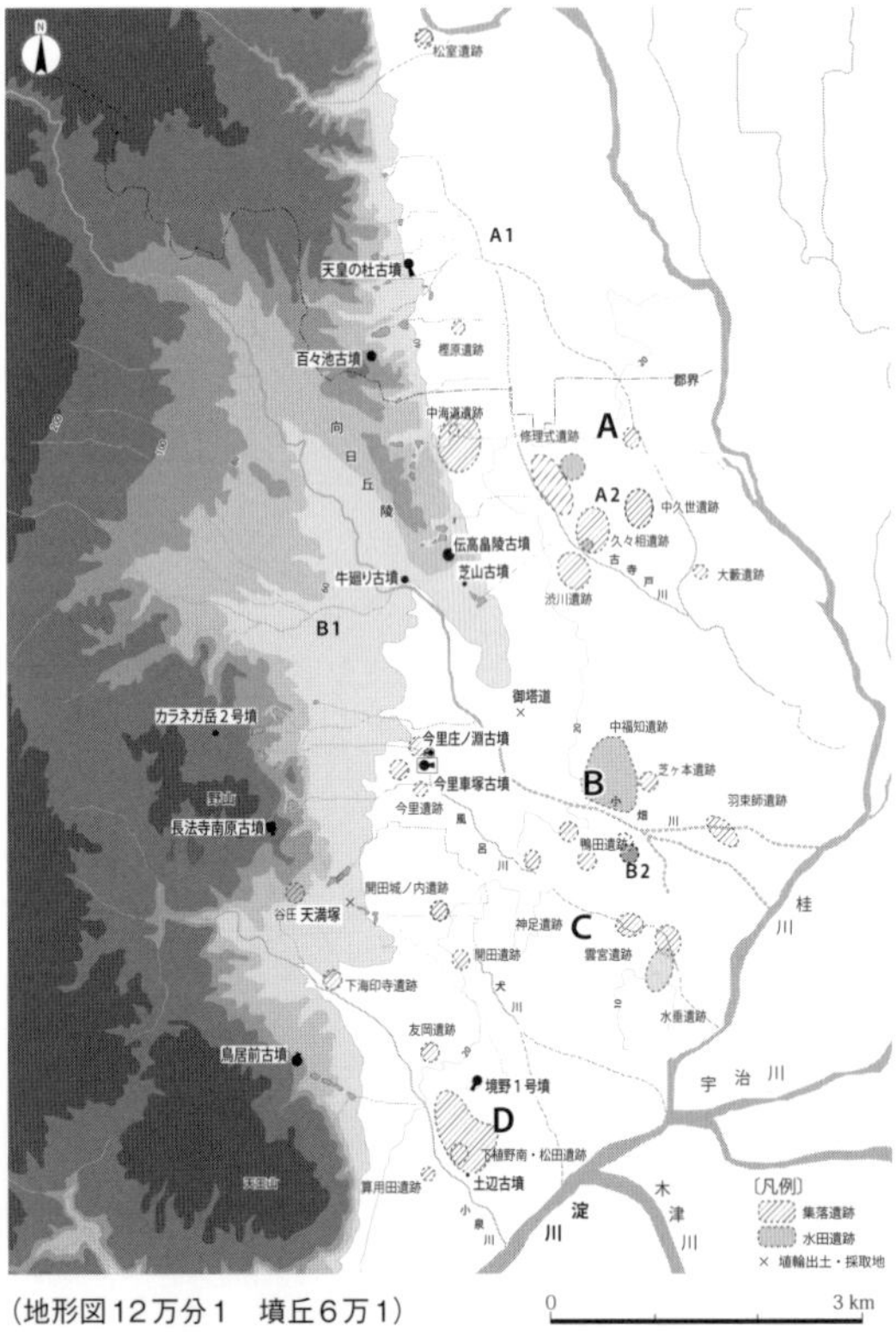

（地形図12万分1　墳丘6万1）
図3　古墳と集落の分布（埴輪Ⅱ期）

古墳時代の耕地と集落については、[註9]水垂遺跡の遺構からわかるように、水田は小区画であり、集落が近在している。したがって、古墳と流域との関係を考える際は、耕地・集落の水利関係、灌漑域として捉えることが重要である。[註10]特に各流域での支流や水源と古墳との関係が重視される。実際、各系譜の中には、水源となる谷の起点に近在する古墳が驚くほど多い。こうした微視的観点で古墳から流域を捉えるなら、樫原系譜はA1流域、向日系譜はA2流域、長岡系譜はC流域、山崎系譜はD流域と結びついている。巨視的にみた場合、B流域は、向日丘陵全体が形成する谷地形を上流域としており、この点で向日系譜とつながる。またその下流は、C流域とも近接し、一帯が二元的な水源を有する地域となっている。微視的・巨視的観点から、古墳と流域の関係をあらためて整理すると、樫原系譜はA1、向日系譜はA2・B・Cの流域、長岡系譜はB・Cの流域、山崎系譜はD流域と、それぞれ結び付きが想定できる。

向日系譜では、初期の二基が広角な眺望を有する向日丘陵先端に位置し、後続の二基が丘陵の西縁に沿って位置する。樫原系譜の特徴は、東への眺望を専ら意識しており、向日系譜の眺望の指向とは異なる。向日丘陵上に立地する古墳のうち、五塚原古墳・寺戸大塚古墳・一本松塚古墳・百々池古墳はそれぞれA流域の水源である谷の起点に近接している。また、丘陵裾部に位置する天皇の杜古墳も同様の立地条件を示している。A流域は、これら谷からの流水を古寺戸川やその東をほぼ平行する流路に集水している。

耕地や集落遺跡は、これら流路に沿って展開している。修理式遺跡以北では、集落遺跡の分布が図上では希薄な表現となるが、これは調査件数が少ないためである。革嶋館下層遺跡でみられるように庄内期以降の建物を含む集落が検出されており、周辺では、前期を中心に未知の遺跡が広域に展開することが予想される。修理式遺跡では、水田跡が検出され、周辺では、古墳時代前期の柵《しがらみ》遺構を伴う古寺戸川の河道跡が数カ所で検出されている。

A流域は、向日丘陵が狭いため、谷から生じる水量が乏しい。そのため松室遺跡のさらに約二キロ上流の桂川（「一井」）から取水し、丘陵の谷水と合わせて、二通りの水源に拠っている。ただし、この用水が整備されるのは、古墳時代後期のことであり、秦氏による葛野大堰の造作と関わる。[註11]したがって前期は、向日丘陵の水源に拠らざるを得ない段階であり、流路に柵を構築して水を滞留させ、水源を確保する方式が採用されている。灌漑域を形成するための労働力を特に必要とする地域であった点に留意しておきたい。

B流域では北岸の中福知遺跡、南岸の鴨田遺跡で水田跡が検出され、流域周辺では大量の土器が消費されている。これらの集落や水田は、向日系譜の眼下に広がっており、これらも造墓の母体であったとみられる。

C流域は、野山の東麓斜面から生じる谷筋によって支流が形成され、今里遺跡付近で風呂川に集水される。長岡系譜の端緒となる長法寺南原古墳は、立地する丘陵の裾が、C流域の中心的河川である風呂川の水源の谷に当たる。これに次ぐ今里車塚古墳は、オトクニでは周濠と外堤を有する墳丘の初見にあたり、坂川が風呂川に合流する付近に位置する。今里庄ノ渕古墳は今里車塚古墳の北辺に近在し、カラネガ岳二号墳は丘陵に立地する。風呂川の中流域に位置する馬場遺跡は、北側の鴨田遺跡と一体的な集落遺跡として評価される。下流域の雲宮遺跡・水垂遺跡は、大規模な集落遺跡であり、後者は居住域に隣接して水田跡が広域に検出されている。

Ｄ流域は、小泉川の支流域である久保川の水源に隣接して鳥居前古墳が位置する。中下流域には、独立丘陵上に境野一号墳、下流の扇状地先端には土辺古墳が存在する。この扇状地は、低地部にむかって舌状に張り出し、大規模集落である下植野南遺跡が立地する。

Ｃ・Ｄの各流域では、長岡系譜・山崎系譜の各古墳が広範囲に所在する点を特徴とする。また、各流域の下流では、長岡系譜・山崎系譜の造墓が開始される以前から集落が存在している。

以下、小結として要点をまとめておきたい。Ⅰ期では、拠点的な造墓活動が向日丘陵上に展開する。向日丘陵は、近接するＡ・Ｂ流域と地理的に結び付きが強い。ただし、仰視性に優れた丘陵であること、Ｃ・Ｄの各下流域でも庄内期から布留式古相の集落や耕地が検出されていること、ＢとＣの流域をまたぐ集落が存在すること、Ⅱ期の古墳に比して規模が大きいことなどを考え合わせると、この造墓は、オトクニ全体が母体となっていたことを想定させる。

Ⅱ期では、多地点併存型の造墓に変容を遂げる。これは、無秩序なものではなく、流域区分に対応している。[註12] 樫原系譜は継続し、長岡系譜・山崎系譜で新たに系譜が成立している。これらは、Ⅱ期を通じて二～三代継続する。向日系譜は、時期不明古墳の存在に考慮すると、Ⅱ期初頭に断絶したのか速断できないが、後半には造墓がみられる。各流域では、集落遺跡が存在し、水源地に近接する古墳が認められる。古墳の立地と流域が整合的な関係にあることを重視すると、Ⅱ期では、地理的に地域を分節化して、造墓が展開したことを示している。

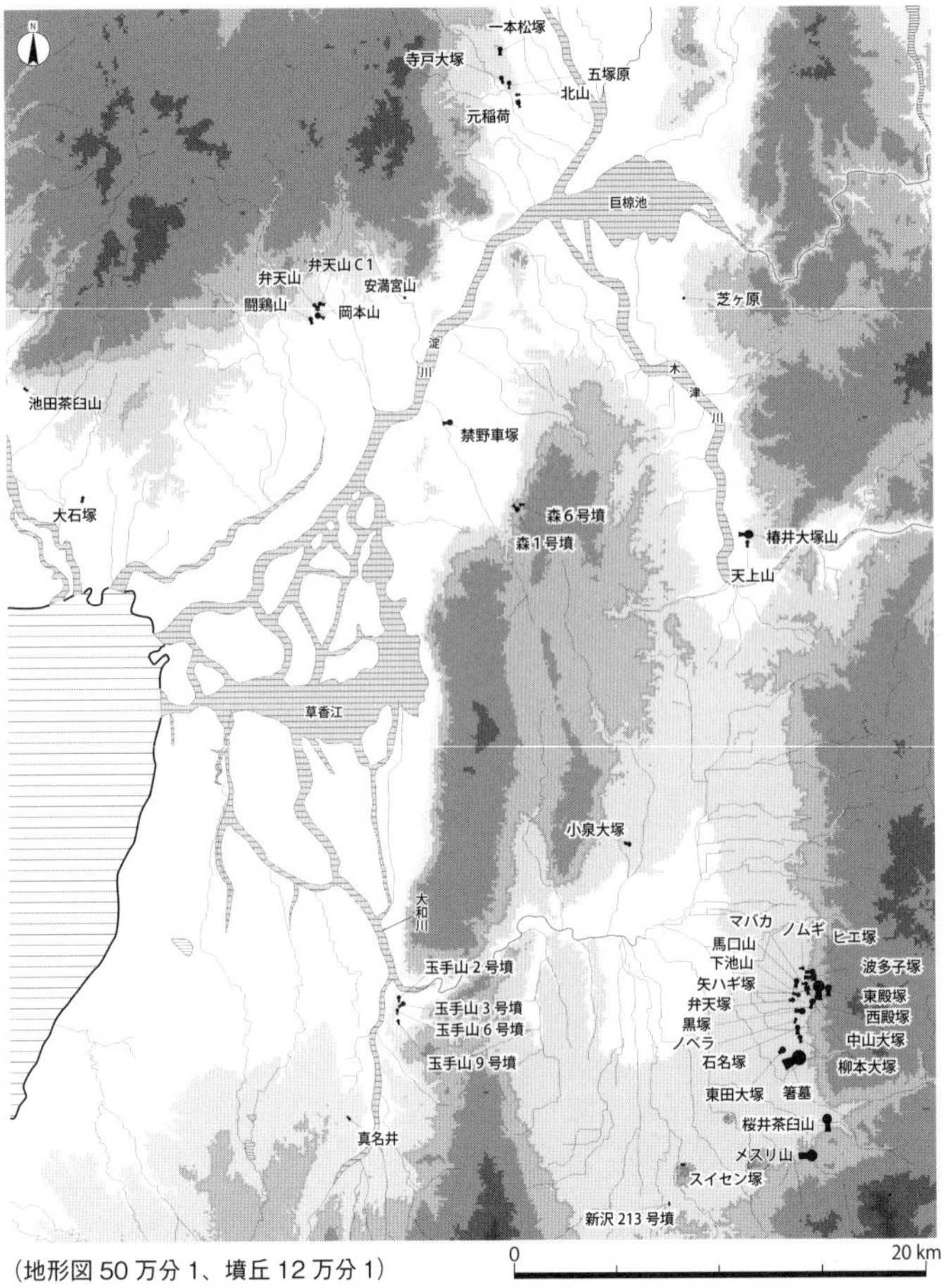

（地形図50万分1、墳丘12万分1）

図４　畿内の古墳分布（埴輪編年Ⅰ期前半・後半）

三　畿内における造墓の展開

オトクニにおける造墓の変容を相対化するため、畿内に視野を広げてみたい。図４～図７には、埴輪編年に沿って、主要古墳の分布を示した。[註13] Ⅰ期は、古墳出現期から特殊器台までをⅠ期前半、埴輪成立以後をⅠ期後半、後半の中でも新相をⅠ期末として三時期に区分した。紙幅の都合

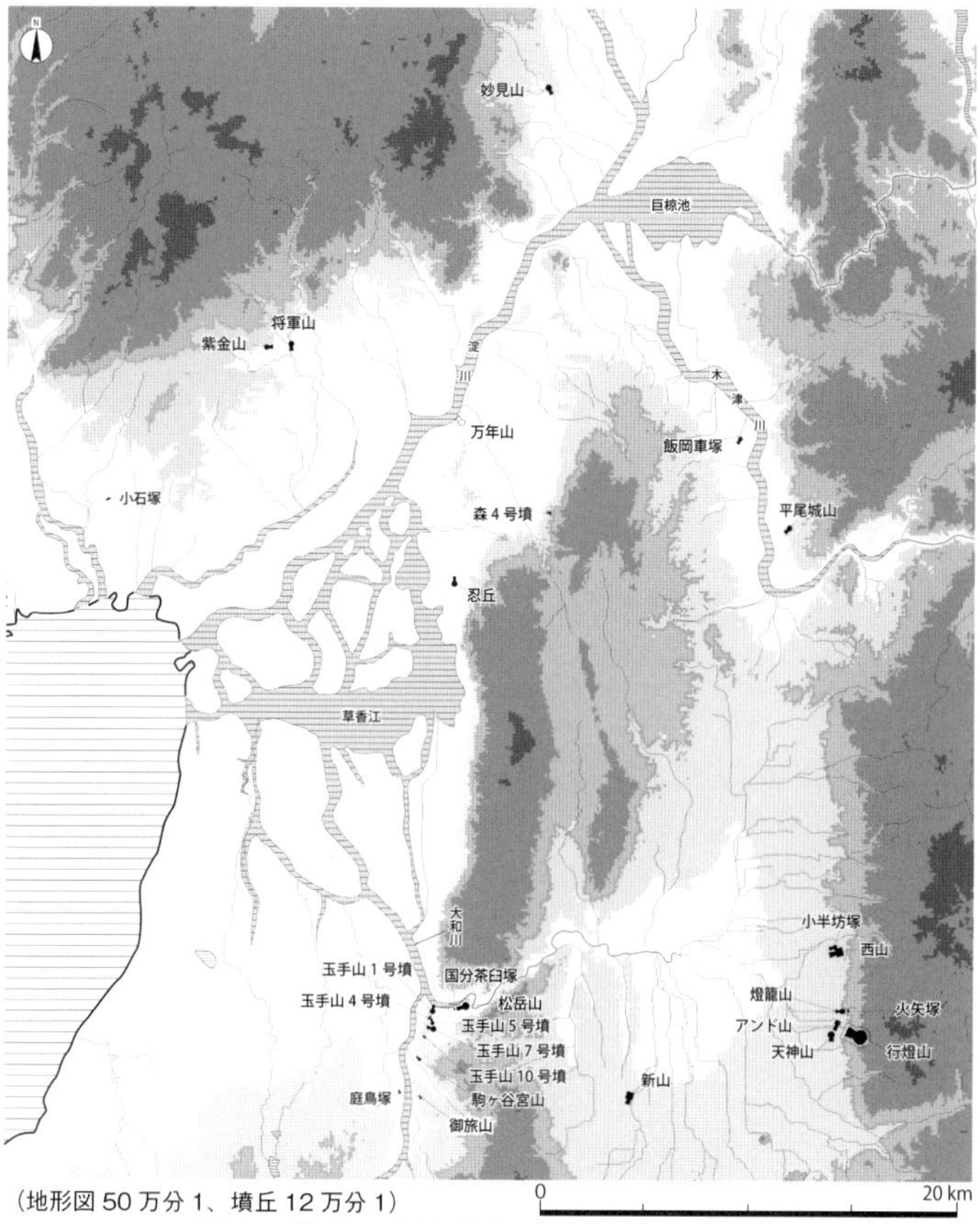

(地形図50万分1、墳丘12万分1)

図5　畿内の古墳分布（埴輪編年I期末）

で、I期前半と後半を図4に、I期末を図5に示した。II期は前後に区分し、それぞれ図6・図7に示した。

古墳の出現期から大和東南部と併行して造墓が継起する地域は限られている。淀川東岸で北河内の森古墳群、淀川西岸で北摂の三嶋古墳群、それに南山城の椿井大塚古墳があげられる。乙訓古墳群はこれらに列し、数少ない古墳出現地域の一つとして位置付けられる。I期後半までには、南河内の玉手山古墳群、西摂で猪名川流域でも造墓が生起する。

I期末になると変化がみられる。それまで各地では、同じ地形上で拠点的な造墓が重ねられ、古墳群を形成してきた。それがこの時期には、地形条件が前代を踏襲する場合と変容する場合の二相に別れる。これをひとまず、旧態と新興と表現しておきたい。前者の例では、大和東南部、向日丘陵古墳群、森古墳群、玉手山古墳群、平尾城山古墳があげられる。後者では、三嶋古墳群の西方に紫金山古墳・将軍山古墳、森古墳群の東方に松丘山古墳群が築かれる。また、大和西部では新山古墳、木津川の西岸では飯岡車塚古墳によって造墓の端緒が開かれる。このうち、万年山古墳は淀川、飯岡車塚古墳は木津川、松岳山古墳は大和川のそれぞれランドマーク的存在でもある。この時期の変容が、水上交通からの仰視性をより意識している点に注意しておきたい。こうした意識は、II期においても引き継がれる。ただし、I期末の新興の地域では、II期に造墓が継続する場合と一過性で終息する場合があり、この時期の変化は過渡的様相として個別の評価を要する。

II期には、I期末の変化に加えて、新興の地がさらに生起する。また、旧態にも一部で変化が生じる。大和東南部では、渋谷向山古墳が築かれ、依然として勢威を示している。これに加えて、西部でも新山古墳に続いて築山古墳が築かれる。森古墳群や猪名川流域でも造墓が継続する。一方、玉手山古墳群や松岳山古墳群は、急速に衰微する。新興するのは、大和北部、大和東部、和泉、難波、山城の木津川流域である。木津川流域では、巨椋池に近い両岸が対峙するように生起し、また北岸でも東山丘陵において小墳が築かれる。

この時期の新興の地を端的に表現すれば、海浜部に近在する地域や淀川水系の地域といえる。また、奈良盆地へ運漕する場合、最も適しているのは木津川であり、この点で大和北部も木津川との接点として評価できる。先述したオトクニにおける造墓の変容は、この時期に当たる。こうしてみたとき、これらの変容は、畿内全体の動向の中で連動した現象であったことをよく示している。その上で、改めて大和の大型古墳の動向にふれると、大和北部の造墓の主体は、変動期の先導的存在として意義付けられる。ただし、大和東南部の勢力と併存し、埴輪も共通した様相を示している点が注意される。したがって、大和の大型古墳の変遷では、旧態と新興の造墓活動が共生して展開している点に特徴を見出すことができる。

Ⅱ期後半では、大和東南部で大型古墳の築造が途絶する。その一方で、津堂城山古墳が築造され、墳丘長二一〇メートルの規模を有する大型古墳が河内に出現する。大和西部、森古墳群は築造を継続する。また、Ⅱ期に生起した大和北部・和泉・木津川の両岸や巨椋池の北岸も足並みを揃えるかのように継続する。先述のようにオトクニでは、新興地域の造墓がⅡ期を通じて継続する点にふれたが、畿内でも同様の現象が生じていることを示している。

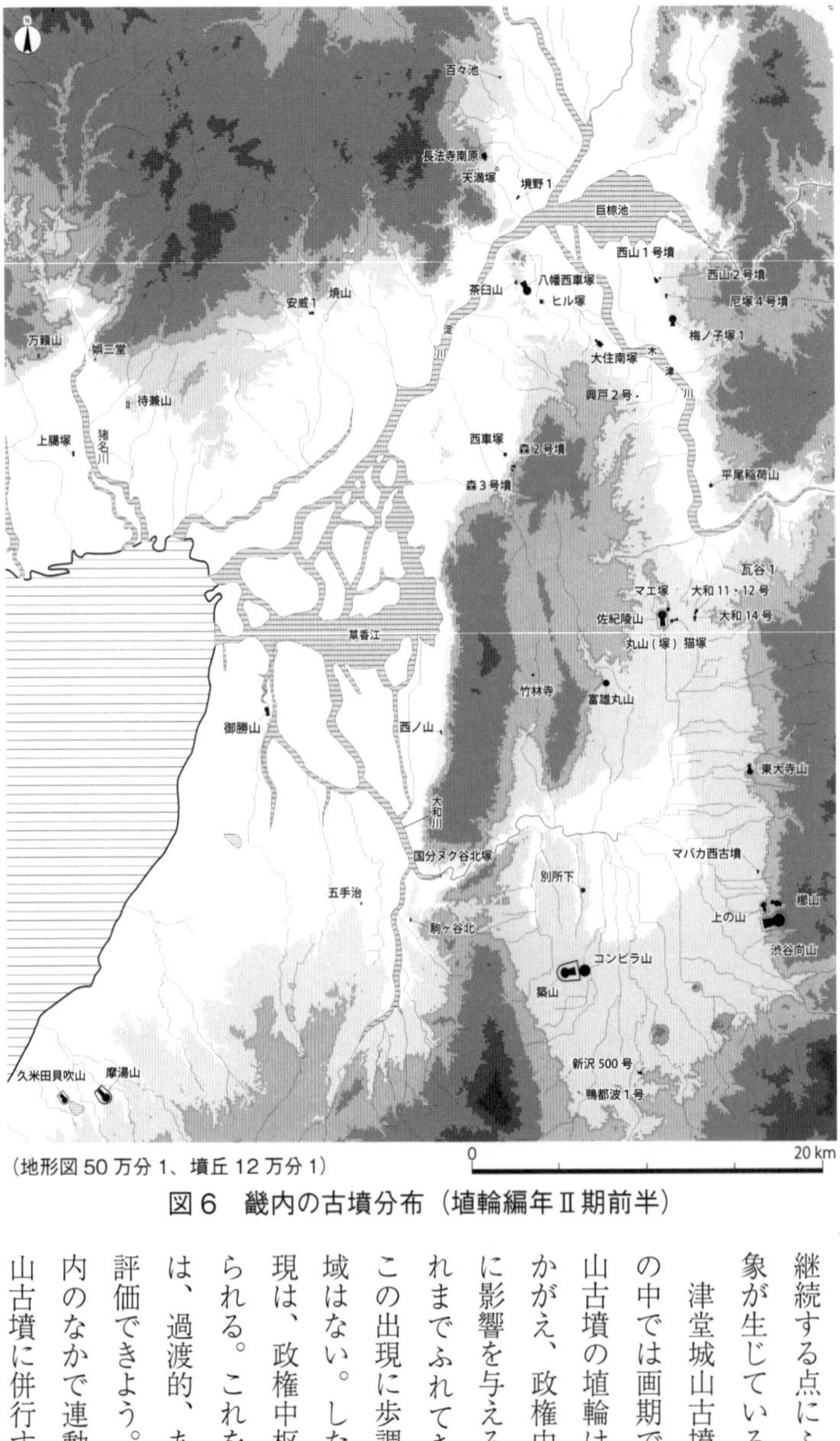

（地形図50万分1、墳丘12万分1）

図6　畿内の古墳分布（埴輪編年Ⅱ期前半）

津堂城山古墳の出現は、大型古墳の変遷の中では画期である。後述のように津堂城山古墳の埴輪は、オトクニでも共通性がうかがえ、政権中枢部の大型古墳として畿内に影響を与える存在であった。ただし、これまでふれてきたように畿内においては、この出現に歩調を合わせて隆替をみせる地域はない。したがって、津堂城山古墳の出現は、政権中枢部の固有の動向として捉えられる。これをⅢ期から遡及的にみた場合は、過渡的、あるいは先駆的存在としても評価できよう。造墓に限ってみた場合、畿内のなかで連動的変容をみせるのは、仲津山古墳に併行する時期にあたる。

四　埴輪や副葬品が示す現象

（一）埴輪の共通性

Ⅱ期の埴輪の特徴として、形態上の規格化があげられる。奈良県東大寺山古墳（註14）・マエ塚古墳（註15）、境野一号墳（註16）、兵庫県五色塚古墳（註17）の朝顔形埴輪の共通性が著しい。この成因には、小工程の単位や突帯の設定など、製作上の情報共有が不可欠である。ここに人的交流を想定することができる。五色塚古墳は、明石海峡を眼下に見下ろし、大阪湾岸の領域を示す海浜部の象徴的存在である。境野一号墳は、オトクニのなかでは、淀川の唯一の支流である小泉川流域（D）に位置し、淀川の起点に最も近在する古墳である。こうした埴輪の共通性は、海浜部と大和をつなぐ畿内の各地が、水上交通網によって編成されていたことを示すかのようである（註18）。

Ⅱ期後半で特筆されるのは、津堂城山古墳とオトクニとの関係である。津堂城山古墳では、鰭形埴輪《さしばがたはにわ》が知られている。このうち、器台に相当する円筒埴輪は、貼り付け口縁を呈し、突帯条数が多い特徴を示す（註19）。今里車塚古墳外堤の埴輪棺は、これと共通する（註20）。スカシ孔の位置も含めて、製作上の情報共有があったとみてよい。今里車塚古墳の後円部造出し周濠底からは、鰭形の木製飾り板が出土しており（註21）、大きさや外形、鰭の形状など、津堂城山古墳の埴輪と近似している（図9）。今里車塚古墳は、オトクニのなかでも最も早くに

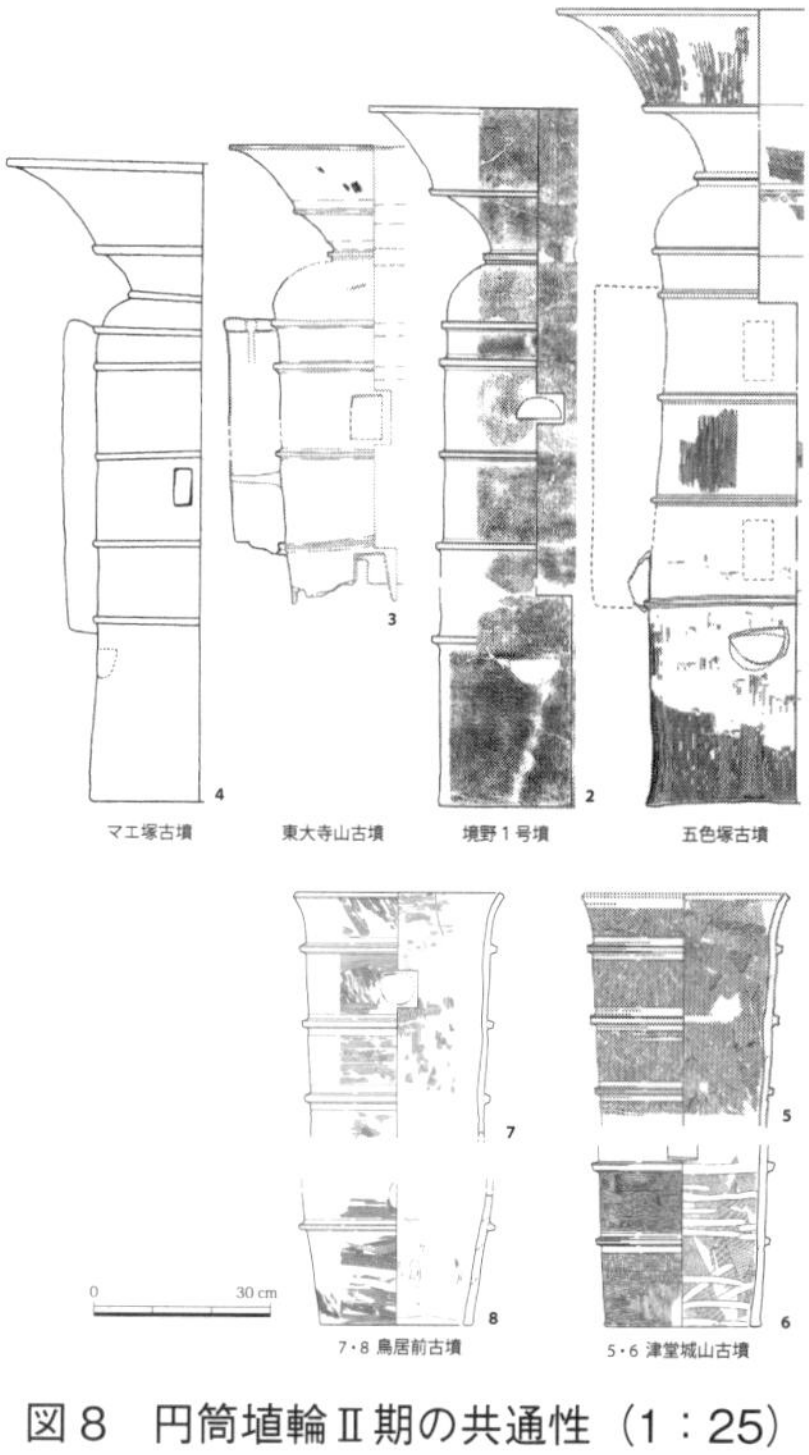

図8　円筒埴輪Ⅱ期の共通性（1：25）

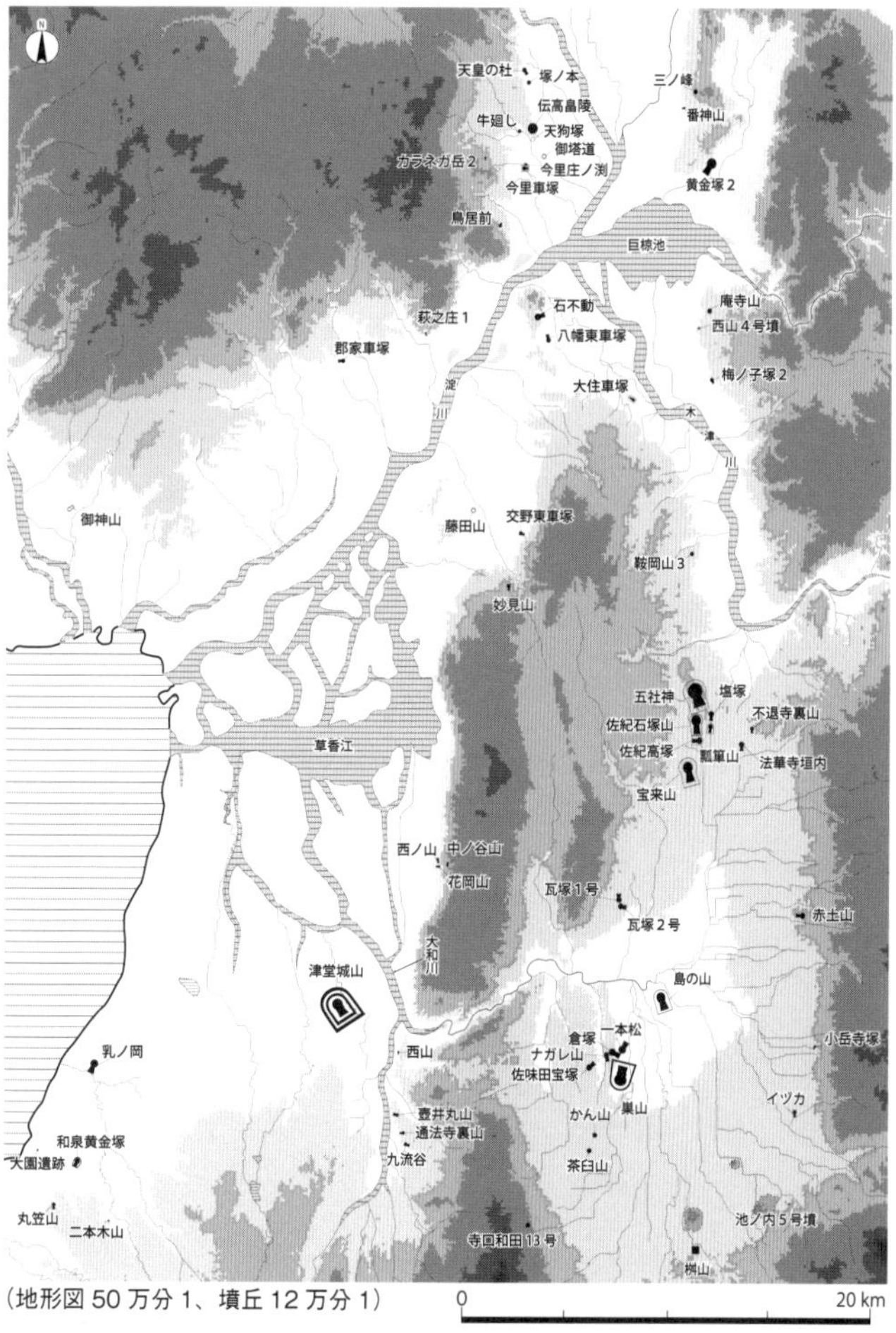

（地形図50万分1、墳丘12万分1）

図7　畿内の古墳分布（埴輪編年Ⅱ期後半）

周濠を取り入れている。埴輪や木製品の共通性は、外表施設や周濠の採用に際して、葬送儀礼などの祭式そのものを共有化していたことを示している。

津堂城山古墳の円筒埴輪は大小があり、このうち、小型の一群の口縁部高・突帯間隔が鳥居前古墳と近似する。また屈曲して外反する口縁部も同形態を示している（図8）。ただし、津堂城山古墳では、底部高が突帯間隔に等しい様相を示す例がある。この点を新相とみて時期差を見込むべきか、あるいは大型古墳の造営に際して、新相の様式を先行的に採用したのか、速断できないが後者であろう。また、両古墳には、B種横ハケを施す例がごく小例ある。あえていえば鳥居前古墳の方が比較的多いようである。この点を重視すると、こちらが新相を示す可能性もある。こうした時期幅の要素を含みつつも、両者の円筒埴輪に近似した要素がみられる点に注目しておきたい。

（二）副葬品について

オトクニでは、寺戸大塚古墳と百々池古墳で三角縁仏獣鏡の同笵例が知られている[註22]。鳥居前古墳と芝山古墳出土の画文帯環状乳神獣鏡は、描法が酷似している[註23]。異なる流域の古墳間で、鏡の授受の機会に少なからず関係があったことを示している。

仿製三角縁神獣鏡では、以下の同笵（型）例が注目される[註24]。一つ目は百々池古墳と紫金山古墳、二つめは妙見山古墳と紫金山古墳でそれぞれ認められる。前者では、ほかに大阪府御旅山古墳・福岡県沖ノ島一七号祭祀遺跡、後者では岡山県花光山古墳でも同笵（型）例が知られている。いずれもオトクニの古墳と紫金山古墳・西方の古墳間を結ぶ点で共通する。こうした関係に有意性を認めてよければ、玄界灘の渡海の祈願を含めて、配布者である政権中枢部と西方の諸古墳が関係を構築していたといえよう。

最後に巴形銅器の分布についてふれておきたい。巴形銅器は、Ⅱ期後半を中心とする時期の古墳に副葬されている。オトクニでは鳥居前古墳、畿内の大型古墳では津堂城山古墳で出土が知られる。両者では、埴輪だけでなく、被葬者の生前の活動を示す器物においても共通性がうかがえる。巴形銅器の分布の特徴を端的にいえば、海浜部の古墳からの出土が顕著な点である[註25]（図10）。博多湾・瀬戸内沿岸・東海沿岸に帯状に分布し、列島規模で海浜部の編成に力点が注がれていたことを示す。瀬戸内海では、天平八年（七三六）の遺

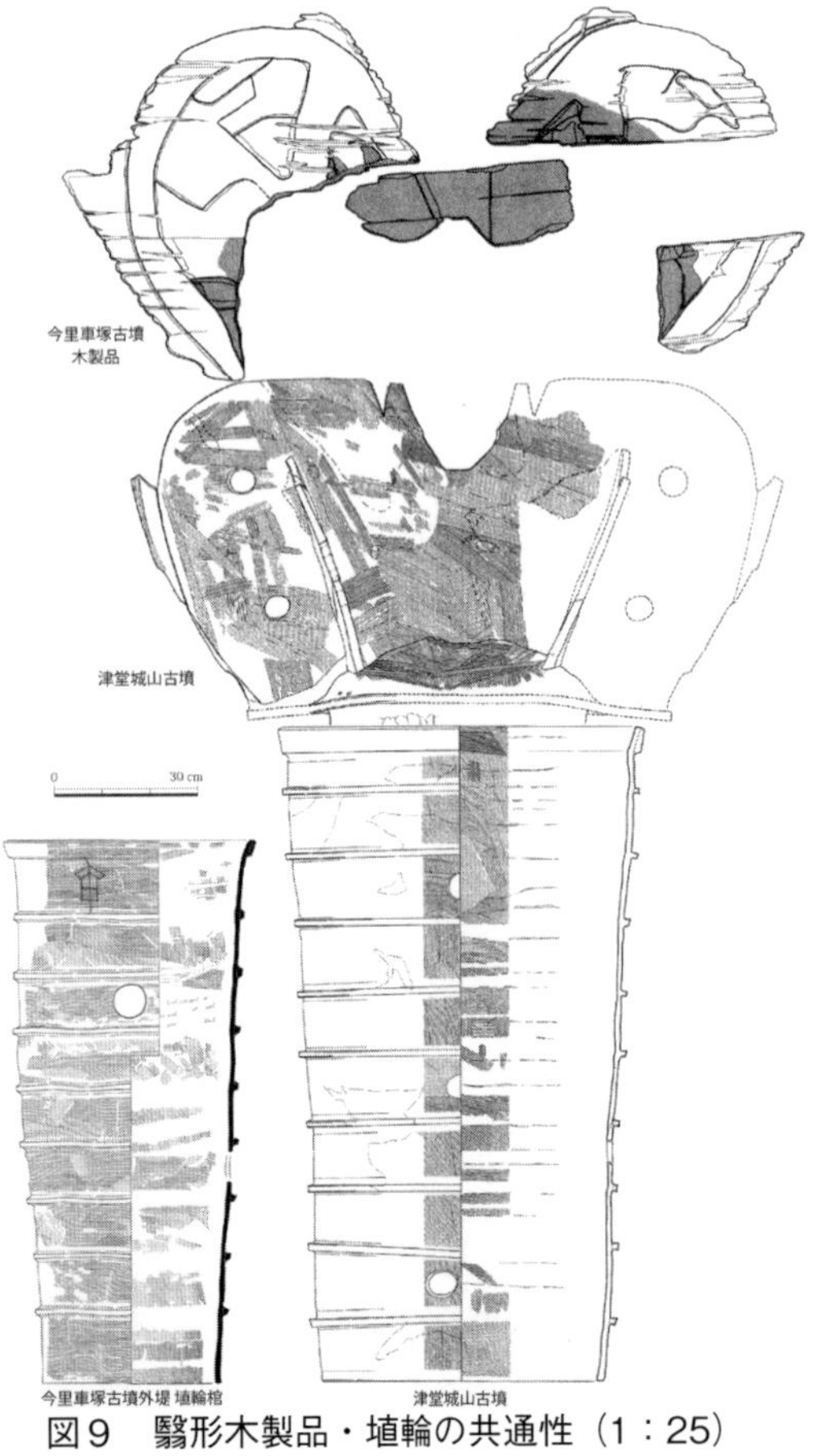

図9　翳形木製品・埴輪の共通性（1：25）

新羅使の航路が『万葉集』巻一五によって復元されている（註26）。千足古墳（多麻浦）、白鳥古墳（熊毛浦）は、この航行で利用された港津に近在している（図11）。東海では、松林山古墳が位置する今ノ浦は、古代・中世を通じて海上交通の拠点であった。こうした点も参考にすると、海浜部における巴形銅器の分布は、港湾地点を掌握した有力者を編成し、海上交通の安定化をはかるための政策が反映されたものとして位置付けられよう。巴形銅器が、朝鮮半島南部で出土していることを考え合わせると、彼の地への政策課題を契機として航路の重要度が列島規模で増したことをうかがわせる。

五　まとめ

オトクニにおける前期古墳の変容について検討してきた。前期の造墓は、埴輪編年のⅡ期に大きく変容する。Ⅱ期では、同時併存型の造墓がなされた。この変容は、流域ごとに造墓の単位を分節化したものであった。流域は四つに区分され、Ⅱ期を通じて二〜三代にわたって継続する。Ⅱ期における流域間の関係は、政権中枢部を介在して、鏡の授受に共通の機会が想定でき、埴輪にも共通性がみられる。造墓の機会や情報は政権中枢部から与えられたものといえる。したがって、この古墳の併存関係は、政権中枢部の政策として、オトクニが分節化されたものとして理解できる。こうしたⅡ期における特徴から遡及的にみると、Ⅰ期ではオトクニ全域が母体となって、拠点的な造墓が向日丘陵上で継続したことを示している。こうしたⅠ期とⅡ期の変化やⅡ期における流域の関係は、オトクニ内での自生的な分裂や対立構造が生じたことを示すものではない。前期の集落は、下流に立地する傾向を示し、流域を重複する例がみられることもこの見解と整合的である。政権中枢部からみた場合、造墓の承認を与える対象が、複数流域の広範囲な統括者から小地域の有力者に転じたことを示す。対象地域が限定されたわけではないので、造墓の承認を得た有力者は同時に多く併存することとなった。これは、政権の構成員を増加させ、重要地域を直接的に把握するための方策であったとみられる。

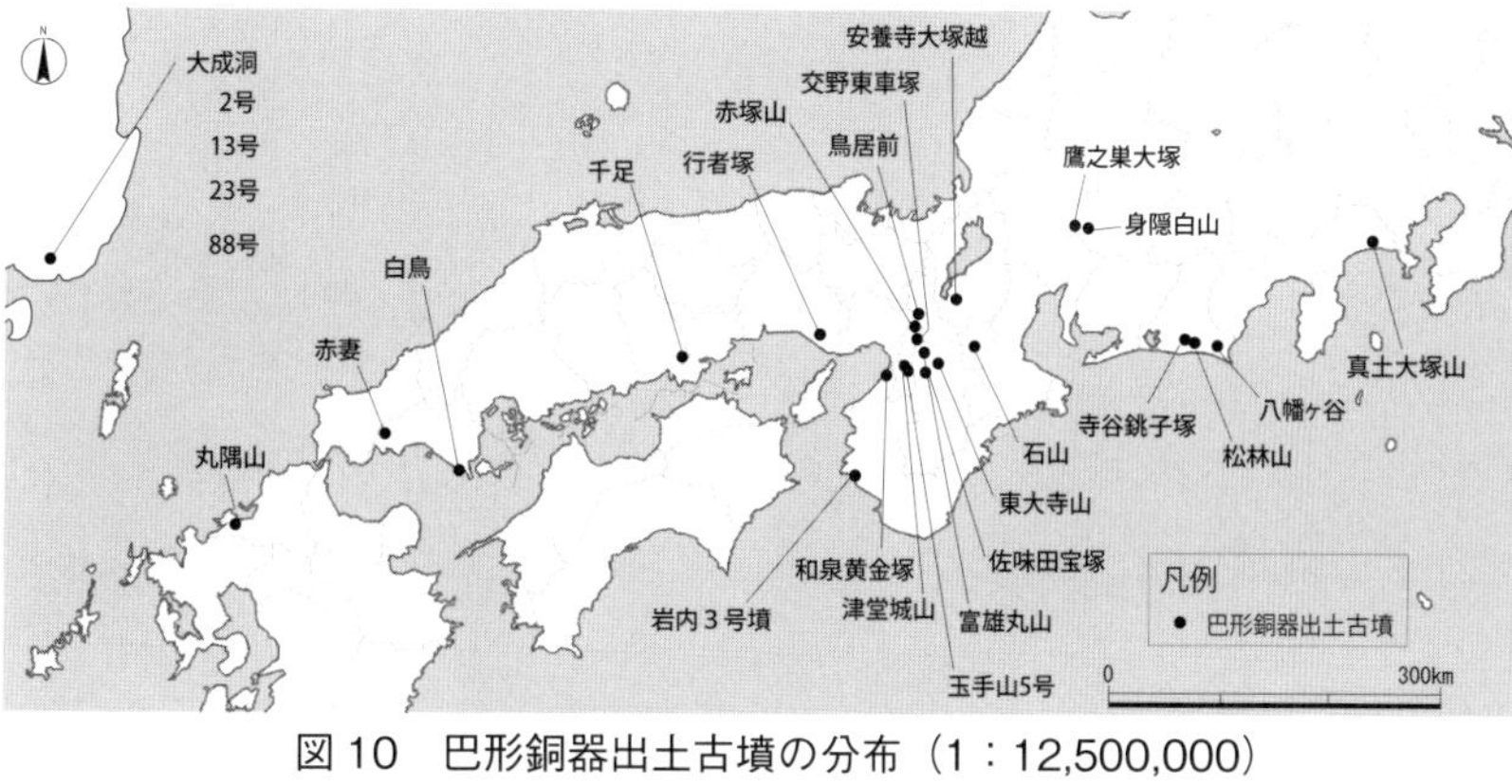

図10　巴形銅器出土古墳の分布（1：12,500,000）

図11　古代の主要な港津（1：12,500,000）

変容の背景を畿内の動向から探ると、オトクニと同じⅡ期の現象が、木津川流域や海浜部における地域で共通していることが知られた。五色塚古墳との埴輪の共通性や、巴形銅器の分布状況などもⅡ期の動向を反映している。こうした点を重視すると、Ⅱ期における造墓の背景のひとつには、畿内の各地域を水上交通網によって再編する動向があったとみられる。その際、オトクニと同様に造墓を通じて地域を分節化する方法に進んだ点も見逃せない。古墳時代を通じて、畿内の地域の分節化を最も進めたのはこの時期である。政権中枢部と接点をもった有力者を増加させるねらいが全体としてあったことを示し、彼らの動員力が最も期待されたことを暗示している。水上交通の整備と人的動員を求めた背景についても広く検討することが今後の課題となる。ここでは、朝鮮半島への対応を契機としていた点について簡単にふれた。

なお、前期古墳の分布は、巨椋池北方では、オトクニに集中する。京都盆地東半の愛宕地域では、植物園北遺跡など、前期の主要な集落も知られているが、古墳は空白地帯である。京都盆地西半の葛野も同様である。葛野・愛宕とオトクニとは対照的である。地の利を有するオトクニに造墓を集約させる政策的な意図があったことも想定されよう。造墓の労働編成のあり方を考えると、これらを一つの領域としてみる視点も重要である。(註27)

古墳時代における造墓とは何か、オトクニから発信すべき課題は尽きない。

(註1) 京都府教育委員会『乙訓古墳群調査報告書』二〇一五

(註2) 都出比呂志「古墳時代首長系譜の継続と断絶」『前方後円墳と社会』塙書房、二〇〇五（初出一九八八）

(註3) 川西宏幸「円筒埴輪総論」『古墳時代政治史序説』塙書房、一九八八（初出一九七八）

(註4) 埴輪検討会「円筒埴輪共通編年案」『埴輪論叢』四、埴輪検討会、二〇〇三

(註5) 廣瀬 覚「王権周辺部における埴輪の受容と展開」『古代王権の形成と埴輪生産』同成社、二〇一六

(註6) 鐘方正樹「古墳時代前期における円筒埴輪の研究動向と編年」『埴輪論叢』四、埴輪検討会、二〇〇三

(註7) 高橋克壽「器財埴輪の編年と古墳祭祀」『史林』七一—二

(註8) 広瀬和雄「前方後円墳の畿内編年」『前方後円墳集成』近畿編、山川出版社、一九九二

(註9) オトクニの古墳時代の集落遺跡については、古川 匠の集成データを参考にした。古川 匠「桂川右岸地域における古墳時代集落の動向」『京都府埋蔵文化財情報』一一六・一一七〜一一九、一二二、二〇一二・二〇一三、古川 匠「山城地域の古墳時代集落の動態」『木津川・淀川流域における弥生〜古墳時代集落・墳墓の動態に関する研究』同志社大学歴史資料館調査研究報告第一四集、二〇一七

(註10) こうした視点では、佐野静代の先行研究があげられる。ただし、潅漑域の捉え方は本稿と異なる点も多く、水源と古墳を関係付けてもいない。佐野静代「古墳時代における政治領域と空間構造—淀川流域をめぐって—」『人文地理』四七—二、一九九五

(註11) 井上満郎「葛野大堰と賀茂改修」『古代文化』二三—一、一九七一

(註12) オトクニにおける四流域の区分は、古代寺院の分布とも対応している。

(註13) 作図に際しては、以下の諸研究を参考にした。秋山浩三「北・中河内の前期古墳の特質」（『大阪の前期古墳』藤井

寺の遺跡ガイドブック九、藤井寺市教育委員会、一九九八）、柳本照男「大阪西部における前期古墳の動向」（同上）、交野市教育委員会・財団法人交野市文化事業団『交野市の埴輪』二〇〇七、年池田市立歴史民俗資料館『古墳時代の猪名川流域―猪名川流域に投影された畿内政権の動静―』二〇一〇、東影 悠「大和」『古墳時代の考古学二』古墳出現と展開の地域相、同成社、二〇一二、十河良和「河内」（同上）、梅本康広「摂津・山城」（同上）、和田晴吾「久米田古墳群と和泉の古墳」『久米田古墳群発掘調査報告』立命館大学文学部学芸員過程研究報告』一九、立命館大学文学部、二〇一六、宇野隆志「京都盆地における古墳と集落の動態」『木津川・淀川流域における弥生～古墳時代集落・墳墓の動態に関する研究』同志社大学歴史資料館調査研究報告一四、二〇一七、宇野隆志「乙訓における「樫原系譜」古墳出土埴輪の検討」『埴輪論叢』七、奥田尚先生古稀記念号、埴輪検討会、二〇一七

（註14）藤原郁代ほか「墳丘の出土遺物」『東大寺山古墳の研究』東大寺山古墳研究会 天理大学・天理大学付属天理参考館、二〇一〇

（註15）小島俊次『マエ塚古墳』奈良県史跡名勝天然紀念物調査報告書二四、奈良県教育委員会、一九六九

（註16）大山崎町教育委員会『境野1号墳』大山崎町埋蔵文化財調査報告書、三四、二〇〇七

（註17）丸山 潔ほか『五色塚古墳 小壺古墳発掘調査・復元整備報告書』二〇〇六

（註18）古閑正浩「境野1号墳築造の背景」（前掲註16文献、七一‐七四頁）

（註19）川村和子「出土埴輪からみた津堂城山古墳の様相」『津堂城山古墳』古市古墳群の調査研究報告Ⅳ 藤井寺市文化財報告三三、藤井寺市教育委員会、二〇一三

（註20）山本輝雄「長岡京跡右京第四八八次～古墳時代 今里車塚古墳、周濠外側埴輪棺出土資料～」『長岡京市埋蔵文化財発掘調査資料選』（二）、公益財団法人長岡京市埋蔵文化財センター、二〇一三

（註21）山本輝雄ほか「右京第四八八次（七ANITT―十五地区）調査略報」『長岡京市埋蔵文化財センター年報』平成六年度、財団法人長岡京市埋蔵文化財センター、一九九六

（註22）川西宏幸「三角縁仏獣鏡」『古墳時代の比較考古学』同成社、一九九九（初出一九九四）

（註23）森下章司のご教示に拠る。

（註24）森下章司「紫金山古墳の仿製鏡」『紫金山古墳と石山古墳』京都大学文学部博物館、一九九三

（註25）藤原怜史の原図を基に作成した。

（註26）栄原永遠男「奈良時代の海運と航路」『日本古代流通経済史の研究』塙書房、一九九二、松原弘宣「古代の港の表記と津の機能」『古代国家と瀬戸内海交通』吉川弘文館、二〇〇四

（註27）吉川真司「クニグニの形成」『京都府の歴史』山川出版、一九九九、一九‐三〇頁、川西宏幸「倭の集落形成」『脱進化の考古学』同成社、四五三‐四六〇・五三三‐五三五頁

向日丘陵古墳群と畿内の大型古墳群

下垣仁志

一　目的と前提

本論では、向日丘陵古墳群を中心にすえて、古墳時代前期における畿内地域の（超）大型古墳群に関する私見を提示する。とはいえ、筆者がこのテーマで検討をこころみたのは、「畿内大型古墳群考」[註1]（以下、「旧稿」）の一度きりであり、すでに十数年が経過している。それ以来、このテーマに本腰をいれてとりくんでいないし、旧稿に特段の改変をほどこす必要も感じていない。本論では、近年の発掘・研究成果および分析視角をとりいれつつ、旧稿の内容を増補することで、最低限の責をふさぐことにしたい。

まず検討対象を明確にしておく。本書の主題である「乙訓古墳群」は、史跡の整備・活用などの行政的観点からは有効なくくりだが、造営の時期・集団などを異にする諸古墳（群）の雑多な集合であるため、古墳群論あるいは首長墓系譜論[註2]の観点からすれば適切なまとまりでない。したがって本論では、「乙訓古墳群」の中核をなす前期大型古墳群である向日丘陵古墳群に分析の焦点をしぼる。向日丘陵古墳群は、京都府南部（山城地域）を代表する重要な前期古墳群であり、本書収録の諸論考に結実しているように、前期古墳研究に豊かな成果と指針をもたらしてきた。とりわけ、一定規模（九〇～一一〇メートル級）の前方後円（方）墳が各小期に一基ずつ累代的に造営されているという考古学的事実が、被葬者集団の歴代の「系譜」の物的反映だと解され、列島各地の古墳群の解釈に範例的な枠組をあたえてきた点は、学史的にも特記できる。

筆者は、本古墳群と同様にして、一定規模の古墳が継続的に造営された古墳群が存在し、そうした古墳群を所属墳の規模から等級的に区分しうることに注目してきた。すなわち、二一〇メートル級および二八〇メートル級の古墳が累代的に造営されるS級古墳群（超大型古墳群）、一二〇～一八〇メートル級が継続的に造営されるA級古墳群、九〇～一一〇メートル級が累代的に造営されるB級古墳群（大型古墳群）、五〇～八〇メートル級が造営されつづけるC級古墳群、である。たとえば向日丘陵古墳群は、前期初頭から前期後葉まで五塚原古墳（九一メートル）→元稲荷古墳（九四メートル）→寺戸大塚古墳（九八メートル）→妙見山古墳（一一四メートル）が築かれているので、B級古墳群の典型である。前期中葉から末葉にかけて九号墳（六四メートル）→三号墳（約一〇〇メートル）→一号墳（一一〇メートル）→七号墳（一一〇メートル）→一三号墳（九二メートル）が造営された玉手山古墳群（大阪府柏原市・羽曳野市）、そして縮小傾向はあるが、前期初頭頃から末葉にかけてA一号墳（一一五メートル）→B一号墳（一〇〇メートル）→C一号墳（七三メートル）→郡家車塚古墳（八六メートル）が築かれた弁天山古墳群（大阪府高槻市）も、B級古墳群に類別できる。旧国ごとに一群のB級古墳群が盤踞する状況が注意を惹く。なお、男山古墳群（京都府八幡市）は、前期後葉に八幡茶臼山古墳（約五〇メートル）が築造されたのち、前期末葉頃に八幡東車塚古墳（九四メートル）・八幡西車塚古墳（一一五メートル）・石不動古墳（八八メートル）が築かれており、B級古墳群にふくめてもよいかもしれない。しかし、最後の三基の造営期間は、「累代」と認定しがたいほど短期間なので、やや難もある。

　王陵級古墳群とも称される大和古墳群（奈良県天理市・桜井市）は、S級古墳群の代表格である。遅れて前期後葉以降に登場し、中期にはいって造営が本格化する佐紀古墳群（奈良県奈良市）および馬見古墳群（奈良県広陵町ほか）もS級古墳群である。C級以下は認定がむずかしいが、一号墳（一〇六メートル）をのぞくと五〇～六〇メートル台に終始する森古墳群（大阪府交野市）などをあげうる。A級古墳群は単独で存在せず、S級古墳群内で継続的に造営された第二ランク墳の集合として抽出できる。この現象はすこぶる重要であり、一一〇メートル級と二一〇メートル級との中間規模の大型墳を造営しつづける単独の古墳群は、古墳時代前期では列島全域をみわたしてもほぼ皆無である。いわゆる王陵級古墳群（超大型古墳群）をのぞくと、単独の前期古墳群において累代的にいとなむことのできる最大規模は一一〇メートル台までであり、両者間に明瞭な一線がひかれていたことをみてとれる（図1）。

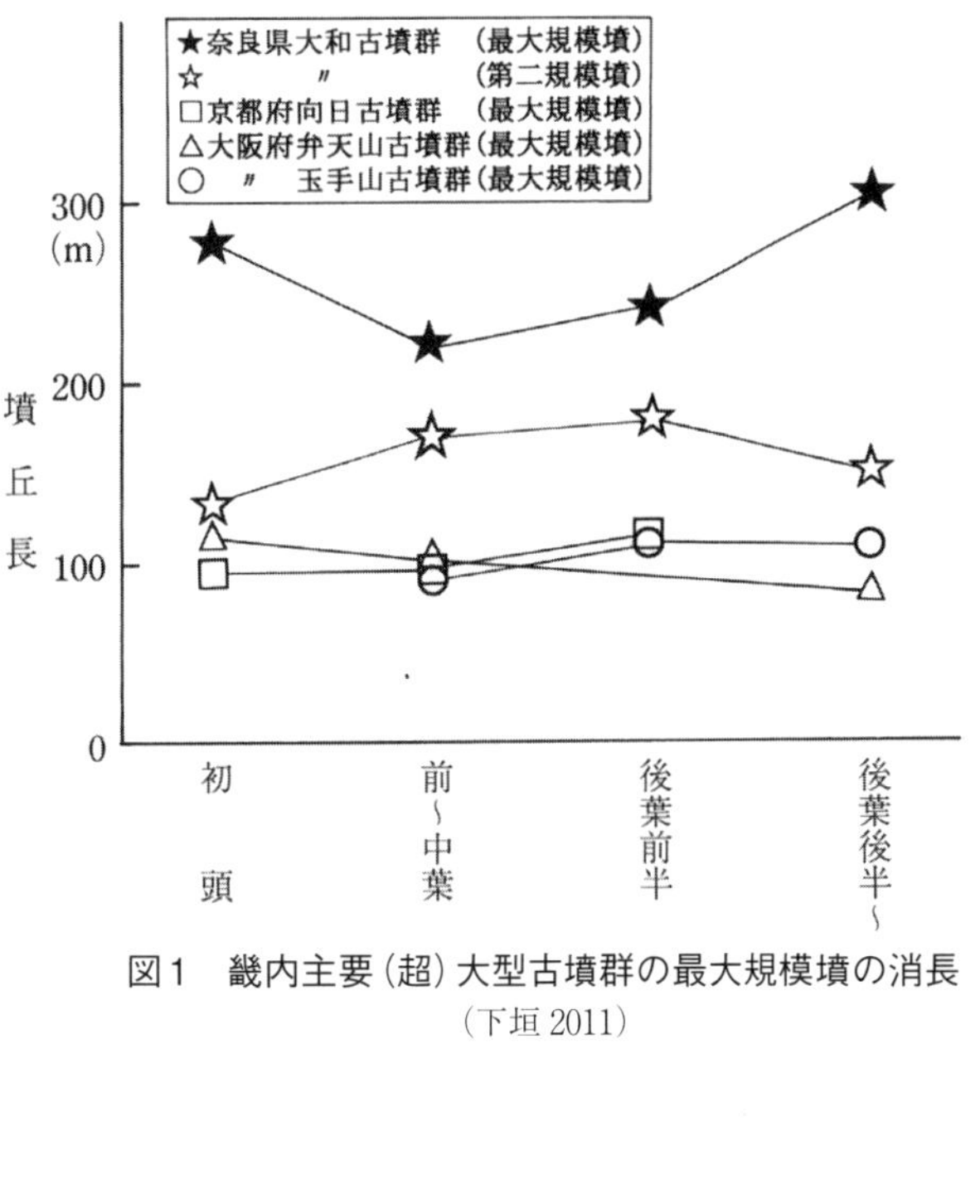

図1　畿内主要（超）大型古墳群の最大規模墳の消長
（下垣 2011）

　したがって本論では、向日丘陵古墳群が属すB級古墳群すなわち大型古墳群を軸にすえて、大型古墳群の特徴および相互関係、さらにはS級古墳群すなわち超大型古墳群との関係について、旧稿を増補することに焦点をしぼりたい。

　まず、旧稿の要点を再記しておく。大型古墳群は旧国レヴェルでは最上位クラスの古墳群であったが、超大型古墳群を頂点とする格差が、長期的・累代的に貫徹していた。そのことは、超大型古墳群の盟主墳の相似墳が、大型古墳群において累代的に採用され、しかも前者の最大規模墳および第二規模墳は後者の最大規模墳をつねに凌駕し、そのうえ前者の造営集団と推定しうる畿内中枢勢力から後者の母体集団に、鏡などの器物や墳墓要素が、格差を付帯させられたうえで継続的に分配されていたことに、明瞭にあらわれている。つまり超大型古墳群と大型古墳群は、前者の圧倒的優位のもとで長期にわたり密接な関係を維持していたのであるが、同時にまた大型古墳群は、畿外諸地域などと墳墓要素の共通性に反映される活発な交流をおこなっていた。このように、超大型古墳群を頂点とする重層的な縦の関係と、大型古墳群をはじめとする諸ランクの古墳群を構成した有力諸集団による横の関係とが、当該期の有力集団間関係の特質になっていた。この横の関係が古墳祭式を醸成してゆき、超大型古墳群が主導する祭式の吸収—再分配システムをつうじて、超大型古墳群を頂点とする重層構造が再生産されていた。しかし、前期後葉になると、畿内中枢勢力が大型古墳群の被葬者集団にたいして、近隣の有力集団を優遇することをつうじて間接的な圧力をかけ、序列の再編をはかった結果、前期後葉のうちに多くの大型古墳群が衰滅していったようである。畿内の（超）大型古墳群の関係および様相について、筆者は以上のように考えている。

二　近年の諸研究

これら（超）大型古墳群の研究は、これまで活発に推進され、多くの成果が積み重ねられてきた。しかし、資料の限定性や分析視角の難点などが、被葬者の本貫地問題や古墳群の構成集団の実態などの未解決問題とあいまって、十人十色の解釈へと発散しがちだった。政権交替論（河内政権論）にかかわる古墳群の解釈は、その顕著な事例である。

しかし近年、各（超）大型古墳群の発掘成果および資料の再整理が進み、くわえて新たな分析視角や問題意識が提示されつつあり、副葬品・埋葬施設・外表施設など古墳の構成要素の分析の進捗と連動しつつ、研究が新たなステージをむかえている。

とりわけ意義深いのが、当該期の近畿地域における集落の動態研究が、悉皆的なデータ集成の裏づけをもって躍進したことである。[註3]墳墓データに大きく依存せざるをえなかった当該期の社会・政治史的研究の限界を打ち破ることが期待される。たとえば、これまで長らく重大な未解決問題であった被葬者の本貫地問題や、造営基盤の盛衰と古墳群の消長との関係性などに、重要な手がかりがもたされよう。古墳群の内的構成や首長墓系譜の解釈に新たな視点が提示されていることも注目される。従来の諸研究では、首長墓系譜の断絶と移動現象に論点が収斂しがちであったが、埋葬施設の規模および構造や特定器物の保有状況、そして同墳複数埋葬の検討などから、被葬者集団の継続的側面や内的構成に新たな光が照射されつつある。[註4]そして他方で、超大型古墳群や畿外諸地域をふくむ諸地域の古墳群と大型古墳群との多元的な関係が、さまざまな墳墓要素から闡明されつつあることも、注視すべき研究動向である。[註5]手前味噌で恐縮だが、立命館大学考古学・文化遺産専攻の学生諸氏の尽力により悉皆集成された、畿内地域の「首長墳」に関するデータも、今後の研究の基礎資料として重要な役割をはたしてゆくだろう。[註6]

以下では、上記のような近年の研究動向と資料状況を加味して、向日丘陵古墳群を中心とする畿内地域の古墳群内／間構造について瞥見する。

三　向日丘陵古墳群と畿内の（超）大型古墳群

（一）集落と古墳群

上記したように近年、古墳（群）と集落との対応関係が精力的に抽出されている。向日丘陵古墳群が存在する京都府南部における検討成果はとりわけめざましく、古墳と近隣集落とが特徴的な外来系土器を共有する事実や、居住域に小型方墳が隣接する「上位階層の集落」が「大型古墳」の近隣に限定して立地する現象にまで、検討の目がそそがれはじめている。[註7] 玉手山古墳群・弁天山古墳群（＋周辺古墳）・森古墳群・男山古墳群に関しても、対応する集落の存在が具体的に示され、S級古墳群の佐紀古墳群にいたっては、「首長居館」の有力候補と有力集落までもが検出されている。

しかし他方、当の京都府南部の古墳出現期をはじめ、墳墓と集落の動態が齟齬を示すケースが少なからず存在することは看過できない。[註8] そもそも、前方後円（方）墳を代表とする有力墳の造営地は、あからさまなほど丘陵地や段丘（斜）面を志向し、平野部の有力墳の分布は空白に近い状況を示す（図2）。現在、有力古墳（群）の母体となった近隣集落の検出が、いくぶんフォーマット化の萌しをみせつつ活性化しているが、慎重な姿勢を欠くと、平野部の有力集落は有力古墳を造営しなかった、という不自然な推論に流れかねない。さらに、古墳時代前期の首長居館の検出例が蓄積されつつある現状において、最近の諸論のように、有力古墳に近在する一般的な集落を被葬者の輩出母体とみなせるのか、これまた慎重な検討姿勢が望まれる。

平野部への有力墳の造営が避けられた主因は、古くから指摘されてきたように「耕地尊重」であろう。[註9] 造営の労力を軽減させる利点や、広範な視認性をそなえることも、丘陵地や段丘（斜）面が有力墳の造営地として選好された大きな要因であろう。とはいえ、近

図2　畿内地域の前方後円（方）墳の分布
（原田昌浩「デジタル技術を用いた古墳の調査方法について」『畿内の首長墳』立命館大学文学部、2017）

年の研究成果を重視するかぎり、集落と墳墓の大局的な対応関係は原則的に是認できる。そのうえで筆者が重視したいのが、自然地形などから推定される諸集団の領域（ないし領有圏）の外縁部もしくは「境界領域」に、有力墳が頻造されている事実である。[註10]大型古墳の造営は複数の「権力資源」が複合される契機となり、労働者の動員や資材の運搬などに不可欠な水陸の交通ルートの開発も進むことになる。交通の要衝に有力墳が造営される強い傾向性がしばしば注目されているが、その背景には政治的な顕示効果にくわえて、労働力および資材を集約するうえでの効率性が重要な意味をもっただろう。有力墳の造営と連動して近隣に集落がいとなまれる現象の解釈について、被葬者の本貫地だという従来説にくわえて、有力墳の造営が契機となり当地の経済・交通が活性化し、墳墓造営と集落運営とにポジティブフィードバックが起こったという説明を、仮説的に提起しておきたい。

古墳築造における領域の外縁部志向という観点は、政権交替論で重視される超大型古墳（群）の動態にも興味深い示唆をもたらす。筆者は旧稿で、のちの畿内四至の近隣に、奈良県佐紀陵山古墳などの巨墳の相似墳である二〇〇メートル級の超大型古墳（大阪府摩湯山古墳・三重県御墓山古墳・兵庫県五色塚古墳）が唐突に築かれる現象に注目し、後代の「畿内」に近似する政治的領域が当該期に形成されたと解釈した。この「四至畿内」の創設に関する門井直哉の近論は、筆者の解釈を補強してくれる。すなわち門井は、「第一列」の「山並」が奈良盆地を囲繞し、その外側の平野および盆地を画する「第二列」の「山並」こそが、大化前代の「ヤマト政権の支配者層」にとっての「親密な空間」となり、その範囲が畿内の原型となった、とみた。[註11]この地理的空間が、畿内中枢勢力のおさえる領域になったからこそ、上記のような現象が起こりえたとみなせよう。時期を同じくして、近畿北端の外港的な地点に、佐紀陵山型を呈する神明山古墳（約二〇〇メートル）と網野銚子山古墳（約二〇〇メートル）が造営されたのも、大和盆地東南部から大和川をくだって河内平野に躍りでる要衝の地に津堂城山古墳（約二一〇メートル）が築かれたのも、同軌の現象であったと解すべきである。

以上のように筆者は、畿内地域の領域構造を明らかにするためには、領域（領有圏）を複層的にとらえる必要があると考える。とはいえ、実証的な議論につなげるには難関が多い。これに関して、淀川流域を主対象にすえて、古墳時代の「政治領域」を「共同体首長の支配領域」「盟主的首長の支配領域」「大盟主の支配領域」「畿内」の四階層で把捉した佐野静代のアプローチは、現在の資料を活用するひとつの指針になりうる。[註12]後述のように筆者は、鏡の授受および保有から、佐野の「共同体首長」「盟主的首長」「畿内」に近似する集団と領域をとらえようと努力しているが、なお仮説の域をでない。

（二）（超）大型古墳群の内的構成

集落や居館の検出例が増加しつつあるとはいえ、確実に有力者群がその場に葬られた以上、古墳群こそが、依然として被葬者集団の実態を追究する最重要の手がかりとなる。向日丘陵古墳群は「一代一墳」の範例とみなされ、列島各地の首長墓系譜の解釈に強い影響をおよぼしてきた。これにたいして広瀬和雄は、（超）大型古墳群を中心にすえて、構成墳墓の様態と消長を根拠にして、一定地域内で数基の古墳が「一代一墳的」に造営される「単一系列型古墳群」と、複数の首長が数代にわたって古墳を造営した累積である「複数系列型古墳群」とに二分した。そして、在地性をそなえる前者の事例として、向日丘陵古墳群・弁天山古墳群などをあげ、在地性をこえて特定墓域に結集した後者の事例として、大和古墳群・佐紀古墳群・馬見古墳群・玉手山古墳群などを挙示した[註13]。その後、玉手山古墳群と大和古墳群に関して、「複数系列型」の理解が積極的に導入され、とくに前者について、四〜五の「首長集団」が地形的に離散する墓域をそれぞれ選択し、併行的に「首長墳」を造営しつづけた累積が本古墳群だという解釈が定説化している。

他方で筆者は、主墳を核として比較的短い期間に造営された古墳の集合（=小群）が、時期的に若干の重複をみせつつ、別の小群へと移動していった累積結果が、「複数系列型」古墳群だと考えている。たとえば大和古墳群では、箸墓古墳を核とする纒向小群→西殿塚古墳を頂点とする萱生小群→行燈山古墳を核とする柳本小群（北半）→渋谷向山古墳を中心とする柳本小群（南半）、という推移を看取でき、玉手山古墳群では九・八号墳などからなる「C群」→一〜三号墳からなる「A群」→四〜七号墳からなる「B群」→一〇号墳以南の「D群」へと推移した。実は「一代一墳」の典型例とされる向日丘陵古墳群にしても、大型墳の近隣に中小墳をしばしばともなっている。中小墳の時期を確定しがたく、しかも湮滅した中小墳があるため、データ不足の憾みがあるが、本古墳群も小群造営の反復により形成された可能性があるかもしれない。

この観点をさらに深めるべく、筆者は群の構成期間や墳墓要素にくわえ長期保有器物の副葬状況などをも考慮にいれて、〈有力墳の母体が単一集団か複数集団か〉、〈造営は一世代に一基か複数基か〉、〈単一世代で終わるか複数世代つづくか〉という三つの基準から、（超）大型古墳群を中心とする多様な首長墓系譜の分類をこころみている。その結果、理念型のきらいもあるが、〈Ⅰ型=複数集団・一世代一基・累代〉、〈Ⅱ型=特定集団・一世代一基・累代〉、〈Ⅲ型=複数集団・一（〜）世代数基・累代〉、〈Ⅳ型=特定集団・一（〜）世代数基・一（〜）代〉、〈Ⅴ型=複数集団・一（〜）世代数基・一（〜）代〉の五類型を抽出している。

この分類を畿内地域の（超）大型古墳群にあてはめると、兵庫県六甲南麓東部地域の諸墳（西求女塚古墳・東求女塚古墳・処女塚古墳等）はⅠ型、向日丘陵古墳群はⅡ型、玉手山古墳群・大和古墳群・古市古墳群などはⅢ型、男山古墳群はⅣ型になると判断している。ここで注意を喚起したいのは、向日丘陵古墳群を代表として「首長墓系譜」の典型パターンとみなされがちであった、特定集団による「一代一墳」の古墳群というパターンは、Ⅱ型に限定される少数例にすぎないことである。母体集団を単数か複数かを判断する基準が曖昧なため、この分類案は根幹からして脆弱だという問題があるが、古墳群と集落の対応関係を抽出する場合、考慮にいれるべき視点である。

上記の分類案に即すならば、「一代一墳」だけでなく「一代複墳」あるいは「一代一墳」の併行造営がありうるわけだが、同墳複数埋葬を考慮にいれると、さらに事態は複雑になる。大型古墳群の主墳には複数埋葬がきわめて顕著であるので、この観点からの検討が不可欠である。たとえば広瀬は最近、同墳複数埋葬の分析をつうじて、「一基の前方後円墳などの背景には複数の首長がい」たとの結論をみちびきだしている[註14]。埋葬人骨の形質人類学的分析や副葬品目の種差を根拠にしたキョウダイの共同統治説もしくは「聖俗二重首長制」に、おおむねつうずる見解である。他方、同墳複数埋葬を複数代の「首長」の埋葬ととらえる見方もある。つまり、「複代一墳」説である。向日丘陵古墳群の寺戸大塚古墳の後円部埋葬と前方部埋葬を二代の「首長」の埋葬とみる解釈はその代表例である。[註15]

筆者は、同墳複数埋葬の様相から、基本的に一人の卓越者が統治権の過半を寡占し、各有力集団の編成に応じて、そのキョウダイが統治権を分掌することもあった、と判断している。したがって、「共同」や「二重」という表現は厳密性を欠く。さらに上記の諸見解は、重要な現象を看過していると指摘せざるをえない。すなわち、帰葬の存在である。実際、埋葬施設の特徴と埋葬人骨などを根拠に、帰葬の実施が指摘されている。[註16]

有力墳の同墳複数埋葬においても、帰葬の可能性を考えうる事例がある。たとえば「乙訓古墳群」に所属する長法寺南原古墳（前期後葉後半）の前方部埋葬が、但馬地域の特徴をそなえる石棺系小石室であることが注目され、その被葬者の出身地の有力候補として同地域が想定されてきた。[註17]しかし、当該期における同墳複数埋葬の被葬者たちが基本的にキョウダイ関係にあるという近年の研究成果を勘案すれば、むしろ但馬地域に婚出した同地域の出身者がこの埋葬施設に帰葬された蓋然性のほうがはるかに高い。また、奈良拓弥による近年の研究によると、乙訓地域の竪穴式石槨はチャート類を構築材とする「c型式」にまとまる「Ⅲ型」であるのにたいして、寺戸大塚古墳の前方部埋葬のみが、二上山火山岩を構築材とする「b型式」の「Ⅱ・一型」だという、玉手山古墳群と共通する「型」を呈している。[註18]とすれば、この埋葬施設の被葬者も帰葬者である可能性がでてくる。

このように、「帰葬」を考慮にいれるならば、複数埋葬の様態から安直に「共同統治」や「聖俗二重」を導出できないことになる。しかし他方で、複数埋葬の様態は、具体的な有力集団間関係を抽出する手がかりになりうる。とくに前方部は、後円部と結合して前方後円（方）墳を構成しつつも、後円部にとりつく形状と相対的な低平さは、準外部的な性格を暗示し、それゆえ帰葬者の埋葬の場として選択されたのかもしれない。このように同墳複数埋葬は、有力集団内関係だけでなく他地域の有力集団との関係をも解き明かす鍵にもなりうるのである。

（三）古墳群間の関係

最後に、古墳群間の関係について瞥見する。大型古墳群とほかの古墳群との関係は、畿内地域の（A）超大型古墳群との関係、（B）大型古墳群間の関係、（C）中小古墳群との関係、そして（D）畿外諸地域の古墳（群）との関係、に機械的にわけうる。以下では（A）～（D）について簡説する。

まずは（A）である。副葬品・埴輪・外表施設・墳形などの研究が深化するにつれ、大型古墳群と超大型古墳群との関係の強さが、ますます明らかになってきている。たとえば向日丘陵古墳群だと、五塚原古墳の墳形は大和古墳群の纒向小群に属する東田大塚古墳に類似する可能性が高まり、同小群の箸墓古墳と同様の「斜路状平坦面」をそなえることが判明している。[註19]元稲荷古墳は、萱生小群の西殿塚古墳の相似墳である蓋然性が高まった。さらに、その特殊器台形埴輪は同小群の東殿塚古墳へとつながってゆく様相をもつし、竪穴式石槨は大和古墳群を核とする奈良盆地の前期古墳と共通する「寄棟風の家形」の形態を呈することが説かれている。[註20]萱生小群に前方後方墳が顕著であることも、前方後円墳の五塚原古墳に前方後方墳の元稲荷古墳が後続する背景を考えるうえで示唆的である。そして寺戸大塚古墳以降も、大和古墳群を代表とする超大型古墳群との関係が継続している。

古墳時代前期を代表する器物である銅鏡は、超大型古墳群の主体者であろう畿内中枢勢力が、その大半の入手・製作・授受を長期的に管掌していたと推定される。したがって銅鏡は、大型古墳群をはじめとする有力古墳（群）と超大型古墳群との関係を長期的にとらえる恰好の手がかりとなる。さらに鏡の授受に際して、畿内中枢勢力による諸地域への評価が強く介在していたので、超大型古墳群を背景とした（B）（C）も把捉しうることになる。

たとえば向日丘陵古墳群が所在する京都府南部では、有力墳の造営頻度と三角縁神獣鏡および大・中型倭製鏡の流入量とが小地域レヴェルにおいて対応する状況を看取できる。すなわち、前期前半は椿井大塚山古墳を擁する相楽地域が突出し、向日丘陵古墳群に最大規模墳の妙見山古墳が造営される前期後葉前半は向日地域が顕著になり、そののち有力古墳を一気に造営する八幡地域が、前期後葉後半～末葉の大・中型倭製鏡を寡占するにいたるのである。つまり、小地域レヴェルでいえば、有力墳を築く有力集団の盛衰と、銅鏡の授受で表現された畿内中枢勢力によるそれら諸集団への評価の変化とが、おおむね対応しているわけである。他方、古墳群レヴェルでみると、向日丘陵古墳群・玉手山古墳群・弁天山古墳群のすべてにおいて、前期後葉以降の大・中型倭製鏡の副葬がふるわず、これと対照的に近隣諸古墳から多数の大・中型倭製鏡が出土している。筆者はこの興味深い現象について、政治的変動期である当該期に、畿内中枢勢力が近隣集団の優遇をつうじて既存の有力集団への圧力策を講じた反映ではないかと推測している。

上記の現象はおおむね（A）の関係といえるが、鏡の保有・副葬から（C）の関係も読みとりうる。ふたたび京都府南部を例にとると、特定の小地域に新たに登場する首長墓系譜の初造墳や複数小地域を統轄するように造営される「盟主墳」に、長期保有鏡（もしくは鏡以外の長期保有器物）がしばしば副葬される現象が注意を惹く。向日丘陵古墳群の近隣にかぎっても、長岡地域で最初の有力墳である長法寺南原古墳には、四面の中国製三角縁神獣鏡のほか青盖作盤龍鏡（漢鏡五期）と長宜子孫内行花文鏡（漢鏡六期）が、同地域の大山崎に最初に築かれた有力墳である鳥居前古墳には環状乳神獣鏡（漢鏡七期）が、樫原地域で最古の有力墳である一本松塚古墳には魏代の尚方作半肉彫獣帯鏡が、それぞれ副葬されている。この現象は、京都府南部以外の大型古墳群の所在地域でも明瞭にみとめられるだけでなく、列島広域においても数多く確認される。この現象についてはさまざまな解釈がありうるが、在地の有力集団が畿内中枢勢力と鏡の授受をつうじた関係をとりむすびながら、それにみあった有力墳をしばらく造営しなかったと考えるのが素直である。そうであれば、長期保有鏡の副葬状況から、小地域内／間における諸関係や有力集団の推移を復元しうることになる。未解決の問題が山積した仮説であり、鏡以外の考古資料からの検討および検証を希望している。

畿内地域の大型古墳群は、この範囲内だけで関係を構築していたわけではなかった。畿外諸地域の墳墓要素を、超大型古墳群に先がけて導入している蓋然性が高い（（D）の関係）。旧稿の執筆に先だって筆者は、畿内地域の大型古墳群の交通面での立地に注目し、玉手山古墳群は（のちの南海道を介して）四国北東部との、向日丘陵古墳群と弁天山古墳群は、それぞれのちの山陰道と山陽道をつうじて畿外諸地域と、墳墓要素の導入に反映される関係をもったとの予測をたてていた。実際には、玉手山古墳群に顕著なように、おおむね四国北東部との関係のみを抽出したにとどまったが、交通上の立地と他地域との関係の追究という観点は、いまなお有望性を秘めていると考えている。さらにいえば、古墳時代前期の政治関係は、超大型古墳群を頂点とする祭式（墳墓要素）の吸収―再分配構造に強く表出されており、この点を考慮にいれると、畿外諸地域の墳墓要素を畿内中枢勢力へと伝送する仲介的機能が、大型古墳群の重要な機能的役割であった可能性も考えておくべきかもしれない。

　以上、論点の散漫な羅列にとどまったが、向日丘陵古墳群を代表例とする大型古墳群は、古墳時代前期の有力集団内／間関係を究明するうえできわめて重要である。本書所収の高論で示された論点にくわえて、上記した観点から検討を進める重要性を強調して、本論をしめくくりたい。

（註1）下垣仁志「畿内大型古墳群考」『玉手山古墳群の研究』V総括編、柏原市教育委員会、二〇〇五（下垣仁志『古墳時代の王権構造』吉川弘文館、二〇一一に加筆収録）。古墳群や首長墓系譜に関する筆者の見解は、『古墳時代の王権構造』と『古墳時代の国家形成』（吉川弘文館、二〇一八）で提示している。本論では省略した図面も掲載しているので、関心のある方は参照されたい。

（註2）首長墓系譜とは一般に、「数基が群をなし、一世代程度の時間差で築かれることが多い」「代々の首長一族の墳墓群」を指し示す（都出比呂志「古墳が造られた時代」『古代史復元』六、講談社、一九八九）。

（註3）古代学研究会編『集落動態からみた弥生時代から古墳時代への社会変化』六一書房、二〇一六、若林邦彦編『木津川・淀川流域における弥生～古墳時代集落・墳墓の動態に関する研究』同志社大学歴史資料館、二〇一七

（註4）森下章司「鏡の伝世」『史林』八一―四、史学研究会、一九九八、広瀬和雄「古墳時代の首長」『国立歴史民俗博物館研究報告』一七五、国立歴史民俗博物館、二〇一三

（註5）廣瀬　覚『古代王権の形成と埴輪生産』同成社、二〇一五

（註6）立命館大学文学部考古学・文化遺産専攻編『畿内の首長墳』立命館大学文学部、二〇一七。本書には、首長墓系譜論の研究史と諸論点に関する拙稿も掲載している。

（註7）山本　亮「大型複合口縁壺の系譜と古墳出土の意義」『元稲荷古墳』向日市埋蔵文化財調査報告書一〇一、向日市教育委員会ほか、二〇一四、古川　匠「山城地域の古墳時代集落の動態」『木津川・淀川流域における弥生～古墳時代集落・墳墓の動態に関する研究』同志社大学歴史資料館、二〇一七

（註8）伊藤淳史「国家形成前夜の遺跡動態」『国家形成の比較研究』学生社、二〇〇五など

（註9）末永雅雄『日本の古墳』朝日新聞社、一九六一など

（註10）小林茂文『周縁の古代史』有精堂出版、一九九四、宇垣匡雅「古墳の立地とはなにか」『古墳時代の政治構造』青木書店、二〇〇四、古川　匠「桂川右岸地域における古墳時代集落の動向（五）」『京都府埋蔵文化財情報』一二二、公益財団法人京都府埋蔵文化財調査研究センター、二〇一三。大型古墳群に関して一例をあげると、玉手山古墳群の被葬者集団の本貫地について、西隣の南河内を想

定する説のほか、北方の中河内を推定する有力説があり、後者の説をとると、本貫地から離れた境界域に造墓地を選択したことになる。

（註11）門井直哉「古代日本における畿内の変容過程」『歴史地理学』五四―五、歴史地理学会、二〇一二

（註12）佐野静代「古墳時代における政治領域の空間構造」『人文地理』四七―二、人文地理学会、一九九五

（註13）広瀬和雄「大王墓の系譜とその特質（上）」『考古学研究』三四―三、考古学研究会、一九八七など

（註14）前掲註4（広瀬二〇一三）に同じ

（註15）田中 琢『倭人争乱』集英社、一九九一。最近では、寺沢知子「古墳の属性と政権動向」『纒向学研究』五、桜井市纒向学研究センター、二〇一七

（註16）清家 章『古墳時代の埋葬原理と親族構造』大阪大学出版会、二〇一〇

（註17）福永伸哉「近畿地方の小竪穴式石室」『長法寺南原古墳の研究』大阪大学南原古墳調査団、一九九二

（註18）奈良拓弥「竪穴式石槨の構造と使用石材からみた地域間関係」『日本考古学』二九、日本考古学協会、二〇一〇

（註19）梅本康広「五塚原古墳第七次 後円部北東斜面～発掘調査報告」『向日市埋蔵文化財調査報告書』一〇四、向日市教育委員会、二〇一六

（註20）原田昌浩「特殊器台形埴輪からみた元稲荷古墳の位置付け」『元稲荷古墳』向日市埋蔵文化財調査報告書一〇一、向日市教育委員会ほか、二〇一四、藤井康隆「元稲荷古墳の竪穴式石槨にかんする二、三の問題」『元稲荷古墳』向日市埋蔵文化財調査報告書一〇一、向日市教育委員会ほか、二〇一四

付表　向日丘陵古墳群の主要前期古墳

古墳名	墳形	埴輪	埋葬施設	埋葬箇所	時期	副葬品
五塚原	前方後円墳（91）	なし	不明	不明	初頭	不明
元稲荷	前方後方墳（94）	都月・壺形	竪穴式石槨	後方部	前葉	刀8片・剣 or 槍14片・槍10片・銅鏃1・鉄鏃24・釵・鍬鋤先1～・鎌1・斧5～・鉇6～・鑿2・鑿状鉄製品1・刀子12～・魚扠1～・土師器壺1
北山	前方後円墳（約60）	不明	竪穴式石槨？	後円部	前半	三角縁神獣鏡1・刀剣2（＋13片）
寺戸大塚	前方後円墳（98）	円筒・朝顔・家形	竪穴式石槨（割竹形木棺）	後円部	中葉～	三角縁神獣鏡2・石釧8・硬玉勾玉1・碧玉管玉19・素環頭大刀1・刀8～10・剣4・鉄鏃多数・斧4～5・鎌5～6・鉇・刀子5・埴製合子3
			竪穴式石槨（割竹形木棺）	前方部	後葉前半	半肉彫獣帯鏡1・「仿製」三角縁神獣鏡1・倭製方格規矩四神鏡1・琴柱形石製品1・紡錘車形石製品1・碧玉管玉9・刀5・剣12・槍2・銅鏃13・鉄鏃22～・斧2・鎌2・鉇4～・刀子1・棒状鉄製品1～
妙見山	前方後円墳（114）	円筒・朝顔・楕円筒	竪穴式石槨（組合式石棺）	後円部	後葉前半	紡錘車形石製品6・碧玉管玉3・小札革綴冑1・筒形銅器1・刀剣8・矛3・鉄鏃31・銅鏃106・斧1・鑿1
			粘土槨（割竹形木棺）	前方部		「仿製」三角縁神獣鏡1
			不明	不明		採集品（前方部西側）：車輪石1・筒形銅器1
寺戸芝山	円墳？（15～18）	なし	不明	墳頂部	前半？	画文帯神獣鏡1
牛廻	円墳（40）	円筒	不明	不明	後葉～	捩文鏡1
天狗塚	不明	不明	不明	不明	後葉？～	倭製環状乳神獣鏡1
恵美須山	円墳（15）	なし	粘土槨？	墳頂部	後葉～	捩文鏡1
恵美須山（伝）	不明	不明	不明	不明	後葉～	倭製方格規矩四神鏡1・倭製細線式獣帯鏡1

※「時期」は前期を細分したもの（例．初頭＝前期初頭）。「墳形」の括弧内の数字は墳長（m）。埴輪は築造時に設置したものにかぎる。

調査トピックス

長岡京市井ノ内車塚古墳

中島　皆夫

井ノ内車塚古墳は後期前半の前方後円墳であり、京都市と長岡京市境に広がる竹林内（井ノ内向井芝）に所在する。これまでに九回の調査が行なわれ、とくに近年の発掘調査（註1）では、造り出し、横穴式石室の発見など、古墳の評価に関わる重要な成果が収められている。

井ノ内車塚古墳は、前方部を南に向けており、全長約三九メートル、後円部径約二四メートル、前方部幅約二六メートルに復原される。葺石は無く段築は未確認であるが、墳丘裾部からは普通円筒埴輪、朝顔形埴輪、石見型埴輪などが出土している。

後円部南西側では南北幅八・三メートル、南西側への突出が四・五メートルの造り出しが確認された。造り出しは完全に埋没しており、地表面にその痕跡が残されていない。造り出しについて特筆すべき点は、すべて盛土によって構築されていることである。古墳本体の基部が地山削り出しであるのに対し、造り出しは黒褐色土や地山由来の黄色土などの盛土を交互に積み重ね構築されていた。古墳の西側から南側には周溝が巡らされているが、造り出し周辺では、高さを強調するために周溝がより深く掘削されている。また、周囲の周溝からは、造り出しに樹立されていたと考えられる家・蓋・盾・巫女・鶏・馬・牛など多彩な形象埴輪が出土している。

横穴式石室は後円部の南東側で確認されたが、後世の撹乱によって石材は失われ、僅かに玄室奥壁の北東隅と東側壁の一部が残されていたに過ぎない。羨道推定範囲では、石材抜き取り坑を検出した。抜き取り坑は撹乱坑の東西にあり、東側のものは玄室東側壁の延長線上に当たる。井ノ内車塚古墳の横穴式石室は、石材や抜き取り坑の状況などから、芝古墳、井ノ内稲荷塚古墳と同じ右片袖式と考え

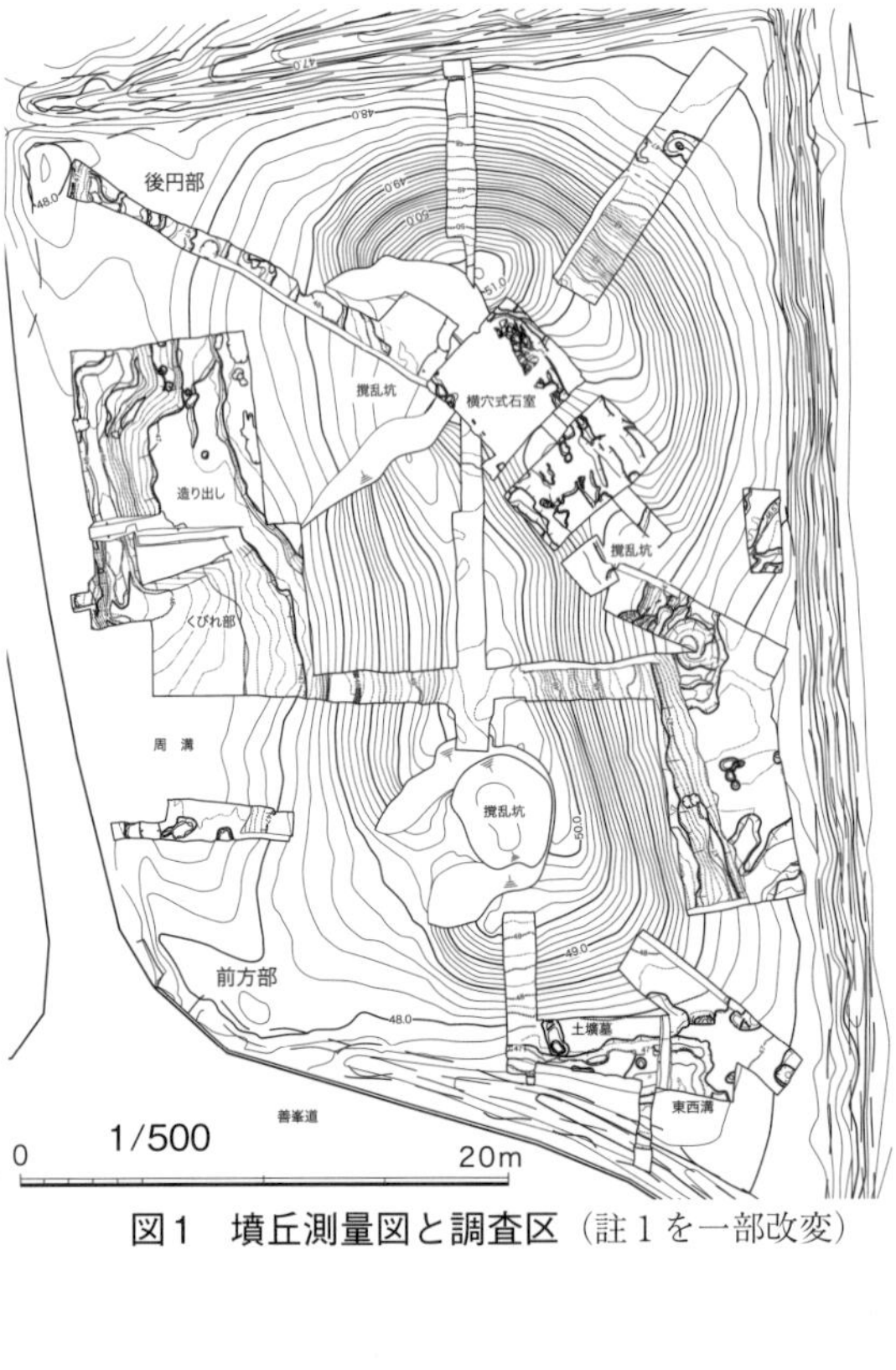

図1　墳丘測量図と調査区（註1を一部改変）

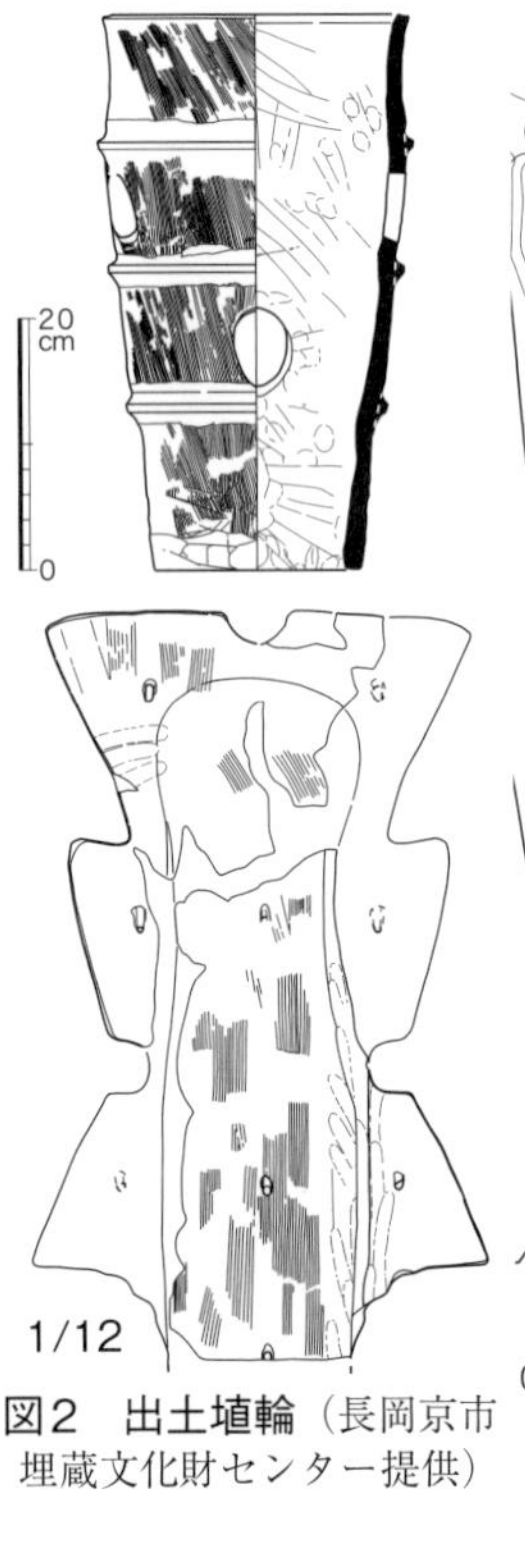

図2　出土埴輪（長岡京市埋蔵文化財センター提供）

られ、その規模は井ノ内稲荷塚古墳より一廻り小さい、玄室の長さ約四メートル、幅約二メートル、羨道幅約一メートルと推定した。

玄室奥壁から東側壁の背後では、裏込石と裏込石抜き取り坑を多数確認した。さらに、石材背後の断割断面や撹乱坑壁面の土層観察により、横穴式石室構築手法の一端を明らかにすることができた。

井ノ内車塚古墳の横穴式石室は、地山から構築されている。玄室では、側壁壁面より約一メートル外側の範囲の地山を掘り下げ、その中に黄褐色粘質土などを充填した後、基底の石材と背後の裏込石を水平に据えている。この掘り込みと粘土の充填、そして裏込石の利用は、石室基底を安定させるための地業といえる。一方、側壁基底より上位にある裏込石は、墳丘盛土に覆われ、外傾して据えられている。これは壁面石材の内傾微動を防ぐための造作であり、裏込石は石室の構築に伴って段階的に施されたと考えられる。また、裏込石および裏込石抜き取り坑と、撹乱坑壁面に現れた墳丘盛土の関係から、石室の構築に従って墳丘が築造されたことが明らかとなった。なお、石室構築に伴う墳丘盛土には粘性が強く締まりの良い土が選ばれており、それより上位、墳頂部までは砂礫が多く含まれ比較的透水性の高い盛土が施されている。

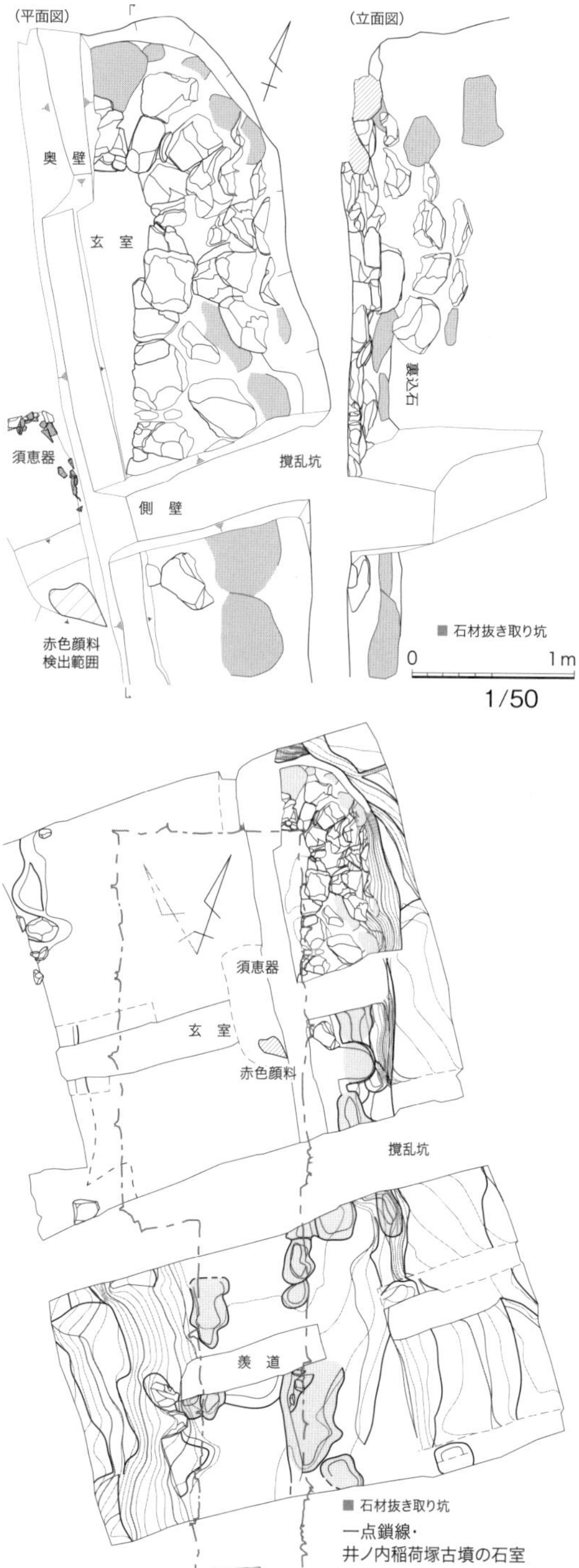

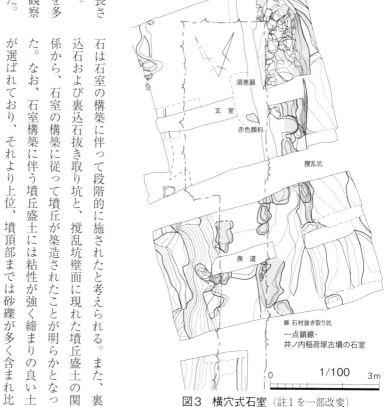

図3　横穴式石室（註1を一部改変）

（註1）長岡京市教育委員会『長岡京市文化財調査報告書』七〇、二〇一七

終章　畿内乙訓古墳群の歴史的意義

広瀬　和雄

一　はじめに

律令期に「畿内」とよばれた地域は、大和川水系と淀川水系からなる。奈良盆地だけで閉じる閉鎖的な大和川水系、それにたいして各地に通じる開放的な淀川水系。ふたつの水系はきわめて対照的だ。淀川水系は桂川で山陰地方へ、宇治川から琵琶湖経由で北陸地方や東海へ、木津川で東海・東国へとつながるが、こうした地理的な特性が前方後円墳などのありかたの規定的要因にもなっている。

桂川の右岸、およそ南北八キロ、東西三キロほどの範囲には、古墳時代の各期をとおして多数の古墳がつくられ、乙訓古墳群と総称されている。ことに前期には四つの支群（北からA・B・C・D支群と仮称する）が設定でき、それぞれが一個の首長墓系譜をしめす。なかでも、五塚原古墳からはじまる向日丘陵古墳群（B支群）は、墳丘が大きい、内容が豊か、長期におよぶなど、優勢的である。

二　前期の乙訓古墳群

（一）前方後円（方）墳が偏在した乙訓古墳群

墳丘の長さ九一・二一メートルの五塚原古墳はほぼ盛土で成形され、段築、葺石をそなえた初期前方後円墳で、バチ形前方部をもつ。元稲荷古墳は墳長九四メートルの前方後方墳で、礫石を葺き、前方部墳頂に特殊器台形埴輪と壺形埴輪を置く。後方部の竪穴石槨は断面合掌形を呈し、長さは五・六メートル、高さ一・九メートル。寺戸大塚古墳は墳長九八メートル。三段築成、葺石をもった前方後円墳で、円筒埴輪列と形象埴輪が初現する。後円部には割竹形木棺をおさめた長さ六・四五メートルの竪穴石槨がつくられ、その上部には方形壇が設けられる。その縁辺には板石をならべ、内側には約二〇センチの厚さに円礫を積む。外側には円筒埴輪・朝顔形埴輪、北方外側に家形埴輪、鶏形埴輪などをならべる。方形区画西辺の外側には共飲共食儀礼があったのか、小型丸底土器、小型壺、高杯が密集している。この方形区画は、墳頂縁辺や各段に円形に囲繞された円筒埴輪列とあいまって内方外円区画を形づくる。

妙見山古墳は円筒埴輪列と葺石をそなえた墳長一一四メートルの前方後円墳で、後円部には花崗岩切石製の組合せ式石棺を竪穴石槨が覆う。伝高畠陵古墳は直径六五メートルの円墳だが、外部表飾、埋葬施設、副葬品はわからない。ただ、近隣の乾垣内遺跡から盾形埴輪を転用した円筒棺が出土していて、それと同時期とすると四期になりそうだ。これらに竪穴石槨や三角縁四神四獣鏡、鉄刀・剣などがみつかっている北山古墳を加えると、六代におよぶ首長墓系譜があとづけられる。

　向日丘陵古墳群の北方には、前期の前方後円墳二基と円墳一基がある（A支群）。一本松塚古墳は墳長一〇〇メートルほどの前方後円墳で、竪穴石槨から六獣帯鏡や鼉龍鏡などがみつかっている。百々池《どどいけ》古墳は直径約三〇メートルの円墳だが、葺石と円筒埴輪をもち、竪穴石槨からは三角縁神獣鏡、画文帯神獣鏡、方格規矩四神鏡、獣帯鏡、車輪石、石釧などが出土している。天皇の杜古墳は墳長八三メートルの前方後円墳で、段築、葺石、円筒埴輪をもつ。

　向日丘陵古墳群と小畑川を挟んだ南方に、やや離れた東西方向に二基のC支群がある。長法寺南原古墳は墳長六〇メートルの前方後方墳で、前方部の幅は二八メートル、長さが二〇メートルと狭小である。段築、円筒埴輪列をめぐらすが葺石は見あたらない。後方部の竪穴石槨は、内法の長さ五・五メートルとやや短く、扁平とはいいがたい砂岩や緑色岩などで壁体を積み上げる。三角縁二神二獣鏡をはじめとした銅鏡六面、鉄刀一、鉄短剣七、鉄鏃一二三、鉄鑿、鉄斧、石臼、石杵などを副葬する。

　乙訓古墳群の前期古墳としては珍しく、沖積平野に築造されたのが今里車塚古墳である。後円部直径四六・五メートルの前方後円墳で、葺石、円筒埴輪、長方形の周濠をもち、後円部の北西部に渡り土手をともなう造り出しを付ける。墳裾に木柱、笠形木製品、木製飾り板、形象埴輪をならべる。

　もっとも南端に、東西に距離を置いて二基の前方後円墳がつくられる。D支群とまとめておく。境野一号墳は墳長五七・五メートルの柄鏡式前方後円墳で、段築、葺石、円筒埴輪列、家形埴輪がある。鳥居前古墳は墳長五四・四メートルの前方後円墳だが、前方部長が推定一五メートルしかない。段築、葺石、円筒埴輪を装備する。後円部の竪穴石槨からは画文帯環状乳神獣鏡、玉類、巴形銅器八、鉄刀一七、鉄剣二二、鉄鏃七、短甲や小札の破片、刀子、ヤリガンナなどが出土している。

　乙訓古墳群のA支群は二期[註1]（三世紀末から四世紀初め頃）の一本松塚古墳、三期（四世紀前半から中頃）の百々池古墳、四期（四世紀後半から末頃）の天皇の杜古墳と、三代におよぶ首長墓系譜が復元できそうだ。B支群は一期（三世紀中頃から後半）の五塚原古墳、一期後半の元稲荷古墳、二期の寺戸大塚古墳、三期の妙見山古墳、四期の伝高畠陵古墳、それらに時期不詳の北山古墳を加えて、六代にわたる首長墓系譜である。C支群は三期の長法寺南原古墳、四期の今里車塚古墳、D支群も三期の境野一号墳、四期の鳥居前古墳と、それぞれ二代つづく。

（二）畿内中枢との親縁性をもった前期首長墓

　前期の首長墓系譜の特性について、大和川水系の大和・柳本古墳群などと比較しながら、いくつかの論点を提出しておこう。第一、一期にB支群の五塚原古墳が造営される。円筒埴輪こそまだ採用されていないが、その後の前方後円墳の諸要素を揃えたもので、いわば定型化した墳丘様式といえる。

　この時期、五塚原古墳のようなバチ形前方部をもった前方後円墳が各地でつくられるが、段築や葺石の有無など外部表飾の差異はあるものの、基本的には共通の墳丘様式にふくまれる。ただ墳丘の大きさは最初から階層的で、そのピークは箸墓古墳（墳長二九〇メートル、以下数字はおなじ）で、京都府椿井大塚山古墳（一七五）、茨城県梵天山古墳（一六〇）、岡山県浦間茶臼山古墳（一三八）、福岡県石塚山古墳（一一〇）、兵庫県瓢塚古墳（約一〇〇）、東京都宝莱山古墳（九七）などがつづき、五塚原古墳もその一翼をなす。

「大和に成立した前方後円墳が、徐々に地方に波及していった」のではない。一期の前方後円墳は各地で「同時多発的」に築造され、最初から〈共通性と階層性を見せる墳墓〉で、列島首長層の〈われわれ意識〉と政治的序列を見せるモニュメントなのである。

それは副葬品でもおなじである。たとえば、寺戸大塚古墳の後円部竪穴石槨からは、三角縁三仏三獣鏡一、三角縁天王日月唐草文帯四神四獣鏡一、硬玉勾玉一、碧玉管玉一九、石釧八、鉄刀一〇、鉄剣四、鉄鎌五～六、鉄斧四～五など、前方部の竪穴石槨からは、仿製三角縁三神三獣獣帯鏡一、仿製方格四神鏡一、碧玉管玉九、鉄刀四、鉄剣一三、鉄鏃二四、鉄斧二などが出土している。亡き首長の遺骸に副葬されたのは、中国鏡・仿製鏡など首長権威をあらわす威信財、武器・武具という外敵防衛のための権力財、農具や工具など食料増産のための生産財という組合せである。

これらは共同体再生産のための道具類であって、同種多量的な傾向ともあいまって、個人的な色彩は希薄といえる。しかも、亡き首長の霊魂が地下世界で生きつづけるための生活財（容器類）が見あたらないという、東アジア王墓の副葬品のなかでは特殊な組合せである。そこからは、これらを用いて死した首長に〈もうひと働きさせる〉との強い意志を読みとることができる。それはともかく、こうした副葬品の組合せの共通性と数量の多寡という階層性が、墳丘規模・墳形とあいまって古墳時代首長墓を特徴づける。

第二、乙訓古墳群と畿内中枢の大和・柳本古墳群との親縁性が目立つ。墳丘の外部表飾、割竹形木棺と竪穴石槨の組合せ、墳頂部の内方外円区画などである。亡き首長の遺骸を保護・密閉・辟邪した竪穴石槨は畿内中枢の正統的な埋葬施設だが、そこには遺骸をそのまま保持しようという〈遺骸主義〉が貫かれる。一期の元稲荷古墳の竪穴石槨は、密封度の高さを追求した合掌形の断面で、大和・柳本古墳群の一期の中山大塚古墳や黒塚古墳などと共通する。

寺戸大塚古墳の内方外円区画は、奈良県桜井茶臼山古墳や同メスリ山古墳などにも設けられるが、「方は地で人の空間、円は天でカミのありか」という天円地方の観念にもとづく。亡き首長の住みかを家・蓋形埴輪でしめし、盾・靫・甲冑埴輪で辟邪する、といった形象からすれば、外部からカミを勧請して亡き首長の遺骸に憑依させ、カミと化した亡き首長は円形区画で「生き続け」、共同体に繁栄をもたらす、といったストーリーが想定できる。

第三、乙訓古墳群Ａ・Ｂ支群の一〇〇メートル前後の墳丘は、大和・柳本古墳群では第三位クラスに相当する。墳長二〇〇メートルを超える前方後円墳を築造した大王、おなじく一三〇～一四〇メートルの有力首長グループにつづく首長層に匹敵しそうだ。そのなかには前方後方墳もふくまれる。Ｃ・Ｄ支群は五〇メートル級なので、さらにその下位に位置づけられる。

ちなみに、最大の前方後方墳は大和・柳本古墳群の墳長一八〇メートルの西山古墳で、二〇〇メートルを超えるものがない事実からすれば、前方後円墳にくらべて劣位の墳形とみてよさそうだ。もっとも、墳形以外は同質的なので、ことさら対立的にみる必要はない。円墳や方墳もふくめて、古墳時代初期から共存する墳形のひとつとして、政治的身分・地位に基因するとみるべきだろう。そうだとすれば、A支群やC支群における墳形の変化は、政治的地位の移行をあらわす蓋然性が高い。

もう一点。古墳時代前期の関東・東北・東海・北陸などに前方後方墳は多いが、「東日本に独自の政治的世界が展開していた」とはならない。東国で前方後方墳が卓越しているのは栃木県と埼玉県で、茨城・千葉・群馬・神奈川の各県は前方後円墳のほうが上位だし、東京都には前方後方墳は一基もない。さらに、西日本各地にも前期の前方後方墳は多い。奈良県、京都府南部、兵庫県南部、岡山県、島根県などに顕著である。

(三) 複数系譜型古墳群としての乙訓古墳群

桂川右岸の乙訓地域の古墳時代前期には、四つの首長墓が併立していた。すなわち、乙訓古墳群は四つの首長墓系譜の集合体である。なかでもB支群は墳形こそ変化するものの長期におよぶ。遅れて三期から形成されたC・D支群は墳丘規模など劣性的で、二代で終息する。

乙訓地域に結集した四首長層は、いったいどこに生産・生活拠点をもっていたのであろうか。台地や氾濫原を除くとさほど平野が広くない桂川右岸地域に、四つにわかれた首長領域が設定できるのかどうか。狭小な平野面積をみるかぎり首肯しがたい。いっぽう、乙訓地域を除く京都盆地のかなり広い範囲には、ほぼ首長墓が存在しない。小畑川流域の生産性が非常に高くて、それ以外がすこぶる低劣であったとも考えにくい。これら相反するふたつの事実を整合的に解釈するためには、桂川左岸地域もふくむ広域の首長層が形づくった共同墓域が乙訓古墳群だ、とみたほうが無理はない。

「前方後円墳は首長の領域につくられる」との通説がある。しかし、複数の首長がひとつの共同墓域で、一定期間造墓活動をつづけた複数系譜型古墳群―前期では大和・柳本古墳群、大阪府玉手山古墳群、宮崎県西都原古墳群、香川県石清尾山古墳群、同津田古墳群など。乙訓古墳群も広義のそれにふくまれる―では、それはそのまま適合しない。当然のことながら、ある首長はみずからの領域を離れて造墓しているのだから。

首長〈層〉の領域とみなせば、合理的な解釈に到達する。点在していた農耕共同体の幾人かの首長たちが、「もの」と人の結びつきで首長連合・同盟（首長層）にもとづく地域社会を形づくっていた。そのような首長層の領域（地域社会）に幾人かの首長が共同墓域をかまえた、とみなすのである。その場合、それがいかなる原因で誰の意志に基づいたのか、という問いが出てくる。

古墳立地が大きなヒントである。B支群は北から寺戸大塚古墳、妙見山古墳と、向日丘陵の西端に沿って築造され、桂川への指向性は認めがたいし、桂川からの眺望は効かない。眼下の小畑川沿いの陸路を往来する人びとに、墳丘を見せたのはまず間違いない。C・D支群の一部も同様である。

A支群の天皇の杜古墳は、老ノ坂峠を越える「山陰道」に面しているので、ここにも陸路があった可能性が高い。すなわち、山陰や丹波方面から山城地域を通って畿内中枢の奈良盆地へ向かう南北ふたつの陸路に、山城北部首長層の勢威を見せたのである。もっとも、そのような営為は、山城北部首長層にとってはさほどのメリットはなさそうなので、やはりそこに畿内中枢、すなわち中央政権の政治意志が働いたとみたほうが理解しやすい。

第二の論点の「大和・柳本古墳群との親縁性」とあわせてみると、乙訓古墳群に結集した首長層は古墳時代前期をつうじて、大和・柳本古墳群を造営した大王・有力首長層を「補佐」しながら、中央政権の一翼を担った、そして山陰方面の首長層に前方後円墳などで中央政権の勢威をしめした、との位置づけが可能になる。

三　中期の乙訓古墳群

（一）首長墓を統合した恵解山《いげのやま》古墳

乙訓古墳群の前期の四グループは、開始時期の遅速はあっても前期末には首長墓系譜をほぼ一斉に終息してしまう。Cグループがもう一代つづくだけで、ほかは中期にはつづかない。そして、中期前半の五期（四世紀末～五世紀初め頃）には大型前方後円墳の恵解山古墳など、首長墓の造営がかぎられる。さらに注目すべき事実は大型前方後円墳はそれ一代かぎりで、数代におよぶ安定した首長墓系譜を形成しないことだ。

恵解山古墳は墳長一二八メートルの前方後円墳で、段築、葺石、円筒埴輪列の外部表飾を完備し、家・蓋・壺・盾・靫・甲冑・鶏・水鳥などの形象埴輪をならべた造り出しを付設し、盾形の周濠をめぐらす。大和川水系の佐紀・馬見・古市・百舌鳥古墳群の中核をなす、典型的な中期前方後円墳様式とおなじである。前方部の墳頂部には副葬品専用の木箱に、大刀約一四六、剣一一、槍五七以上、鉄鏃四七一余、短刀一、蕨手刀子一〇、ヤス状鉄製品五などが、六群にまとめて埋納されていた。こうした大量の武器を収納した前方部の埋納施設には、百舌鳥古墳群の大塚山古墳などに類例がみられるし、アリ山古墳や七観古墳など巨大前方後円墳の副葬品専用の「陪冢」を彷彿とさせる。

恵解山古墳のほか五期には、有力な前方後円墳は見あたらない。帆立貝形の前方後円墳で周濠、葺石、円筒埴輪をそなえた今里庄ノ淵古墳が、今里車塚古墳に近接していて、つづく首長墓と目されるが、墳長はわずか三〇メートルにすぎない。ほかには直径三四・五メートルに造り出しを付けた円墳のカラネガ岳二号墳と、直径二三・五メートルの円墳の南条古墳（南条三号墳）くらいである。

二～六代におよぶ前期四グループの首長墓は、中期前半には恵解山古墳に統合されたようだ。おなじ五期の三基との懸隔は大きくて、恵解山古墳を頂点として階層的構成をとった首長墓のありかたからみれば、四世紀末頃に乙訓首長層にたいする政治的再編成があったとみて大過はないだろう。

小畑川と桂川の合流地点に遠くない、標高一六メートルほどの沖積低地に営まれた恵解山古墳の立地が示唆的である。ここから東南方一帯には、桂川、木津川、宇治川が流れ込む「巨椋池」が広がっていた。恵解山古墳付近に船着き場があったのではないか。山陰方面から小畑川沿いと、向日丘陵東麓のふたつの陸路を南下してきた人びとは、ここから船で「巨椋池」を横断し、対岸の久津川古墳群付近に上陸する。その後、木津川右岸に沿って南下して奈良盆地に到達する。その場合、畿内中枢の有力古墳と同様に、盾形周濠をめぐらせた大型前方後円墳の恵解山古墳が、中央政権の勢威をしめすランドマークとしての役割をはたした。あるいはここで「もの」と人の最終チェックをおこなった、とみてはどうか。

（二）政治的再編成を蒙った乙訓古墳群

五期の恵解山古墳以降、六期（五世紀前半から中頃）には有力な前方後円墳が造営されない。複数の首長墓系譜が恵解山古墳に統合されたのが、乙訓首長層の在地的な動向だけを反映したとみるならば、それが頓挫して順調に継承されないのはどうしてか、という問いが残る。もしそうならば、乙訓首長層の政治的「浮き沈み」は激しかったことになってしまう。四世紀末頃に大量武器を保持した「恵解山」首長の次代首長の急激な没落が、水田稲作を基調とした農耕社会であったのか。金属資源などをめぐって首長間に争闘があったかもしれないが、それにしても前方後円墳そのものがつくられていないので、在地の自律的動向とはとても考えにくい。

ひとつの仮説は、畿内中枢の四大古墳群—奈良盆地の佐紀古墳群と馬見古墳群、大阪平野の古市古墳群と百舌鳥古墳群—に吸収された、そのなかの中小前方後円墳や大・中型円・方墳のどれかが乙訓首長層のものだ、という考えかたである。そうだとすれば、乙訓首長層は中央政権の一翼を担ったことになって、前方後円墳が政治的要因で大和川水系につくられたり、在地でつくられたり、という解釈になる。いまひとつは、前方後円墳に媒介されない政治秩序があって、乙訓首長層はそちらに属するというものである。古墳時代の政治体制は、前方後円墳に表出されるものだけではないという見方である。

相似した様相は他地域でもみられる。たとえば、香川県ではおよそ六一基つくられた前期前方後円墳（双方中円墳をふくむ）が、五期になると富田茶臼山古墳と田尾茶臼山古墳など数基しかなく、しかも六期以降はしばらく前方後円墳は築造されない。(註2) 宮崎県西都原古墳群では前期二〇数基の前方後円墳が、おなじく五期になると女狭穂塚古墳、男狭穂塚古墳に統合されてしまう。(註3)

一〜二代程度と安定的な系譜をしめさない中期の大型前方後円墳は、三重県御墓山古墳、兵庫県壇場山古墳、同雲部車塚古墳、広島県三ツ城古墳、岡山県の造山古墳、作山古墳、両宮山古墳、東国では千葉県二子塚古墳、同内裏塚古墳、茨城県三昧塚古墳、群馬県太田天神山古墳など枚挙にいとまがない。それらはほぼ陸運・海運といった交通の要衝に造営されるとの共通項をもつ。

このように広域におよぶ事象であれば、それらが在地的な動向だけにもとづくとはおよそ考えにくい。それぞれの地域にとっての外在的な要因、中央政権が実行した大きな政治的再編成を想定したほうがわかりやすい。在地首長層のなかの有力首長を選定し、大型前方後円墳の造営をとおして前方後円墳国家の勢威を表示させる、という事態があったのではないか。

中期後半の七期（五世紀後半頃）には、乙訓古墳群のもっとも北方で、後円部直径四〇メートル以上の前方後円墳（推定）、下山田桜谷古墳（山田桜谷二号墳）が営造される。そのほかでは、墳長約五〇メートルの前方後円墳の可能性が高くて、眉庇付冑、鋲留短甲、挂甲などの武具が採集された巡礼塚古墳がみられる。しかし、前期の首長墓群にくらべると劣性の感が拭えない。

四　後期の乙訓古墳群

（一）〈不連続の連続性〉の前方後円墳

後期の八期（五世紀末から六世紀初め頃）になると、再び前方後円墳の造営が活況を呈する。埴輪と葺石をもつ下山田下園尾古墳（山田桜谷一号墳）は墳長四八メートルの前方後円墳である。それに近接した墳長四一メートルの前方後円墳の穀塚古墳は、円筒埴輪、葺石、周濠、各種形象埴輪をそなえ、画文帯神獣鏡、金銅製冠、金銅製帯金具、鳳凰文環頭大刀、馬具など優れた副葬品をもつ。舞塚古墳（舞塚一号墳）は墳長三九メートルの帆立貝形前方後円墳で、円筒埴輪や人物・動物埴輪をもつが、葺石はない。おなじく盾形周濠をめぐらす塚本古墳は、墳長三〇メートルの前方後円墳で円筒・形象埴輪はあるが葺石はない。長岡京造営で破壊されたようだ。

九期（六世紀前半〜中頃）には墳長約五〇メートルの前方後円墳の清水塚古墳がある。そして、B支群と小畑川をはさんだ向かい側の台地に、三基の前方後円墳が併存する。芝古墳は墳長三一・七メートルで、段築、円筒埴輪、盾形周濠をそなえ、右片袖式横穴式石室を構築する。井ノ内車塚古墳は墳長約三九メートルで、西側に造り出しを付け、円筒埴輪、形象埴輪をもち、右片袖式横穴式石室を埋葬施設とする。井ノ内稲荷塚古墳は墳長四六メートルで、周濠、段築、葺石、埴輪はみられない。後円部の右片袖式横穴式石室は、玄室幅二・二メートル、長さ四・六メートル、全長一〇・一メートル。前方部にも木棺が直葬されている。

桂川の氾濫原に面した墳長四六メートルの前方後円墳、物集女《もずめ》車塚《くるまづか》古墳は、平野側を大きく見せるように墳丘をつくり、段築、円筒埴輪、葺石をもち、ビジュアル性に富む。やや胴張りの玄室と小さな自然石を多段積みした羨道の右片袖式横穴式石室は、玄室幅二・六メートル、長さ五・一メートル、高さ三・〇メートル、全長一〇・九メートル。奥壁沿いに凝灰岩製組合せ式石棺を置き、広帯式冠、耳環、鈴、鹿角製捩り環頭大刀、銀製刀装具、大刀、銀装鉄矛、鉄鏃、飾り馬具、須恵器などが出土している。

九期の判明した埋葬施設は横穴式石室である。どれもが巨石化する以前の右片袖式で、物集女車塚古墳の胴張り石室がやや異質な様相をしめす。もっとも、六世紀後半頃に両袖式で巨石化するまでの横穴式石室は、おおむね右片袖式という共通項をもちつつも斉一度はさほど高くはない。

これらのうち、まとまりをみせる下山田下園生古墳、下山田桜谷古墳、穀塚古墳、清水塚古墳（E支群とよぶ）は、八期から九期の短期間に五代にわたって形成された一個の首長墓系譜ともみなしうる。ほかの八期の二基、九期の四基はそのような系譜をなさない。それぞれ一代かぎりの造墓で、付近につづく首長墓は見あたらない。

さて、八期の五世紀末頃には、E支群のほかに舞塚古墳と塚本古墳の二基（F支群）がつくられ、乙訓地域には合計三つの首長墓が併立していた。それらは相似した墳丘規模で、力関係に決定的な差はない。ただ、葺石をもつE支群ともたないF支群とでは墳丘の外観は異なるし、穀塚古墳の副葬品には見るべきものがある。長期にわたって前方後円墳をつくりつづけたE支群の首長が優位である。

九期でも新しい六世紀中頃にはE支群に加えて、台地に併立した三基の前方後円墳（G支群とよぶ）と、物集女車塚古墳の合計五基の首長墓が共存する。それらは、どれもが墳長五〇メートル未満の小型前方後円墳で傑出したものがない。どの首長も乙訓地域の政治的主導性を掌握できなかったようだ。

ここでも前期とおなじ問い、複数の首長たちの生産・生活拠点をどこに求めうるか、が出される。ことにG支群の三基が、それぞれの領域に造営されたとみるならば、各自に用意された可耕地はすこぶる狭隘な空間になってしまう。

もうひとつ、九期のような現象にたいしては、「新興首長層の台頭」といった言及が目につくが、乙訓古墳群についていえば、三・四期には四つの首長墓系譜が認められるから、九期になって五つの首長墓が急激に増えたとみなすのは難しい。一定の雌伏期間を経て、再び政治の舞台に顕在化した、とみたほうが首長墓のありかたに適合する。それは九期だけではなく、そして乙訓古墳群だけではなく、〈不連続の連続性〉とでもいうべき、古墳時代首長墓系譜に通底した問題といえようか。

さて、乙訓地域には前期の古墳群や後期のE支群のように、一代一墳的に、つまり一定期間、継起的に首長墓が構築されたものと、後期のF・G支群のようにほぼ同時期の複数首長墓で構成された古墳群がある。後者の場合、ことにG支群は、古墳群が営造されたその場所に有意性がある、とみるのが自然ではないか。そうすると、直接見えるかどうかはともかくとして、前期とおなじく小畑川沿いの交通路が意識された、とみなすのが無理はない。

(二) 六世紀後半頃の画期

乙訓古墳群で興味深いのが、一〇期（六世紀後半から七世紀初め頃）には、首長墓造営がほぼ途絶していることだ。九期につくられた五系譜の首長墓が一斉に姿を消す。辛うじて一〇期の最終段階になって今里大塚古墳が築造されるだけである。終末期の花崗岩切石の横穴式石室や横口式石槨もまったく見あたらない。

今里大塚古墳は直径四五メートルの円墳で、段築、葺石、埴輪はない。巨石を積んだ両袖式横穴式石室は、玄室幅約三メートル、長さ五・五メートル以上、全長一三メートル以上、玄室面積は一六・五平方メートル以上。おなじ頃の横穴式石室の最大は見瀬丸山古墳で、全長二八・四メートル、玄室面積は三四・三平方メートル。蛇塚古墳は一七・八メートル、二五・八四平方メートル。ほぼ同規模なのは奈良県谷首古墳で、一三・八メートルと一六・八平方メートル。

これだけの巨石墳にもかかわらず、長岡京造営に際して石室や石棺が破壊され、石材が持ち去られたようである。平城宮建設のときの市庭古墳（墳長二五〇メートルの巨大前方後円墳）などの破壊もそうだが、律令国家にとっては少し前の首長墓でさえも「無用の長物」扱いだったようである。政治秩序についての価値意識がまったく異質だ、ということか。

ちなみに、五世紀末から七世紀前半には、丹波と山城を隔てる山塊をとおって平野に流れ出した桂川の左岸に、数基の巨石墳をふくんだ嵯峨野古墳群が形成される。テーマからはずれてしまうので断片的な言及になるが、概略は次のようである。

嵯峨野古墳群は平野部に前方後円墳、山麓台地に大型円（方）墳、山塊や丘陵に群集墳が築造されるが、中核をなすのは五基の前方後円墳と二基の大型円墳である。五世紀末頃から七世紀前葉まで、垂箕山古墳（六五）、天塚古墳（七三）、清水山古墳（五七）、段ノ山古墳（七五）、蛇塚古墳（七五）と五基の前方後円墳、さらに大型円墳の円山古墳（五〇）、甲塚古墳（三八）が二基つづく、後期では珍しく七代におよぶ安定した首長墓系譜が、一代一墳的に形成される。

ほかにも円墳の広沢古墳（三〇）、遍照寺古墳（三〇）、御堂ヶ池一号墳（三〇）、南天塚古墳（二五〜三〇）稲荷古墳（一五）、印空寺古墳（二〇）、方墳の入道塚古墳（三〇）、狐塚古墳（二八）などがある。なかでも、蛇塚古墳、甲塚古墳、円山古墳などの巨石を積んだ横穴式石室は、畿内中枢にくらべてなんら遜色はない。

そして、六世紀後半以降は首長墓と群集墳が共存し、複数の首長層と多数の中間層が、畿内型横穴式石室の採用で一体感をあらわす。同一の帰属意識をもった、親縁的な一大政治集団の共同墓域が嵯峨野古墳群といえよう。[註4]これらと乙訓古墳群の首長層とはどのような政治関係をもっていたのか。中期の仮説を敷衍すれば、九期の首長墓のいくつかは嵯峨野古墳群の一画を占めているのか、それとも前方後円墳に媒介されない政治秩序に突入しているのか。

さて、六世紀後半から七世紀初め頃は、古墳時代の大きな画期である。箇条書きすれば次のようになる。第一、畿内中枢では奈良盆地南部に巨石墳が偏在する。第二、「山陽道」のいくつかの地点、それと主要河川とが交差する、いわば水運と陸運の拠点に、巨石を用いた横穴式石室をともなう大型前方後円墳が集中する。揖保川、高梁川、芦田川、尾原川、佐波川などがそうである。水運の拠点でも同様の事象がみられる。円山川、宍道湖、瀬戸内海などもそうである。第三、それらのベクトルの先端には壱岐島がある。第四、東国の前方後円墳はこの時期に集中する。[註5]

それらにたいして、もうひとつの畿内、淀川水系の淀川流域、桂川流域、木津川流域、宇治川流域では、この時期に首長墓はほとんど築造されない。桂川左岸の嵯峨野古墳群だけが例外である。それだけではない。大和川水系でも、淀川水系ほどではないが首長墓は減少している。一〇期の奈良盆地南部への巨石墳の偏在は、畿内首長層の集住や墓域の統合を物語っているのであろうか。乙訓古墳群の後期首長墓も、こうした動向と密接不分離の関係として論究しなければ、本質的な洞察とはなりえないのは言うまでもない。

五　おわりに―乙訓古墳群の特性―

乙訓古墳群についての学術的な調査は分厚いし、幾多の研究も積み重ねられてきた。[註6]小稿がそれらをおおいに参考にしていることは言うまでもないが、紙数がかぎられているため逐一、言及することはできない。ただ、小畑川流域や桂川右岸という閉じた小宇宙だけでは、前期や後期の数多くの前方後円墳にたいして、首尾一貫した合理的な解釈を与えることはできない、というのがここでの問題の所在である。乙訓古墳群が発する問いへの解は、そのような狭い地域では得られない。したがって、在地の動向だけで規定してしまうこれまでの古墳時代的思惟の枠組みから自由にならなければいけないのではないか、というのがひとつの解である。

さて、乙訓古墳群をとおして一個の歴史像を結ぶための要諦は、〈偏在性〉と〈不連続の連続性〉という首長墓系譜の「不自然さ」を、どう説き明かすかにある。これは古墳時代首長墓系譜を通底するキーワードでもある。広い京都盆地ではなく、小畑川流域の狭隘な地域に、多数の前方後円墳や前方後方墳などが偏在する。そして、前期の四系譜の首長墓が、中期では統合されたり、いったん途切れたりしながら後期には復活する、といった不連続性の連続性は、列島各地で普通にみられる。

そうした事象を各地の首長層の「栄枯盛衰」とみるならば、古墳時代の政治構造はきわめて不安定になるが、水田稲作を基調とした農耕社会ではそれは考えにくい。稿を改めたいが、中央政権の政策の発動がそれらを現前させた、と理解したい。すなわち、中央と地方の政治秩序をあらわすのが前方後円（方）墳で、乙訓古墳群の動静も中央政権との関係性での政治動向をあらわすとみたいわけだ(註7)。

乙訓古墳群の特性を再度まとめると次のようになる。第一、墳長二〇〇メートルクラスの巨大前方後円墳はない。凝集性・巨大性・階層性を特性とする畿内五大古墳群―大和・柳本古墳群、佐紀古墳群、馬見古墳群、古市古墳群、百舌鳥古墳群―のなかでは、第三位クラスの大きさである。第二、終始、畿内中枢の前方後円墳と共通する墳墓様式で、乙訓だけの特殊性は認めがたい。それは政治的地位の変動はあっても、中央政権の一翼を担いつづけることと同義的である。第三、北山城の首長層は山陰方面から畿内中枢への交通路で、中央政権の勢威をしめす役割をもたされた。

山陰方面から丹波をとおって乙訓古墳群を見る。巨椋池を渡って、前期は木津川左岸を、中期は右岸を南下し、佐紀古墳群を見ながら奈良盆地に入っていく。その節目節目での前方後円墳連鎖（前方後円墳国家の版図をしめす）によって、可視的な政治秩序が表示された。すなわち、乙訓古墳群に結集した（させられた）北山城の首長層は、山陰方面からの交通の要衝で、「もの」と人の流れの掌握という、重要な任務にあたったのではないか。そこに乙訓古墳群の有意性がある。

個々の古墳に関する文献は、紙数の限りもあって省略した。ご寛如をお願いする次第である。

（註1）時期区分は広瀬和雄「前方後円墳の畿内編年」近藤義郎編『前方後円墳集成　中国・四国編』一九九一にしたがう

（註2）大久保徹也「概況　讃岐の前期古墳」『香川考古』一〇特別号、二〇〇六

（註3）柳沢一男「日向の古墳時代前期の首長墓系譜とその消長」『宮崎県史研究』九、一九九五

（註4）広瀬和雄「山城・蛇塚古墳をめぐる二、三の問題」『国立歴史民俗博物館研究報告』一七八、二〇一三

（註5）広瀬和雄「終末期古墳の歴史的意義」『国立歴史民俗博物館研究報告』一七九、二〇一三

（註6）石崎善久「総括　乙訓地域の首長墓群の編年的歴史的位置付け」『乙訓古墳群調査報告書』二〇一五、梅本康広「桂川流域の埴輪編年と地域性」『都城』六、（財）向日市埋蔵文化財センター年報、一九九四、梅本康広「畿内の展開　摂津・山城」『古墳時代の考古学二　古墳出現と展開の地域相』二〇一二、京都府教育委員会『乙訓古墳群調査報告書』二〇一五、都出比呂志「古墳時代」『向日市史』上、一九八三など。

（註7）乙訓古墳群の概略は、前期における首長墓の併立（A）、中期の統合（B）、後期になって再びの併立（C）になるが、（B）（C）間の空白、（C）以降の空白をどうみるかにひとつの鍵がある。「ない」時期については議論されることが稀だが、「ある」と「ない」が統一した視座で論究されないと、前方後円墳を史料とした歴史叙述にはなりにくい。

編著者略歴

広瀬《ひろせ》　和雄《かずお》

国立歴史民俗博物館名誉教授、総合研究大学院大学名誉教授
1947 年京都市生まれ。大阪府教育委員会、大阪府立弥生文化博物館勤務ののち、奈良女子大学大学院教授。
主な著書に、『古文時代政治構造の研究』（塙書房）、『前方後円墳の世界』（岩波新書）、『カミ観念と古代国家』（角川叢書）、『古墳時代像を再考する』（同成社）、『前方後円墳国家』（角川選書、中公文庫）などがある。

梅本《うめもと》　康広《やすひろ》

公益財団法人向日市埋蔵文化財センター常務理事兼事務局長
1966 年大阪市生まれ。泉佐野市教育委員会勤務ののち、現職。
主な論文に、「長岡京」『恒久の都』古代の都 3（吉川弘文館）、「山城・摂津」『古墳時代の考古学』 2　古墳出現と展開の地域相（同成社）、「古代・中世寺院の浴室構造とその変遷」『日本仏教の受容と変容』（永田文昌堂）などがある。

執筆者紹介（執筆順）

廣瀬《ひろせ》　覚《さとる》
（独）国立文化財機構
奈良文化財研究所

藤井《ふじい》　康隆《やすたか》
名古屋市博物館

福家《ふけ》　恭《たかし》
長岡京市教育委員会

笹栗《ささぐり》　拓《たく》
（公財）大阪府文化財センター

角《すみ》　早季子《さきこ》
大山崎町教育委員会

森下《もりした》　章司《しょうじ》
大手前大学総合文化学部
教授

阪口《さかぐち》　英毅《ひでき》
京都大学大学院文学研究科
助教

宇野《うの》　隆志《たかし》
奈良県立橿原考古学研究所

山本《やまもと》　亮《りょう》
（独）国立文化財機構
東京国立博物館

熊井《くまい》　亮介《りょうすけ》
京都市文化財保護課

古閑《こが》　正浩《まさひろ》
大山崎町教育委員会

下垣《しもがき》　仁志《ひとし》
京都大学大学院文学研究科
准教授

中島《なかじま》　皆夫《みなお》
（公財）長岡京市埋蔵文化財
センター

季刊考古学・別冊26
畿内《きない》乙訓《おとくに》古墳群《こふんぐん》を読《よ》み解《と》く

定　価　二、六〇〇円＋税
発　行　二〇一八年八月二五日
編　者　広瀬和雄・梅本康広
発行者　宮田哲男
印刷・製本　株式会社ティーケー出版印刷
発行所　株式会社　雄山閣
〒102―0071東京都千代田区富士見二―六―九
電話　〇三―三二六二―三二三一
振替　〇〇一三〇―五―一六八五
URL　http://www.yuzankaku.co.jp
e-mail　info@yuzankaku.co.jp

ISBN 978-4-639-02601-3 C0321

N.D.C.205　152p　10.4cm